"十二五"职业教育国家规划教材
经全国职业教育教材审定委员会审定

国家级精品资源共享课立项项目配套教材

高等职业教育工商管理类专业经典系列教材

RENLI ZIYUAN PINGJIA SHIWU

人力资源评价实务

顾全根　刘轩　主编
肖祥国　瞿晓理　副主编

高等教育出版社·北京

内容提要

本书是"十二五"职业教育国家规划教材,也是国家级精品资源共享课立项课程"人才选拔与测评"的配套教材。全书共包括 7 个项目,分别是工作分析与工作评价、胜任特征评价、履历分析、心理测验、面试实施与评价、评价中心操作、绩效考评。本书从人才选拔与测评的工作流程展开,展示了人才选拔与测评的步骤和流程,环环相扣,紧密相连,充分体现了"项目导向、任务驱动"的原则。同时,本书与国家级精品资源共享课"人才选拔与测评"实现了无缝对接。

本书可作为广大高职高专院校经管类专业学生教材,也可作为相关从业人员的案头读物。

本书配有相关数字化教学资源,使用者可通过访问国家精品开放课程共享平台(爱课程网,http://www.icourses.cn)上的资源共享课"人才选拔与测评"在线学习相关资源,亦可按照"郑重声明"页的资源服务提示获取其他资源服务。

图书在版编目(CIP)数据

人力资源评价实务 / 顾全根, 刘轩主编. -- 北京: 高等教育出版社, 2015.3
ISBN 978-7-04-040709-9

Ⅰ.①人… Ⅱ.①顾… ②刘… Ⅲ.①人力资源管理 – 评价 – 高等职业教育 – 教材 Ⅳ.① F241

中国版本图书馆 CIP 数据核字 (2014) 第 162131 号

策划编辑	谷轶波	责任编辑	谷轶波	特约编辑	范 晓	封面设计	王 琰
版式设计	张 杰	插图绘制	杜晓丹	责任校对	陈 杨	责任印制	田 甜

出版发行	高等教育出版社	咨询电话	400-810-0598
社　　址	北京市西城区德外大街 4 号	网　　址	http://www.hep.edu.cn
邮政编码	100120		http://www.hep.com.cn
印　　刷	北京铭成印刷有限公司	网上订购	http://www.landraco.com
开　　本	787mm×1092mm 1/16		http://www.landraco.com.cn
印　　张	15.25	版　　次	2015 年 3 月第 1 版
字　　数	300 千字	印　　次	2015 年 3 月第 1 次印刷
购书热线	010-58581118	定　　价	29.80 元

本书如有缺页、倒页、脱页等质量问题,请到所购图书销售部门联系调换。
版权所有　侵权必究
物料号　40709-00

出版说明

教材是教学过程的重要载体，加强教材建设是深化职业教育教学改革的有效途径，推进人才培养模式改革的重要条件，也是推动中高职协调发展的基础性工程，对促进现代职业教育体系建设，切实提高职业教育人才培养质量具有十分重要的作用。

为了认真贯彻《教育部关于"十二五"职业教育教材建设的若干意见》（教职成〔2012〕9号），2012年12月，教育部职业教育与成人教育司启动了"十二五"职业教育国家规划教材（高等职业教育部分）的选题立项工作。作为全国最大的职业教育教材出版基地，我社按照"统筹规划，优化结构，锤炼精品，鼓励创新"的原则，完成了立项选题的论证遴选与申报工作。在教育部职业教育与成人教育司随后组织的选题评审中，由我社申报的1338种选题被确定为"十二五"职业教育国家规划教材立项选题。现在，这批选题相继完成了编写工作，并由全国职业教育教材审定委员会审定通过后，陆续出版。

这批规划教材中，部分为修订版，其前身多为普通高等教育"十一五"国家级规划教材（高职高专）或普通高等教育"十五"国家级规划教材（高职高专），在高等职业教育教学改革进程中不断吐故纳新，在长期的教学实践中接受检验并修改完善，是"锤炼精品"的基础与传承创新的硕果；部分为新编教材，反映了近年来高职院校教学内容与课程体系改革的成果，并对接新的职业标准和新的产业需求，反映新知识、新技术、新工艺和新方法，具有鲜明的时代特色和职教特色。无论是修订版，还是新编版，我社都将发挥自身在数字化教学资源建设方面的优势，为规划教材开发配备数字化教学资源，实现教材的一体化服务。

这批规划教材立项之时，也是国家职业教育专业教学资源库建设项目及国家精品资源共享课建设项目深入开展之际，而专业、课程、教材之间的紧密联系，无疑为融通教改项目、整合优质资源、打造精品力作奠定了基础。我社作为国家专业教学资源库平台建设和资源运营机构及国家精品开放课程项目组织实施单位，将建设成果以系列教材的形式成功申报立项，并在审定通过后陆续推出。这两个系列的规划教材，具有作者队伍强大、教改基础深厚、示范效应显著、配套资源丰富、纸质教材与在线资源一体化设计的鲜明特点，将是职业教育信息化条件下，扩展教学手段和范围，推动教学方式方法变革的重要媒介与典型代表。

教学改革无止境，精品教材永追求。我社将在今后一到两年内，集中优势力量，全力以赴，出版好、推广好这批规划教材，力促优质教材进校园、精品资源进课堂，从而更好地服务于高等职业教育教学改革，更好地服务于现代职教体系建设，更好地服务于青年成才。

高等教育出版社

2014年7月

人力资源评价实务   主编 顾全根 刘轩

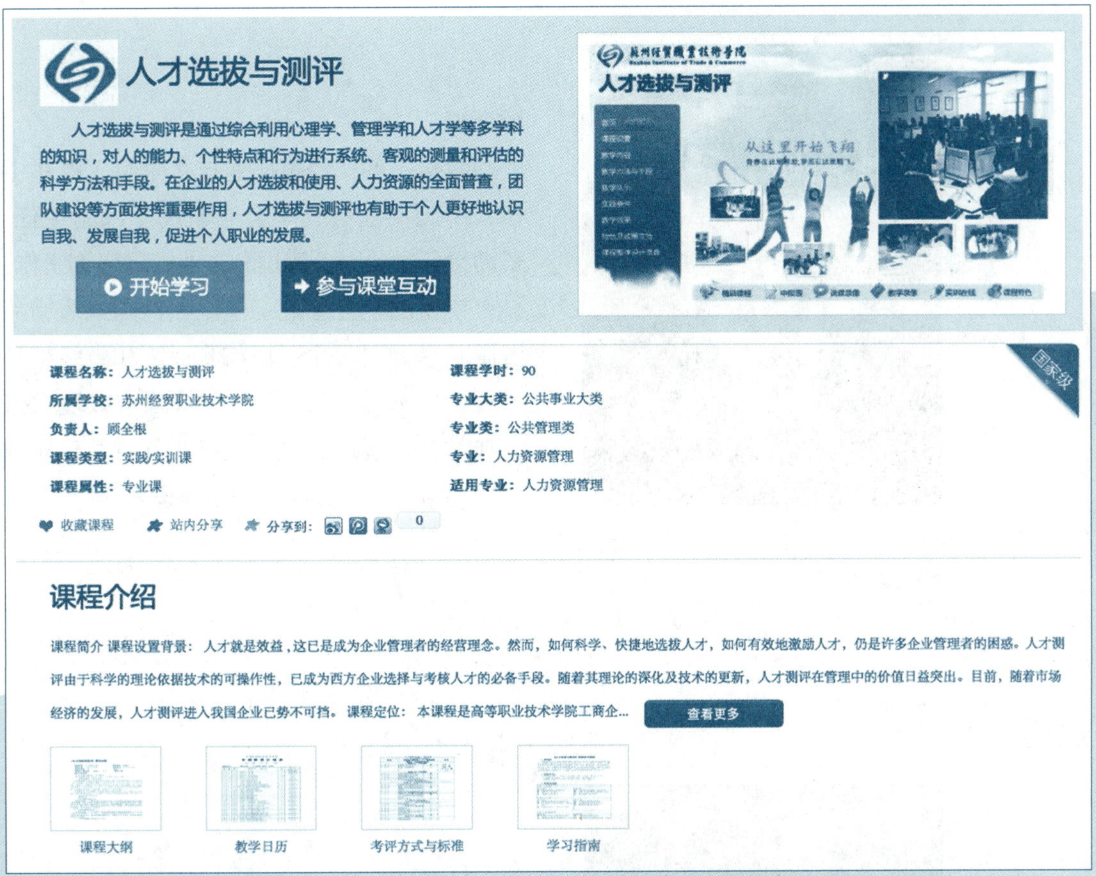

立体化教学资源

🖱 爱课程网络学习资源

课程网址：http://www.icourses.cn/coursestatic/course_2517.html

课程资源：教学录像 演示文稿 习题作业 媒体素材 典型案例 学习手册 电子教材

🖱 Abook 网络课程资源

课程网址：http://abook.hep.com.cn/40709

提供结构化数字课程的学习，与教材一体化设计

🖱 智能备课系统

提供教学资源，方便教师线下备课使用

主编简介

顾全根

教授，苏州经贸职业技术学院工商系主任，中国商业会计学会高职高专部副主任。长期担任企业财务管理和企业管理咨询工作，具有丰富的企业管理经验。主持国家级精品资源共享课"人才选拔与测评"和省级精品课程"成本核算实务"；主持国家级现代流通技术实训基地建设；主持江苏省教育厅现代物流与电子商务实训基地建设。

刘 轩

江苏盐城人，高等教育心理学博士，美国鲍林格林州立大学访问学者，现为苏州经贸职业技术学院副教授。主要研究方向为组织管理心理学、高等教育心理学。在《中国人才》《领导科学》《企业管理》《中国学校卫生》《农村经济》《心理与行为研究》等期刊发表论文11篇，其中核心期刊6篇，省级期刊5篇。作为副主编出版高职高专规划教材一部，总计20万字；作为主编出版高职高专规划教材一部，总计25万字；作为主要成员参与教育部人文社科课题2项，市厅级课题6项。

前 言

人力资源管理是一项科学、系统的工作，需要运用现代化的科学方法，对人力资源进行量的管理，即对与一定物力相结合的人力进行合理的培训、组织和调配，使二者经常保持最佳比例和有机结合，使人和物都充分发挥出最佳效用；同时还要对人力资源进行质的管理，即采用现代化的科学方法，对人的思想、心理和行为进行有效的管理，充分发挥人的主观能动性，使人尽其才，事得其人，人事相宜，最终达到组织目标。

人力资源管理对企业发展的重要作用已成为业界共识，人的因素也相应成为企业实现自身战略目标的关键因素。因此，人力资源管理的好与坏，将决定企业未来的命运，它已成为企业管理的核心。

但在人力资源开发和管理中，如何招聘到适合企业的人才，如何选拔人才，实现人岗匹配，如何有针对性地培训企业员工，都成为摆在企业面前的难题。纵观国内外许多成功企业的发展历程，人才测评在其人力资源开发和管理中发挥着重要的作用，特别是人才选拔方面，人才测评为其提供了强有力的工具，人才测评非常有效地提高了人才选拔的质量。同时，人才测评为企事业单位的育人、用人、留人等提供了科学的依据，有效提高了企事业单位的育人、用人、留人等工作效用。

为了有效地适应现代教育的要求，特别是职业教育的要求，本书采取项目化形式，把实操性的技能融合到教材中，从项目一工作分析与工作评价、项目二胜任特征评价到项目七绩效考评，整个教材以人才选拔与测评的工作流程展开。本书很好地展示了人才选拔与测评包括哪些步骤，每个步骤中又包括哪些重要的任务，环环相扣，紧密相连，充分体现了"项目导向、任务驱动"的原则。同时本书与凝聚项目团队多年心血的国家级精品资源共享课"人才选拔与测评"无缝对接。今天的学生就是明天的人力资源管理者，明天的人才选拔与测评的实践者。希望通过这部项目化的教材，不仅能够引领学生懂得人才选拔与测评是什么，更能让学生掌握人才选拔与测评的操作与实施步骤。

本书由顾全根、刘轩担任主编，肖祥国、瞿晓理担任副主编。本书的写作分工主要是：刘轩：项目一、项目二；肖祥国：项目三、项目六；瞿晓理：项目四、项目七；顾全根：项目五；辽宁商贸职业学院的王丹参与了部分内容的编写。

本书在编写过程中，广泛地吸取了近年来人才测评的研究成果，参考并借鉴了有关专家的著作和文章，在此表示真诚的感谢！读者在使用过程中，如果发现教材有不足之处，敬请不吝指正，谢谢！

编　者
2014 年 10 月

目 录

项目一　工作分析与工作评价　1
任务 1　工作分析　3
任务 2　工作评价　15

项目二　胜任特征评价　29
任务 1　构建胜任特征模型　31
任务 2　建立胜任特征评价体系　42

项目三　履历分析　51
任务 1　履历收集与整理　53
任务 2　履历筛选　64
任务 3　履历甄别　70

项目四　心理测验　83
任务 1　心理测验的一般程序　85
任务 2　人格测验的实施与评价　93
任务 3　能力测验的实施与评价　102
任务 4　职业兴趣测验的实施和评价　117

项目五　面试实施与评价　125
任务 1　面试的基本操作流程　127
任务 2　结构化面试的实施　138

项目六　评价中心操作　155
任务 1　无领导小组讨论的实施与应用　157
任务 2　公文筐测验的实施与应用　173
任务 3　角色扮演　191

项目七　绩效考评　201
任务 1　绩效考评技术　203
任务 2　绩效考评系统设计　211
任务 3　绩效考评组织和实施　216

参考文献　232

项目一
工作分析与工作评价

本章知识点

工作分析　工作要素　工作说明书　工作评价

本章技能点

访谈法　问卷调查法　职位分析问卷法（PAQ）　工作要素法（JEM）
排列法　要素计点法　海氏工作评价系统

职业核心能力

自我学习　信息处理　与人交流　与人合作

知识导图

图:
工作分析与工作评价框架图

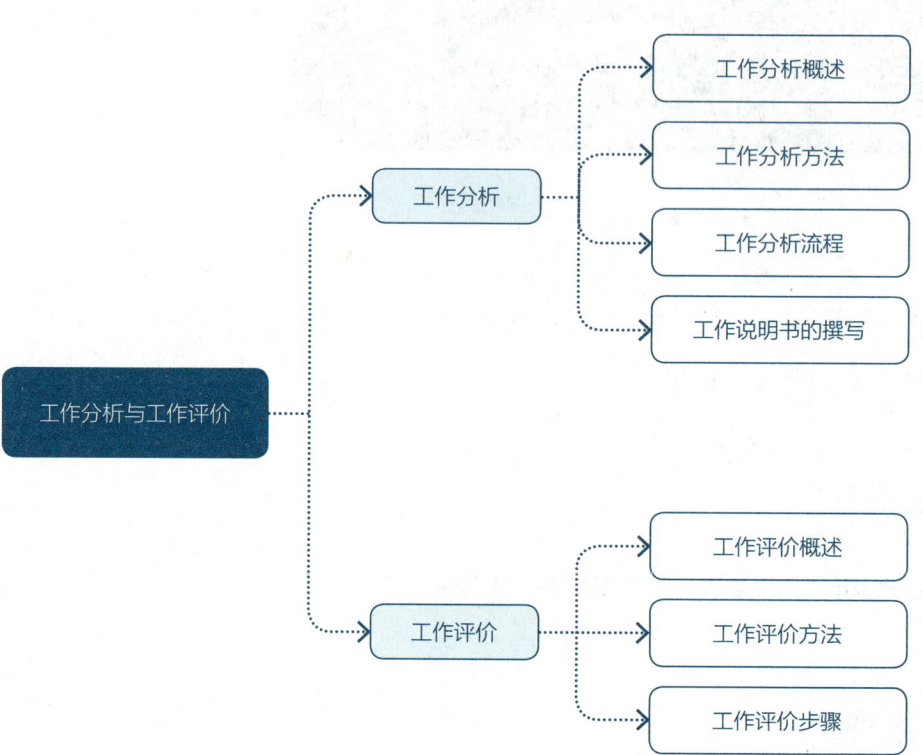

任务 1　工作分析

重点与难点： 工作分析方法和流程以及工作说明书的撰写

引　例

> 一个机修工把大量的机油洒在他修理的机车周围的地面上。车间主任叫机修工把洒掉的机油清扫干净，机修工拒绝执行，理由是工作说明书里并没有包括清扫的条文。车间主任顾不上去查工作说明书上的原文，就找来一名后勤服务工来做清扫。但后勤服务工同样拒绝清扫，他的理由也是工作说明书里没有包括这一类工作。车间主任威胁说要把他解雇，因为后勤服务工是分配到车间来做杂务的临时工。后勤服务工勉强同意，但是干完之后立即向公司投诉。有关人员看了投诉后，审阅了三类人员的工作说明书：机修工、后勤服务工和清洁工。机修工的工作说明书规定：机修工有责任保持机车的清洁，使之处于可操作状态，但并未提及清扫地面。后勤服务工的工作说明书规定：后勤服务工有责任以各种方式协助操作工，如领取原材料和工具，随叫随到，即时服务，但也没有明确写明包括清扫工作。清洁工的工作说明书中确实包含了各种形式的清扫，但是他的工作时间是正常工人上班前和下班后。
>
> **分析：** 这是一个典型的因工作职责不清引发分歧的案例。工作职责的确定不是好说话的多干活，不好说话的少干活，或者是看到哪位就叫哪位干活，而是采取一系列科学的工作分析手段和方法，并结合单位实际，进行分析研究得出的。本项目将对工作分析进行比较系统的阐述，对工作分析的基本过程、手段、方法，工作设计和岗位说明书的写法，以及工作评价的技术和方法等做一个全面的介绍。

一、工作分析概述

（一）工作分析的概念

工作分析，又叫职务分析、岗位分析，是指借助于一定的分析手段，确定工作的性质、结构、要求等基本因素的活动。工作分析是整个人力资源管理工作的基础。

工作分析需要对工作进行整体分析，以便确定每一项工作的 6w1h：谁做（who）、做什么（what）、何时做（when）、在哪里做（where）、如何做（how）、为什么做（why）、为谁做（whom）。分析的结果是工作说明书。工作说明书是记录工作分析结果的文件，它把所分析的岗位的职责、权限、工作内容、任职资格等信息以文字形式记录下来，以便管理人员使用。

（二）工作分析的意义

在瞬息万变的工作环境中，一个适当的工作分析体系是至关重要的。新的工作不断产生，旧的工作要重新设计。参考几年前所做的工作分析可能不会得到确切的数据资料；但重要的是，工作分析可帮助组织察觉环境正发生变化这一现象。工作分析中的数据实际对人力资源管理的每一方面都有影响。工作分析资料的主要作用体现在人力资源计划方面。仅知道一个公司将需要1 000名新员工生产产品或提供服务以满足销售需要是不够的，企业还应知道，每项工作都需要不同的知识、技能和能力。显然，有效的人力资源计划必须考虑到这些工作要求。

（1）如果招聘者不知道胜任某项工作所必需的资格条件，员工的招聘和选择就将漫无目的。如果缺少适当的工作说明，在没有一个清楚的指导性文件的情况下去招聘、选择员工，这样做的结果会很糟。

（2）工作说明中的信息对确定人力资源开发的需求非常有用。如果工作说明指出某项工作需要特殊的知识、技能和能力，而在该岗位上的人又不具备所要求的条件，则需要培训和开发。这种培训旨在帮助员工履行现有工作说明中所规定的职责，并且帮助他们为升迁做好准备。至于绩效评价，应根据员工完成工作说明中规定的职责的好坏进行。如果一名经理评价员工根据的不是工作说明中包括的因素，则这种评价在很大程度上就会带有不公正性。

（3）报酬方面，在用货币体现某项工作的价值之前必须了解其对公司的相对价值。相对来说，工作的职责越重要，工作就越有价值，要求更多的知识、技能和能力的工作对公司来说应该更具价值。例如，一般来说，要求具有硕士学位的工作的相对价值要高于只需高中文凭的工作。

（4）在考虑安全与健康问题时，来自工作分析的有关信息也很有价值。例如，公司应该说明一项工作是否具有危险性。工作说明中应该反映出这一点。而且，在某些危险的工作中，工人为了安全地完成工作，也需要了解一些有关危险的信息。

（5）工作分析信息对员工和劳动关系也很重要。当考虑对员工进行提升、调动或降职的问题时，工作说明提供了一个比较个人才干的标准。无论公司是否成立了工会，通过工作分析获得的信息有助于企业做出更为客观的人力资源管理决策。

（6）当进行人力资源研究时，工作分析信息为研究者提供了一个研究起点。例如，当人力资源管理者要研究出色员工和平庸员工的不同因素时，只需根据工作说明选择相同工作岗位的员工。

（7）完整的工作分析对支持聘用实践中的合法性尤其重要。例如，我们需要利用工作分析的资料为有关升职、调动和降职的决策提供法律方面的依据。

二、工作分析方法

工作分析方法主要有访谈法、问卷调查法、观察法、工作日志法、资料分析法、任务调查表法、关键事件法、工作实践法、职位分析问卷法（PAQ）、工作要素法（JEM）等。

（一）访谈法

访谈法又称为面谈法，是一种应用最为广泛的工作分析方法。访谈法是指工作分析人员就某一职务或者岗位，面对面地询问任职者、主管、专家等人的意见和看法。一般情况下，应用访谈法时可以以标准化访谈格式进行记录，以控制访谈内容及对同一职务不同任职者的回答进行相互比较。

技能点：
访谈法的运用

优点：这是一种被广泛采用，相对简单、便捷的搜集信息的方法，适用面较广，尤其可用来达到编制工作描述的目的；经常作为其他信息收集方法的辅助手段使用；通过访谈能探察到一些不为管理层知晓的内容，如工作态度、工作动机等较深层次的东西或一些管理问题；方式亲切，能拉近访谈者与员工的关系。

缺点：对访谈者的谈话技巧要求高，如运用不当可能影响信息收集的质量；不能作为工作分析的唯一方法；打断被访问人员的正常工作，有可能造成生产的损失；可能会因问题不够明确或不够准确而造成双方误解或信息失真。

（二）问卷调查法

问卷调查法是工作分析中最常用的一种方法。问卷调查法是指由有关人员事先设计出一套工作分析的问卷，随后由工作的员工来填写问卷，也可由工作分析人员填写，最后再将问卷加以归纳分析，做好详细的记录，并据此写出工作职务描述。

技能点：
问卷调查法的运用

优点：能够从众多员工那里迅速得到信息，节省时间和人力；员工填写工作信息的时间较为宽裕，不会影响工作，适用于在短时间内对大量人员进行调查的情形；结构化问卷所得到的结果可由计算机处理。

缺点：问卷的设计需要花费时间、人力和物力，费用较高；单向沟通方式，所提问题可能会部分不为员工理解；填写者可能不认真填写，影响调查的质量。

（三）观察法

观察法是一种传统的工作分析方法，是指工作分析人员直接到工作现场，针对特定对象（一个或多个任职者）的作业活动进行观察，收集、记录有关工作的内容、工作间的相互关系、人与工作的关系，以及工作环境、条件等信息，并用文字或图标形式记录下来，然后进行分析与归纳总结。

优点：操作较灵活、简单易行；直观、真实，能给工作分析人员直接的感受，因而所获得的信息资料也较准确；可以了解广泛的信息，如工作活动内容、工作中的正式行为和非正式行为、工作人员的士气等。

缺点：适用范围较小；耗时长，容易对员工工作产生干扰。

（四）工作日志法

工作日志法又称工作写实法，是指任职者按时间顺序详细记录自己的工作内容与工作过程，然后经过归纳、分析，达到工作分析的目的。

（五）资料分析法

资料分析法是指为降低工作分析的成本，应当尽量利用原有资料，对每项工作的任务、责任、权利、工作负荷、任职资格等有一个大致的了解，为进一步调查、分析奠定基础。

（六）任务调查表法

任务调查表法是指通过发放任务调查表获得与工作相关的数据和信息，并进行分析的方法。任务调查表法用来收集工作信息或职业信息，调查表上列明了每一条检查项目或评定项目，形成了任务或工作活动一览表，其内容包括所要完成的任务、判断的难易程度、学习时间、与整体绩效的关系等。

（七）关键事件法

关键事件法是指分析人员、管理人员和岗位员工，将工作过程中的"关键事件"（指使工作成功或失败的行为特征或事件，如成功与失败、盈利与亏损、高效与低产等）详细地加以记录，在大量收集信息后，对岗位的特征要求进行分析研究。关键事件法的缺点是收集、归纳事例并加以分类要耗费大量的时间。另外，事例描述的是特别有效或特别无效的行为，所以很难对平均的工作行为形成总的概念。这样可能会遗漏一些不显著的工作行为，难以完整地把握。

（八）工作实践法

工作实践法是指分析人员亲自从事所要分析的工作，并根据其所掌握的第一手资料进行分析的方法。

优点：相比访谈法、问卷调查法等方法，更能获得真实可靠的数据资料；可以准确地了解工作的实际任务和体力、环境、社会方面的要求。

缺点：受工作分析人员本身知识与技能的局限，运用范围很窄；不适用于在现代化大生产条件下，对操作的技术难度、工作频率、质量要求高及危险性的职务。

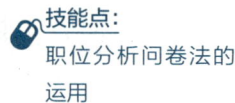
技能点：
职位分析问卷法的运用

（九）职位分析问卷法（PAQ）

职位分析问卷是一种结构严谨的工作分析问卷，是最普遍和流行的人员导向职务分析系统。职位分析问卷法（Position Analysis Questionnaire，简称PAQ）是指利用一种通用的，以统计分析为基础的方法来建立某职位的能力模型，同时运用统计推理进行职位间的比较，以确定相对报酬。

职位分析问卷于1972年由普渡大学教授麦考密克（E.J. McCormick）、詹纳雷特（P. R. Jeanneret）和米查姆（R.C. Mecham）设计开发。目前，国外已将其应用范围拓展到职业生涯规划、培训等领域，以建立企业的职位信息库。

（十）工作要素法（JEM）

工作要素法（Job Element Method，简称JEM）是一种典型的开放式人员导向性工作分析系统方法。它的发明者是美国的人事管理事务处的普里默夫（E.S. Primoff），该系统遵循德国心理学家冯特（Wilhelm Wundt）所提出的基本原则，即"在我们没有对最简单的东西熟悉之前不可能了解复杂的现象"，对于

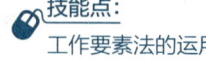
技能点：
工作要素法的运用

工作来说，简单的方面就是组成工作的要素或影响工作者成功完成工作所需的人员特征。

工作要素的常规分类如下：

（1）知识。如专业知识掌握程度、外语水平、知识面宽窄等。

（2）技能。如计算机运用能力、驾驶技术、叉车操作技术等。

（3）能力。如口头表达能力、判断能力、管理能力等。

（4）工作习惯。如对工作的热爱程度、承担超负荷工作的意愿、工作时间规律与否。

（5）个性特点。如自信、主动性、独立性、外向、内向等。

注意：只对工作完成有重要影响的要素才纳入考虑。

工作要素法的主要操作步骤如图1-1所示。

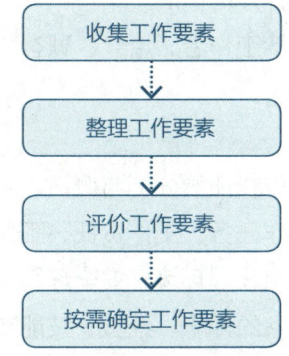

图1-1 工作要素法的主要操作步骤

图：
JEM的主要操作步骤图

三、工作分析流程

工作分析是对工作进行全面评价的过程，包括计划、设计、分析、结果、运用5个环节，如图1-2所示。

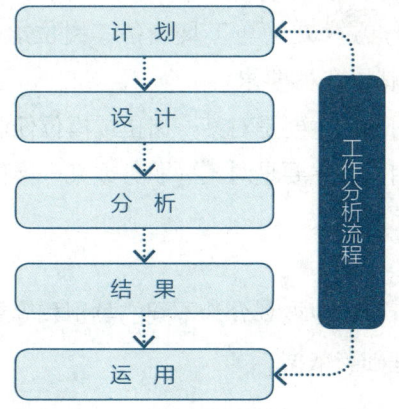

图1-2 工作分析流程

图：
工作分析流程图

(一)计划

(1)确定工作的目的与结果使用的范围,明确所分析的资料到底用来做什么,解决什么管理问题;提出原来任职说明书主要条款存在的不清楚、模棱两可的问题或对新岗位任职说明书提出拟解决的主要问题。

(2)确定所要分析的信息内容与方式,预算分析的时间、费用与人力。

(3)组建工作分析小组,分配任务与权限。工作小组一般由工作分析专家、在职人员、上级主管等组成。

(二)设计

(1)明确分析客体,选择分析样本,以保证分析样本的代表性与典型性。

(2)选择分析方法与人员。人员的选择主要考虑其经验、专业知识与个性品质等因素。

(3)作好时间安排,制订分析标准。

(4)选择信息来源。包括工作者、主管、顾客、分析专家等的意见,及其他信息来源。

(三)分析

(1)工作名称分析。工作特征的分析与概括、名称的选择与表达。

(2)工作规范分析。工作任务、工作责任、工作关系与工作强度的分析。

(3)工作环境分析。包括物理环境、安全环境与社会环境的分析。

(4)工作条件分析。必备的知识、经验、技能和心理素质的分析。

具体工作包括:仔细审核、整理获得的各种信息;创造性地分析、发现有关工作与工作人员的各种关键成分;归纳总结出工作分析的必需材料和要素。

(四)结果

(1)工作描述。主要是对工作环境、工作要素及其结构关系的说明。

(2)工作说明书。主要是对某一岗位或岗位工作职责任务的说明。

(3)工作规范。主要是对岗位或岗位内工作方式、内容及范围的说明,包括完成工作操作方式方法与工具设备、岗位之间的相互工作关系,但不一定包括责任、权限与资格要求。

(4)资格说明书。主要是对某一岗位或岗位任职资格的说明。

(5)职务说明书。主要是对某一职务或某一岗位工作职责权限及其任职资格等其他内容的全面说明。

(五)运用

通过工作分析,岗位被划分为不同的类别和等级,这为人力资源管理各项工作的进行提供了基础与依据。

四、工作说明书的撰写

（一）工作说明书的概念

工作说明书是指用书面形式对企业各类工作岗位的工作性质和任务、工作责任和权限、工作内容和方法、工作环境和条件，以及任职人资格所作的统一要求（书面记录）。它应该说明任职者应做些什么、如何去做和在什么样的条件下履行其职责。一个名符其实的工作说明书必须包括该项工作区别于其他工作的信息，提供有关工作是什么、为什么做、怎样做以及在哪里做的清晰描述。

> **技能点：**
> 工作说明书的撰写

（二）工作说明书的主要内容

（1）基本资料。主要包括岗位名称、岗位等级、岗位编码、定员标准、直接上下级、分析日期。

（2）岗位职责。主要包括职责概述和职责范围。

（3）监督与岗位关系。说明本岗位与其他岗位之间在横向与纵向上的联系。

（4）工作内容和要求。指对岗位职责的具体化，即对岗位所要从事的主要工作事项做出说明。

（5）工作权限。为了确保工作的正常开展，必须赋予每个岗位不同的权限，但权限必须与工作责任相协调、相一致。

（6）劳动条件和环境。指在一定的时间、空间范围内工作所涉及的各种物质条件。

（7）工作时间。包含工作时间长度的规定和工作轮班制的设计等内容。

（8）资历。由工作经验和学历条件两个方面构成。

（9）身体条件。结合岗位的性质、任务对员工的身体条件做出规定，包括体格和体力两项具体的要求。

（10）心理品质要求。岗位心理品质及能力等方面要求，应紧密结合具体岗位的性质和特点深入进行分析，并做出具体的规定。

（11）专业知识与技能要求。岗位要求员工应具有的专业知识与技能。

（12）绩效考评。从品质、行为和绩效等多个方面对员工进行全面的考核和评价。

（三）工作说明书的作用

1. 为招聘、录用员工提供依据

（1）确定岗位的任职条件。工作说明书里已经确定了某个岗位的任职条件，任职条件是招聘工作的基础，招聘工作需要依照任职条件来挑选人员，不满足任职条件的人不能录用。

> **典型案例：**
> 工作说明书的作用

例如，某公司招聘人力资源部的培训专员，在工作说明书的任职条件一栏中明确要求：学历是大学本科以上，工作经验要求3年以上，有大中型企业或者外资企业相关岗位的工作经验。只有符合这样的条件，才会被录用。另外，要求应聘者具有什么样的知识，要求了解哪些业务范围，在任职条件中都会有明文规定。具体招聘的时候，只要照章办事即可。

（2）工作说明书将作为签订劳动合同的附件。工作说明书将作为员工录用以后签订劳动合同的附件。企业决定录用员工后，这名员工应该承担什么样的责任，以及要负责到何种程度，这些问题也已经事先在工作说明书里约定好了，企业不需要对员工重复说明。

（3）作为入职培训的教材。员工被录用以后，一般企业要进行一次入职培训。工作说明书可以作为入职培训的教材。

2. 对员工进行目标管理

在对员工目标管理设计的时候，依据工作说明书所规定的职责，可以很清晰、明确地给员工下达目标，同时也便于设计目标。

（1）工作说明书是给员工下达目标的凭证。目标管理是现代企业管理的一种最有效的办法，给员工下达目标的凭据就是工作说明书里规定的职责。例如，给人力资源部的培训专员下达的目标是培训的指标，而不能下达薪酬管理的指标。由此可见，工作说明书是目标管理的一个基本依据。

（2）依据工作说明书可清晰设计目标。在工作说明书中，具体某个项目有几项职责，目标应该下达给谁，都有非常清楚的说明。因此，负责目标管理的主管应该随时查阅工作说明书，以便更明确、有效地对员工进行目标管理。

3. 作为绩效考核的基本依据

（1）工作说明书确定了岗位职责。在绩效考核的时候，只有通过考察工作说明书，才会知道只有这个岗位才有这个职责，才能去考核这个岗位上工作的员工是不是尽职尽责，是不是完成了工作目标。假如在工作说明书中根本就没有这个职责，就不能拿这个要求去考核，因为他不需要承担这样的责任。所以，工作说明书在工作目标管理和绩效考核工作中起着很大的作用，它也是绩效考核的一个基本依据。

（2）工作说明书确定了职责范围。工作说明书确定了某一项职责的范围，是全责、部分还是支持，很清楚地划分了员工的职责。当某一项工作没有完成或出现问题时，责任十分清楚。

（3）工作说明书确定了考核内容。工作说明书还规定了考核评价内容。绩效考核的标准应该是一致的，不能是工作说明书写的是一个样，考核标准又是另一个样。

4. 为企业制订薪酬政策提供依据

工作评价是企业薪酬政策的基本依据，整个薪酬体系需要以工作评价为支撑性资料。而工作评价的基础是工作分析和工作说明书，如果没有工作说明书、工作内涵分析、员工规格分析等资料，就无法进行工作评价。因此，从根本上说，工作说明书为企业制订薪酬政策提供了重要的依据。缺少了工作说明书，企业制订薪酬政策将是很困难的。

5. 员工教育与培训的依据

对员工进行培训是为了满足岗位职务的需要，有针对性地对具有一定文化素质的员工进行岗位专业知识和实际技能的培训，有利于员工完备上岗任职资格，提高胜任工作的能力。根据工作说明书的具体要求，企业可以对一些任职条件不足，但其他方面优秀、符合公司急需人才要求的员工进行教育和培训，提升他的素质，最后使其达到工作说明书的任职要求。

例如，某公司在招聘一名销售主管的时候，发现一名应聘者销售经验非常丰富，但是他的学历达不到招聘的要求。负责招聘的人力资源部经理破例将他录用。本来是让他当销售部经理的，但由于其任职条件欠缺，所以先让他担任销售部副经理。在接下来的一段时间内，针对其学历不高的特点，公司将他送去大学进修。这样，经过进修，他自身学历有了提高，符合工作说明书中的要求，他又被提升为销售部经理。

> 例题：
> 工作说明书应用于教育和培训
>
> 媒体素材：
> 工作说明书应用于教育和培训

6. 为员工晋升与开发提供依据

人力资源管理中一项非常重要的工作是人力资源开发，就是通过一些手段使员工的素质和积极性不断提高，最大限度地发挥员工的潜能，为企业做更大贡献。员工的晋升与开发，离不开人事考核。人事考核是以员工为对象，以工作说明书的要求为考核依据，通过对员工德、能、勤、绩等方面的综合评价，判断他们是否称职，并以此作为任免、奖罚、报酬、培训的依据，促进"人适其位"。因此，工作说明书也为这项工作提供了一个依据。

员工大都愿意在一家企业长期工作，并不愿意跳槽。员工更关注有没有发展的空间，例如现在是销售员，将来有没有可能做到销售经理或销售总监。公司应依据工作说明书，做员工晋升路径图，作为规范化管理的一个基础文件，让每一位员工都清楚，只要好好工作将来就能升到什么岗位，或几年才能达到任职条件。

当今社会，企业发展越迅猛，或者说企业求发展的野心越大，对人才的需求越强烈，这种求贤若渴的心情固然可以理解，但这种状态也同样造成了企业招人用人的偏颇和失误。很多时候，新增人员到岗后，企业会发现入职者不胜任岗位，或者岗位的工作内容和预期存在很大不同，给入职者造成了较大落差，从而造成了企业解雇员工或员工主动离职的情况，究其原因，都是在招聘环节出了问题。

总结并概括目前的大多数情况，不外乎企业和人选双方对对方预期和现实的想法存在很大差异。

典型案例

一份工作说明书引起的不愉快

从事人力资源工作的R小姐虽没有做到人力资源管理级别，但其所任职的是一家知名的大型上市公司，公司对人力资源工作极为重视。R小姐在此

> 典型案例：
> 某公司的工作说明书

公司任职的 3 年时间里积累了较丰富的人力资源工作经验，同时也具有一定的行政管理经验，深得领导好评。不久前，因经济环境影响，公司大面积裁员，R 小姐不幸身列其中，于是她开始寻求职业生涯的第二次发展机会。

很快，一位朋友推荐一个小公司给她，声称此公司在寻找人力资源经理，并把工作说明书发送给她，工作说明书中明确列出了四条人力资源管理通用的任职资格和工作描述，另外加注有一定的行政经验者优先。R 小姐认为，此岗位相当于人力行政经理，重点在人力资源各个模块的运用，和自己之前经历相符，同时自己也期望得到一个全面掌控人力资源管理工作的机会，由此看来，此机会很适合自己的发展。

面谈进展很顺利，薪水虽低于之前的水平，但 R 小姐并不介意，一周后正式入职。

入职 10 天后，R 小姐却主动提出离职，义无反顾地离开了这家公司。

短短 10 天，是什么让 R 小姐的态度瞬时转变的呢？经友人了解，R 小姐很胜任此工作，并在一周内将全公司的绩效考核体系搭建起来，马上就要实施，此时却得到了减薪的通知，她十分费解，找到投资方大老板沟通。

这次沟通直接导致她对工作及公司失去了信任。原来，大老板不但对其所做工作不认可，同时明确表示自己所需要的只是一个行政人员，相应的薪水并不能达到之前谈好的水平，需要减薪。当时，R 小姐很愤怒。

用 R 小姐的话说，行政的工作和人力资源的工作在老板眼里原来是一回事，这是对她的工作专业度的一种侮辱，这种看低人力资源工作的老板和公司，是不值得一起共事的。

案例分析：抛开薪水不谈，作为人力资源从业者相信会很理解 R 小姐的遭遇，这种理解可能更多的是在同行之中。如果这种遭遇放在其他岗位从业者身上，我们是否也会报以同样的心情和态度呢？毕竟，这种问题的出现不仅仅是因为老板，还有负责招聘的人力资源工作人员，都或多或少存在某些招聘和用人上的分歧或失误。

当然，R 小姐的遭遇同样不可避免有人力资源工作人员的责任。我们可以说人力资源工作人员不专业，但不专业可以慢慢变得专业，这是小问题，关键是人力资源工作人员需要完全明白老板对这个岗位怎么看，怎么想，这并不完全属于专业范畴的问题，这是几乎所有公司人力资源工作人员每天都要应对的重要问题。

追根溯源，R 小姐的遭遇，从企业方招聘角度讲，是工作说明书设计的失败。但是隐藏在任职资格和岗位描述背后的诸多因素，才是导致招聘失败的关键因素。

相信专业的人力资源工作人员可以把工作说明书写得很漂亮，但这种漂亮在某种意义上可以用"不实际"的概念来偷换。

　　这种不实际在真正工作中会有很多表现，如"公司的财务人员同样肩负着行政的职责""以绩效和培训见长的人力资源工作人员在 80% 的时间里忙于处理员工关系问题""拥有丰富的医药领域客户资源的销售总监长时间带领团队维护客户关系"……归纳一下，招聘的失败往往体现在企业对人选的不满意，或者人选对岗位设置的不理解，要么大材小用，要么小材大用，要么边用边看。

　　案例小结：对于出现以上问题的企业及 HR，应认真思考以下问题：

　　（1）对于老板的想法你是否真正领悟？

　　（2）对于岗位对公司的重要性你是否真正理解？

　　老板的意图不清楚，怎么写工作说明书？公司需要这个岗位解决什么问题你不清楚，怎么写工作说明书？

　　如果你想很轻松地完成工作说明书的设计，切忌从网站上或者大纲里随便摘抄或组合一些条条框框组成一个工作说明书，这是最平常又是最忌讳的做法。

（四）撰写工作说明书的注意事项

1. 撰写工作说明书应抛弃的错误理念

　　撰写工作说明书，首先应抛弃一些传统的思维方法和习惯。

　　（1）抛开"超人"理念。作为人力资源工作人员，都明白"人职匹配"的道理，但是这和企业老板的想法往往是相反的。企业老板希望每个员工都是"超人"，能同时解决所有问题。这种想法固然可以理解，但人力资源人员千万不能跟着老板这样的想法走。在实际工作中，找一个真正能解决企业某个问题的人才就足够了。每个人力资源人员不能过于理想化，世界上根本不存在"超人"。

　　（2）抛开"优秀"，回归"适合"。世界上优秀的人很多，但对一个企业而言，能拥有优秀员工的人数是有限的。相信有不少人力资源人员都有这样的经历：招进来一个优秀的人，落实到工作上，却只让他发挥了一小部分才能，有时效果适得其反。所以说，优秀并不代表合适，只要明确哪些人适合企业发展需求，就是一种成功。另外，不要跨阶段用人，先解决眼前的问题，或者说 3 年之内的问题，3 年之后，企业发展到什么阶段，有什么需求，再选择相应的人来依靠。

　　（3）抛开"漂亮"，注重实用。很多企业在用人过程中喜欢用那些看着和听着都相当"漂亮"的人才。例如，他是某名牌大学的高材生，得过很多大奖，还有多种特长……企业的老板花了大价钱请了这么位"漂亮"的员工。但是，这位员工的实际能力和他的名号是否相符，是否真的合适这家企业，谁也不敢保证。所以，抛开"漂亮"字眼，注重实用，才有可能找到适合自己的人才。

> 技能点：
> 撰写工作说明书

2. 工作说明书撰写的着眼点

工作说明书撰写时应注意以下几点：

（1）对岗位的描述，不是对任职者的现有工作的描述。

（2）不局限于现状，着眼于组织设定岗位需要。

（3）针对岗位而不是人。

（4）归纳而非罗列。

3. 工作说明书的形式设计

工作说明书一般用表单形式呈现，通常包括7部分内容：

（1）基本信息。岗位名称、部门、直接上级、所属下级、岗位发展方向、职责分析日期、编写日期等。

（2）岗位目的。即对为什么设置该岗位的原因进行概述。

（3）职责和权限。即对任职者应该完成的工作、承担的责任，以及其完成工作、承担责任而被赋予的权力、可以调动的资源进行概述。

（4）考核指标。即对工作完成情况的衡量标准的概述。

（5）工作关系。分内部关系和外部关系，包括联系部门、人员。

（6）任职资格。即对任职者完成工作所需具备的学历水平、知识内容、工作经验、工作技能、个性和品质等的概述。

（7）工作环境及条件。即对工作的环境及完成工作所需的工具设备的概述。

任务 2　工作评价

重点与难点：
工作评价方法与步骤

引　例

　　A公司在进行工作分析，获取工作信息以后，着手进行工作评价，以确定工作的相对价值。为合理地确定工作相对价值，A公司成立了以人力资源部经理为首的工作评价小组，并邀请了外部专家参与工作评价过程。在外部专家的建议下，A公司采用了国际通行的IPE码作为工作评价的工具，为保证工作评价工具的科学性，工作评价小组没有对工作评价方案进行修正。

　　A公司共有80多个工作岗位，有管理类、技术类、营销类三种工作类别，工作评价小组从中选择了约30个岗位作为标杆，标杆工作的选择按照纵向的工作等级进行，没有考虑横向工作类别的因素，这一疏漏为以后的工作评价方案的扩展埋下了隐患。

　　为保证工作分析的公平性，A公司采取了三方评价的方式：上级评价占40%、专家评价占30%、员工个人评价占30%。工作评价方案下发后，立刻在员工中引起了较大的反应。通过这种方式收集的工作评价数据主观性太强，于是只有放弃这一途径，采取人力资源部门会同直接上级评价和专家评价的方式确认工作的价值。在这一评价的过程中，遇到了一个致命的问题：技术类工作评价结果的平均水平低于管理类工作，这一结果显然和公司倡导的薪资分配向技术人员倾斜的导向不相符合，而按照这一结果所得的薪酬显然不利于留住这些核心人员。经过七拼八凑，工作评价小组终于拿出了工作评价方案的初稿。

　　工作评价方案一经出台，立刻在员工中引起轩然大波。员工纷纷将自己工作的结果与其他工作进行对比，然后通过正式或非正式渠道向公司反映。工作评价小组经过仔细审查，发现确实有很多工作横向对比有很大的出入，在工作评价的各维度上，各工作也缺乏可比性，甚至出现在"沟通"维度上，人力资源部文员的得分比营销部主管还要高。这些显失公平的地方，成为本次工作评价最为薄弱的被攻击环节，直接导致了工作评价的最终失败。

　　分析： 首先，由于事先没有进行培训，员工根本不理解进行工作评价的意义和作用。

　　其次，由于工作评价方案过于专业，员工很难准确把握各种描述，经过一番争论，大家渐渐对工作评价失去了信任。

　　最后，由于个人对方案中的表述理解不一样，每个人对自己工作的评价都超出了常理，如最为可笑的是公司行政文员对自己工作的评价得分居然超过了营销部主管。

一、工作评价概述

（一）工作评价的概念

工作评价（Job Evaluation）是指根据各工作对组织目标的贡献，通过专门的技术和程序对组织中的各个工作的价值进行综合比较，确定组织中各个工作的相对价值差异，从而确立一个合理、系统、稳定的工作结构，开发一个工作价值的等级制度，在此基础上确定各工作的薪酬级别和工作待遇。它是薪酬级别设计的基础。

（二）工作评价的特点

1. 评价对象

工作评价的中心是"事"不是"人"。工作评价虽然也会涉及员工，但它是以工作为对象，即以工作所担负的任务为对象进行的客观评比和估计。作为工作评价的对象——工作，较具体的劳动者具有一定的稳定性，同时，它能与企业的专业分工、劳动组织和劳动定员定额相统一，能促进企业合理地制订劳动定员和劳动定额，从而改善企业管理。由于工作是由劳动者承担的，虽然工作评价是以"事"为中心，但它在研究中，又离不开对劳动者的总体考察和分析。

2. 评价过程

在工作评价过程中，根据事先规定的比较系统的能够全面反映工作现象本质的工作评价指标体系，对工作的主要影响因素逐一进行测定、评比和估价，由此得出各个工作的量值。这样，各个工作之间也就有了对比的基础，最后按评定结果，对工作划分出不同的等级。

3. 评价技术和方法

工作评价主要运用劳动组织、劳动心理、劳动卫生、环境监测、数理统计知识和计算机技术，适用排列法、分类法、配对比较法、要素计点法，以及海氏（Hays）工作评价系统等，对多个评价因素进行准确的评定或测定，最终做出科学评价。

（三）工作评价的原则

工作评价是一项技术性强、涉及面广、工作量大的活动。这项活动不仅需要大量的人力、物力和财力，而且还要触及许多学科的专业技术知识，牵涉到很多部门和单位。为了保证各项实施工作的顺利开展，提高工作评价的科学性、合理性和可靠性，在组织实施中应该注意遵守以下原则。

1. 系统原则

所谓系统，就是由相互作用和相互依赖的若干既有区别又相互依存的要素构成的具有特定功能的有机整体。其中各个要素也可以构成子系统，而子系统本身又从属于一个更大的系统。系统的基本特征有：整体性、目的性、相关性、环境适应性。

2. 标准化原则

标准化是现代科学管理的重要手段，是现代企业劳动人事管理的基础，也是国家的一项重要技术经济政策。标准化的作用在于能统一技术要求，保证工作质量，提高工作效率和减少劳动成本。显然，为了保证评价工作的规范化和评价结果的可比性，提高评价工作的科学性和工作效率，工作评价也必须采用标准化。工作评价的标准化就是对衡量劳动者所耗费的劳动大小的依据以及工作评价的技术方法，以特定的程序或形式做出统一规定，在规定范围内，作为评价工作中共同遵守的准则和依据。工作评价的标准化具体表现在评价指标的统一性、各评价指标的统一评价标准、评价技术方法的统一规定和数据处理的统一程序等方面。

3. 等级对应原则

在管理系统中，各种管理功能是不相同的。根据管理的功能把管理系统分成级别，把相应的管理内容和管理者分配到相应的级别中去，各占其位，各显其能，这就是管理的能级对应原则。一个工作能级的大小，是由它在组织中的工作性质、繁简难易程度、责任大小、任务轻重等因素决定的。功能大的工作，能级就高；反之就低。各种工作有不同的能级，人也有各种不同的才能。现代科学化管理必须使具有相应才能的人得以处于相应的能级岗位，这就叫作人尽其才，各尽所能。一般来说，一个组织或单位中，管理能级层次必须具有稳定的组织形态。稳定的管理结构应是正三角形。对于任何一个完整的管理系统而言，管理三角形一般可分为四个层次：决策层、管理层、执行层和操作层。这四个层次不仅使命不同，而且标志着四大能级的差异。同时，不同能级对应有不同的权力、物质利益和精神荣誉，而且这种对应是一种动态的能级对应。只有这样，才能获得最佳的管理效率和效益。

4. 优化原则

所谓优化，就是按照规定的目的，在一定的约束条件下，寻求最佳方案。上至国家、民族，下至企业、个人，都要讲究最优化发展。企业在现有的社会环境中生存，都会有自己的发展条件。只要充分利用各自的条件发展自己，每个工作岗位、每个人都会得到应有的最优化发展，整个企业也将会得到最佳的发展。因此，优化的原则不但要体现在工作评价的各项工作环节上，还要反映在工作评价的具体方法和步骤上，甚至落实到每个人身上。

（四）工作评价的作用

1. 确定职位级别的手段

职位等级常常被企业作为划分工资级别、福利标准、出差待遇、行政权限等的依据，甚至被作为内部股权分配的依据，而工作评价则是确定职位等级的最佳手段。

有的企业仅仅依靠职位头衔称谓来划分职位等级，而不是依据工作评价，这样有失准确和公平。举例来说，在某企业内部，尽管财务经理和销售经理都是经理，但他们在企业内的价值并不相同，所以职位等级理应不同。同理，在不同企业之间，尽管都有财务经理这个职位，但由于企业规模不同、职位的具体工作职责和要求不尽相同，所以职位级别也不相同，待遇自然也不同。

2. 薪酬分配的基础

在工资结构中，很多公司都有职位工资这个项目。通过工作评价得出职位等级之后，就便于确定职位工资的差异了。当然，这个过程还需要薪酬调查数据做参考。国际化的工作评价体系（如 HAY 系统、CRG 系统），采用的是统一的工作评价标准，不同公司之间、不同职位之间在职位等级确定方面具有可比性，在薪酬调查时也使用统一标准的职位等级，这就为薪酬数据的分析、比较提供了方便。

如前所叙，工作评价解决的是薪酬的内部公平性问题，它使员工相信，每个职位的价值反映了其对公司的贡献。而薪酬调查解决的是薪酬的外部公平性问题，即相对于其他公司的相似岗位，公司的薪酬是否具有外部竞争力。

3. 员工确定职业发展和晋升路径的参照系

员工在企业内部跨部门流动或晋升时，也需要参考各职位等级。透明化的工作评价标准，便于员工理解企业的价值标准是什么，员工该怎样努力才能获得更高的职位。

工作评价是人力资源管理中操作难度比较大，同时又非常重要的一项基础工作。由于工作评价代表了一个企业对劳动价值的衡量标准，所以在实施时应慎重。如果选用国外成熟的工作评价体系，实施效果、权威性、通用性比较好，但花费较大，对一个几百人的公司来说，版权费加培训费和评估费，就要花上数万美元甚至数十万美元，一般的公司难以承受。如果企业自己设定工作评价标准和评价办法，会比较简便并且节约，但权威性会受到挑战。

二、工作评价方法

常见的工作评价方法有排列法、分类法、配对比较法、要素计点法，以及海氏（Hays）工作评价系统（指导图表-形状构成法）。

（一）排列法

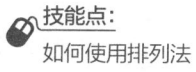
技能点：
如何使用排列法

排列法是指在不对工作内容进行分解的情况下，由评定人员凭着自己的经验和判断，将各工作岗位的相对价值按高低次序进行排列，从而确定某个工作岗位与其他工作岗位的关系。

1. 排列法的工作步骤

（1）岗位分析。由有关人员组成评价小组，做好相应的各项准备工作。然后，对工作岗位情况进行全面调查，收集有关岗位方面的资料、数据，并写出调查报告。

（2）选择标准工作岗位。所选岗位必须广泛分布于现有的岗位结构中，同时彼此间的关系需要得到广泛的认同；必须能代表岗位所包括的职能特性和要求；标准岗位的数量通常选取总岗位的 10%～15%；需建立一个用以排列其他岗位的结构框架。

（3）岗位排列。评定人员必须对有关工作进行全面了解。实际排列过程中，岗位不仅要与标准岗位相比，也要同已排列好的岗位相比。排列后岗位等级通常呈金字塔形结构。

（4）岗位定级。按评判标准对各岗位的重要性做出评判，将各岗位的评定结果汇总，用序号和除以评定人数得到每一岗位的平均序数，按平均序数的大小，由小到大评定出岗位相对价值的次序。

2. 排列法的优缺点

这种方法主要的优点在于能尽快确立新的工作岗位等级，有时也被作为鉴别不合理工资差异的初步措施。企业岗位较少可以选此方法。

这种方法的缺点为：由于大企业岗位分布呈金字塔形，需要定级的工作岗位数量多并且不相近，评定结果最终又必须依靠评定人员的判断，因此难于找到对工作内容都相当熟悉的评定人员；而且评定人员的组成和各自的条件、能力并不是一致的，这势必会影响评定结果的准确程度。

这种方法完全凭借评定人员的知识和经验进行，缺乏严格的、科学的评判标准，评价结果弹性大，容易受到其他因素的干扰。

由于工作岗位没有进行因素比较，方法相对简单、粗糙，它只适用生产单一、岗位较少的中小企业。

（二）分类法

分类法又称归级法，是对排列法的改进。它是在岗位分析基础上制定一套职位级别标准，然后将职位与标准进行比较，将它们归到各个级别中去的方法。其工作步骤为：岗位分析—岗位分类—建立等级结构和标准—岗位测评排列。

分类法的优点为：比较简单，所需经费、人员和时间相对较少，在工作内容不太复杂的部门，能在较短时间内得到满意结果；因等级标准的制定遵循一定依据，其结果比排列法准确、客观；出现新工作或工作变动时，容易按照等级标准迅速确定其等级；应用灵活，适应性强，为劳资双方谈判及争端解决留有余地。

分类法的缺点为：岗位等级的划分和界定存在一定难度，带有一定的主观性；较粗糙，只能将岗位归级，但无法衡量职位间价值的量化关系，难于直接运用到薪酬体系中。

（三）配对比较法

配对比较法也称相互比较法，是指将所有要进行评价的岗位列在一起，两两配对比较。其价值较高者可得 1 分，最后将各岗位所得分数相加，分数最高即等级最高。按分数高低将岗位进行排列，即可划定岗位等级。通过计算平均序数，便可得出岗位相对价值的次序。

（四）要素计点法

要素计点法又称点数加权法、点数法，是目前大多数国家最常用的方法。这种方法是先选定若干关键性评价要素，并确定各要素的权数，把每个要素分成若干不同的等级，然后给各要素的各等级赋予一定的分值，这个分值也称为点数，最后按照要素对岗位进行评估，算出每个岗位的加权总点数，便可得到岗位的相对价值。

要素计点法的具体步骤为：

（1）确定评价要素及其权数；

（2）定义评价要素，划定要素等级；

（3）各评价要素等级的点数配给；

（4）岗位评价，计算点数，确定岗位相对价值。

要素计点法的优点为：主观随意性较少，可靠性强；相对客观的标准使评价结果易于为人们接受；通俗，易于推广。

要素计点法的缺点为：费时，需投入大量人力；评价要素定义和权重的确定有一定的技术难度；不完全客观和科学，要素的选择、等级的定义和要素权重的确定都有一定的主观因素。

（五）海氏（Hays）工作评价系统

海氏（Hays）工作评价系统又称"指导图表-形状构成法"，是美国工资设计专家艾德华·海于1951年开发出来的。该系统有效地解决了不同职能部门的不同职位之间相对价值的相互比较和量化的难题。

1. 海氏工作评价系统的构成

海氏（Hays）工作评价将付酬因素抽象为具有普遍适应性的三大因素：知识技能水平、解决问题的能力和风险责任。每一个付酬因素又分别分解为数量不等的子因素，相应设计了三套标尺性评价量表，最后将所得分值加以综合，计算出各个职位的相对价值。海氏（Hays）工作评价系统要求职位的任职者具备相当的知识和技能。具有一定"知识技能"的员工通过什么方式来获得产出？是通过在职位中解决所面对的问题，即投入"知能"，通过"解决问题"这一生产过程，来获得最终的产出"风险责任"。如图1-3所示。

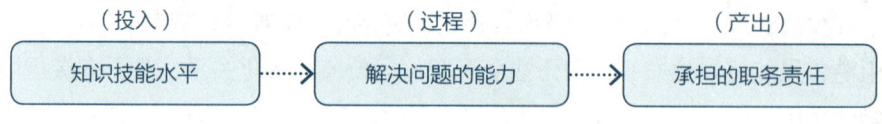

图1-3 海氏工作评价系统构成

海氏（Hays）工作评价系统包括3个一级因素和8个二级因素，一级因素分别为：知识技能水平、解决问题的能力、承担的职务责任。8个二级因素分别为：专业技能与实际方法技能、管理技能、人际技能、解决问题的性质、解决问题的思维难度、工作自由度、职务对工作结果造成的影响、职务对应的财务责任。如表1-1所示：

表1-1 海氏工作评价系统付酬因素描述

付酬因素	付酬因素定义	子因素	子因素解释
知识技能水平	要使工作绩效达到可接受的水平所必需的专门知识及相应的实际运作技能的总和	专业技能与实际方法技能	对该职位所处的行业领域的理论、实际方法与专门知识的理解。分为8个等级：从基本的（第1级）到权威专门技术的（第8级）
		管理技能	为达到要求绩效水平而具备的计划、组织、执行、控制、评价的能力与技巧。分5个等级：从起码的（第1级）到全面的（第5级）
		人际技能	该职位所需要的沟通、协调、激励、培训、关系处理等方面的技巧。分为基本的、重要的、关键的3个等级
解决问题的能力	在工作中发现问题，分析诊断问题，提出、权衡与评价对策，做出决策等的能力	解决问题的性质	指定环境对职务行使者的思维的限制程度。分8个等级：从几乎一切按既定规则办的第1级（高度常规的），到只做了含糊规定的第8级（抽象规定的）
		解决问题的思维难度	指解决问题时对当事者创造性思维的要求。分5个等级，从几乎无须动脑只需按老规矩办的第1级（重复性的），到完全无先例可供借鉴的第5级（无先例的）
承担的职务责任	指职务行使者的行动对工作最终结果可能造成的影响及承担责任的大小	工作自由度	职务能在多大程度上对其工作进行个人性指导与控制。分9个等级：从自由度最小的第1级（有规定的），到自由度最大的第9级（一般性无指导的）
		职务对工作结果造成的影响	分4个等级：第1级是后勤性作用，即只在提供信息或偶然性服务上出力；第2级是辅助性作用，即出主意与提供建议；第3级是分摊性作用，即与本企业内外其他几个部门和个人合作，共同行动，责任分摊；第4级是主要作用，即由本人承担主要责任
		职务对应的财务责任	可能造成的经济性正负后果。分4个等级，即微小的、少量的、中级的和大量的，每一级都有相应的金额下限，具体数额要视企业的具体情况而定

海氏（Hays）工作评价系统认为职务具有一定的"形态"，其主要取决于知识技能水平和解决问题的能力这两个因素相对于承担的职务责任这一因素的影响力间的对比和分配，如图1-4所示。

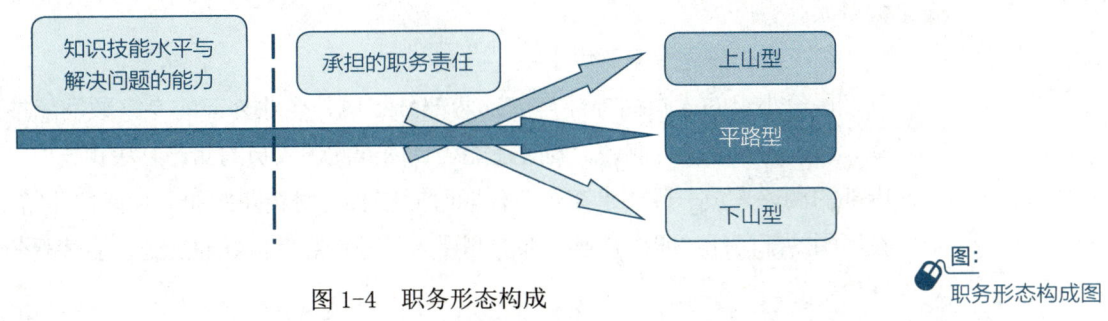

图1-4 职务形态构成

图：职务形态构成图

根据三种类型职务的"职务形态构成"，赋予三类职务不同因素以不同的权重，即分别给出三种类型职务的知识技能水平、解决问题的能力两因素与承担的职务责任的百分数，这两个百分数之和为100%。可以依据这三种类型分别给出五种权重分配，依据对职位的判断，选出认为合理的权重分配。如表1-2所示。

表1-2 五种权重分配表

	知识技能水平	解决问题能力	承担的职务责任	总 计
1		30%	70%	100%
2		40%	60%	100%
3		50%	50%	100%
4		60%	40%	100%
5		70%	30%	100%

技能点：
海氏工作评价系统的操作流程

2. 海氏工作评价系统的操作流程

海氏工作评价系统是一种非常有效、实用的工作测评方法，在企业的实际操作中，必须遵循一定的操作程序。很多企业在实施时，因没有按正规的操作流程操作，导致测评结果的准确性大打折扣。

第一步：标杆岗位的选取。

规模稍微大一点的企业，工作岗位往往比较多，如果全方位进行岗位评估，评估者往往会因为被评估的岗位过多而敷衍了事，或者因岗位较多而难于对不同岗位进行区分，这样会使评估工作出现较多的偏差。

选择标杆岗位有三个原则：够用（过多就起不到精简的作用，过少非标杆岗位就很难安插，有些岗位价值就不能得到厘定）；好用（岗位可以进行横向比较）；中用（标杆岗位一定要能够代表所有的岗位）。

注意：一定要选取同一个部门价值最高和价值最低的岗位。

第二步：准备好标杆岗位的工作说明书。

工作说明书是岗位测评的基础，完善的、科学的工作说明书能大大提高测评的有效性。没有详细的工作说明书做基础，测评者就只能凭主观印象对岗位进行打分，尤其是当测评者不是对所有标杆岗位都很清晰的时候，测评者的主观性就会增大。

第三步：成立专家评价小组。

评价小组的人员由外部与内部两部分组成，企业外部的专家顾问能站在中立、客观的角度进行测评，同时还能培训内部测评人员的测评方法和技巧。企业内部的测评人员一般要求在企业任职时间较长，对企业的业务和岗位非常了解，在不同的部门任过职。企业内部的测评人员一定要有良好的品德，能客观公正地评价事务。

第四步：进行海氏评估法培训。

这一步往往需要借助外部专家的力量。海氏法是一门比较复杂的测评技术，涉及很多测评技巧。在测评前，测评者一定要经过系统的培训，对海氏测评法的设计原理、逻辑关系、评分过程、评分方法非常了解才能从事测评工作。

第五步：对标杆岗位进行海氏评分。

对海氏评分工作一定要慎重。科学的做法是海氏法的培训讲师选出两个标杆岗位进行对比打分，详细阐述打分的过程和原由。同时选择一名测评者做同样的演示，直到所有的测评者完全清楚为止。测评者学会打分后，并不要立刻进行全面的海氏测评，可先选择部分标杆岗位进行测试，对测试结果统计分析，专家认为测试结果满意后再全面铺开测评工作。如果一开始就全面展开测评工作，而测评结果因为测评者没有完全掌握测评技巧而不理想时，再进行第二轮测评会遭到很多人的反对。

第六步：计算岗位的海氏得分，并建立起岗位等级。

计算岗位的海氏得分也很有技巧性。计算出各标杆岗位的平均分后，可算出每位评分者的评分与平均分的离差，对离差较大（超出事先设定标准）的分数可做去除处理。因为有些测评者为了本部门的利益或对有些岗位不熟悉而导致评分有较大偏差，在计算最后得分时，务必要通过一些技术处理手段将这种偏差降低到最低限度。

各标杆岗位最后得分出来后，按分数从高到低将标杆岗位排序，并按一定的分数差距（级差可根据划分等级的需要而定）对标杆岗位分级分层。然后，再将非标杆岗位按其对应的标杆岗位安插到相应的层级中。

三、工作评价步骤

1. **人员准备**

成立评价小组，由总经理、副总经理、各部门经理组成。

从资格要求来讲，评价人员对企业，至少对企业的某些方面的了解是真正的专家；评价人员最好来自管理岗位或者与管理岗位相关的职位；评价人员要能够客观地看问题；评价人员要对整个企业的岗位有一个全面的了解；评价人员在企业中要有一定的影响力；要考虑到各个不同的部门的特点，必须适当地考虑基层的工作人员。

在评价正式开始之前，要对评价人员作一定的交代，包括介绍为什么要进行工作评价、工作评价的方法、为什么要选择评分法、工作评价的流程、工作评价常出现的问题及解决方法、工作评价的结果与薪酬结构的关系等。另外还有最为重要的一点，就是要统一评价人员对因素定义表的认识。

2. **场所准备**

要准备一个大的能够容纳至少 15 个人的空间来进行评分。

3. **材料准备**

要理顺公司组织结构和岗位设置，确定参加评价的岗位。准备好工作说明书，通过问卷调查法、资料分析法和访谈法等方法进行工作分析，确定每个岗位的职责、任务、权限、协作关系、任职资格和工作环境等基本内容，撰写工作说明书。原则上是要将所有岗位的工作说明书都准备好。

4. 时间准备

正式打分的过程要持续 2～3 天。

5. 评价工具的准备

准备工作评价的因素大类以及因素的定义分级表。

首先，要求根据企业的实际情况和价值导向确定与待评估岗位相关的付酬因素及分值。然后，将每一种因素大类分成多个不同的因素，并对各个因素逐个进行分析和定义。将每个因素分成几种等级层次，对每一因素和每一等级层次赋予一定的分值，这个分值实际上就代表了每一因素以及每一等级层次的相对权重。权重越大，分数值就越大。

在进行工作评价的过程中，有可能因为评价人员对各项指标理解上的差异，或一些主观的人为因素的干扰等导致评价的结果出现很大的偏差，因此在进行评价之前准备好纠偏工具是很有必要的。我们常用到的纠偏工具有标准差纠偏工具和变异数纠偏工具。

6. 进行试打分

一般是选取企业的部分具有代表性的工作岗位，即标杆岗位进行试打分。标杆岗位一般是企业各个层面的有代表性的岗位，最好能分布到各个部门，一般为总经理、副总经理、重要性较强的中层管理岗、重要性较弱的中层管理岗、重要性较强的基层岗位、重要性一般的基层岗位、重要性最弱的基层岗位。试打分的过程是很辛苦的，不能操之过急，只有当评价人员的认识程度和评价因素都符合正式打分的要求了，试打分才能结束。按时间算下来，整个试打分的过程差不多要花一天的时间。给标杆岗位进行试打分的过程也是评价人员对评价因素的认识进行统一的过程。评价人员对每个标杆岗位的每一个因素都要进行认真仔细的评价，要看每项因素除以权重的标准差是否超过了经验值、均值是否合理、总分排序和差距是否合理等。对于任何岗位的试打分结果，评价人员认为有偏差的地方可以充分地发表意见，不能完全统一的地方要举手表决，少数要服从多数。

标杆岗位的分数为后面的正式打分提供了参照的依据，也为正式打分奠定了坚实的基础，因此标杆岗位的分数一定要打准。正是基于这个原因，试打分的任务甚至比正式打分艰巨，有可能会比正式打分所占用的时间还长。试打分结束后，评价人员应该做到不带疑问地进入到正式打分的程序中，因素定义表的指标和权重的偏差也不应该在正式打分的过程中再临时调整。

7. 开始正式打分

在所有人员都各就各位后，正式打分开始。在进行打分之前应先了解职位说明书。在第一次打分后，统计那些偏差较大的评价岗位，如果仍然出现了较大的偏差，就有必要进行第二次重新打分。在第二次重新打分结束之后，所有岗位的得分就基本确定下来了，重新评价最多两次，以最后一次为准。到这个时候，正式打分的整个过程就完全结束了。

8. 评分结果的公布

在进行完正式打分之后，就得到了所有工作岗位的分数。将所有这些分数排列起来，就得到了所有岗位的分数排列表，这就是我们想要最终得到的工作重要性排序表。这张表将会运用到企业的薪酬设计中去。工作评价的结果反映了不同工作岗位的价值大小及排列次序，它是制订工资制度的关键环节，但是从工作评价结果到每个岗位的工资出台还有许多工作要做，也就是说，只有将工作评价的结果转化为实际的岗位工资，工作评价才具有实用的价值。因为每一个工作岗位都有一种独特的工资，这样就会给工资的发放和管理带来很多实际的困难，因此将多种类型的岗位工资归并成若干等级所形成的工资等级系列具有了现实的意义。

职业资格与技能同步训练

一、单项选择题

1. 工作信息收集方法中应用最为广泛的方法是（　　）。
   A. 问卷法　　　　　B. 面谈法　　　　　C. 工作日志法　　　D. 观察法
2. 在人力资源管理中，确定任职资格的依据是（　　）。
   A. 工作职责　　　　B. 工作流程　　　　C. 工作权限　　　　D. 工作关系
3. 问题调查法的优点是（　　）。
   A. 快速收集信息　　　　　　　　　B. 节省时间和人力
   C. 双向沟通　　　　　　　　　　　D. 可同时调查大量人员
4. 工作分析的结果表述有（　　）。
   ① 工作描述　　　② 工作说明　　　③ 工作规范　　　④ 资格说明
   ⑤ 岗位识别　　　⑥ 工作概要　　　⑦ 职务说明
   A. ①②③④⑦　　　　　　　　　　B. ①②④⑤⑥
   C. ①③④⑤⑥　　　　　　　　　　D. ②③⑤⑥⑦
5. 在诸多工作评价方法中，最简单、最易操作的一种方法是（　　）。
   A. 分类法　　　　　B. 排列法　　　　　C. 评分法　　　　　D. 因素比较法
6. 岗位分类总的原则是（　　）。
   A. 以事为中心　　　　　　　　　　B. 以人为中心
   C. 以物为中心　　　　　　　　　　D. 以岗位为中心
7. 工作识别中最重要的项目是（　　）。
   A. 工作概要　　　　B. 工作名称　　　　C. 工作编号　　　　D. 工作地点
8. 海氏工作评价系统由（　　）三个阶段构成。
   A. 投入—解决—产出　　　　　　　B. 投入—过程—产出
   C. 投入—过程—解决　　　　　　　D. 投入—解决—完善

二、简答题

1. 请简述工作分析的含义。
2. 请谈谈工作分析有哪些意义。

3. 请简述工作评价的主要步骤。

综合实训

实训目标：
通过练习草拟工作说明书，掌握工作说明书的撰写技巧。

实训资料：
某公司为人力资源部经理草拟了一份工作说明书，其主要内容如下：
1. 负责公司的劳资管理，并按绩效考评情况实施奖罚；
2. 负责统计、评估公司人力资源需求情况，制订人员招聘计划并按计划招聘公司员工；
3. 按实际情况完善公司《员工工作绩效考核制度》；
4. 负责向总经理提交人员鉴定、评价的结果；
5. 负责管理人事档案；
6. 负责本部门员工工作绩效考核；
7. 负责完成总经理交办的其他任务。

该公司总经理认为这份工作说明书格式过于简单，内容不完整，描述不正确。请为该公司人力资源部经理重新编写一份工作说明书。

实训要求：
（1）明确工作说明书的格式要求，按照规范的格式撰写；
（2）工作说明书的内容要全面，不能漏项；
（3）工作说明书的用词要准确和规范。

学习评价

▲ 职业核心能力测评表

（在□中打√，A 表示通过，B 表示基本通过，C 表示未通过）

职业核心能力	评价标准	自测结果
自我学习	1. 能进行时间管理 2. 能选择适合自己的学习和工作方式 3. 能随时修订计划并进行意外处理 4. 能将已经学到的东西用于新的工作任务	□A □B □C □A □B □C □A □B □C □A □B □C
信息处理	1. 能根据不同需要去搜寻、获取并选择信息 2. 能筛选信息，并进行信息分类 3. 能使用多媒体等手段展示信息	□A □B □C □A □B □C □A □B □C
与人交流	1. 能把握交流的主题、时机和方式 2. 能理解对方谈话的内容，准确表达自己的观点 3. 能获取信息并反馈信息	□A □B □C □A □B □C □A □B □C
与人合作	1. 能挖掘合作资源，明确自己在合作中能够起到的作用 2. 能同合作者进行有效沟通，理解个性差异及文化差异	□A □B □C □A □B □C
学生签字：	教师签字：	年 月 日

▲ 专业能力测评表

（在□中打√，A 表示掌握，B 表示基本掌握，C 表示未掌握）

业务能力	评价指标	自测结果	要　　求
工作说明书的撰写	1. 工作说明书的格式 2. 工作说明书包含的内容 3. 工作说明书的语句结构	□A　□B　□C □A　□B　□C	能正确撰写工作说明书
工作评价方法	1. 各种方法的含义 2. 各种方法的优缺点 3. 各种方法的适应范围	□A　□B　□C □A　□B　□C	能正确理解工作评价方法，并会正确使用
工作评价步骤	1. 工作评价的每个步骤的内涵 2. 筛选评价指标的方法	□A　□B　□C □A　□B　□C	能正确理解工作评价的实施过程，掌握指标筛选技巧
教师评语：			
成绩		教师签字	

项目二
胜任特征评价

本章知识点

胜任特征　胜任特征模型　模型验证效度　效标样本　胜任特征词典

本章技能点

冰山模型内涵与应用　胜任特征模型构建　行为事件访谈法的应用　访谈资料编码技术　建立胜任评价体系

职业核心能力

自我学习　信息处理　数字应用　与人交流　与人合作　解决问题

知识导图

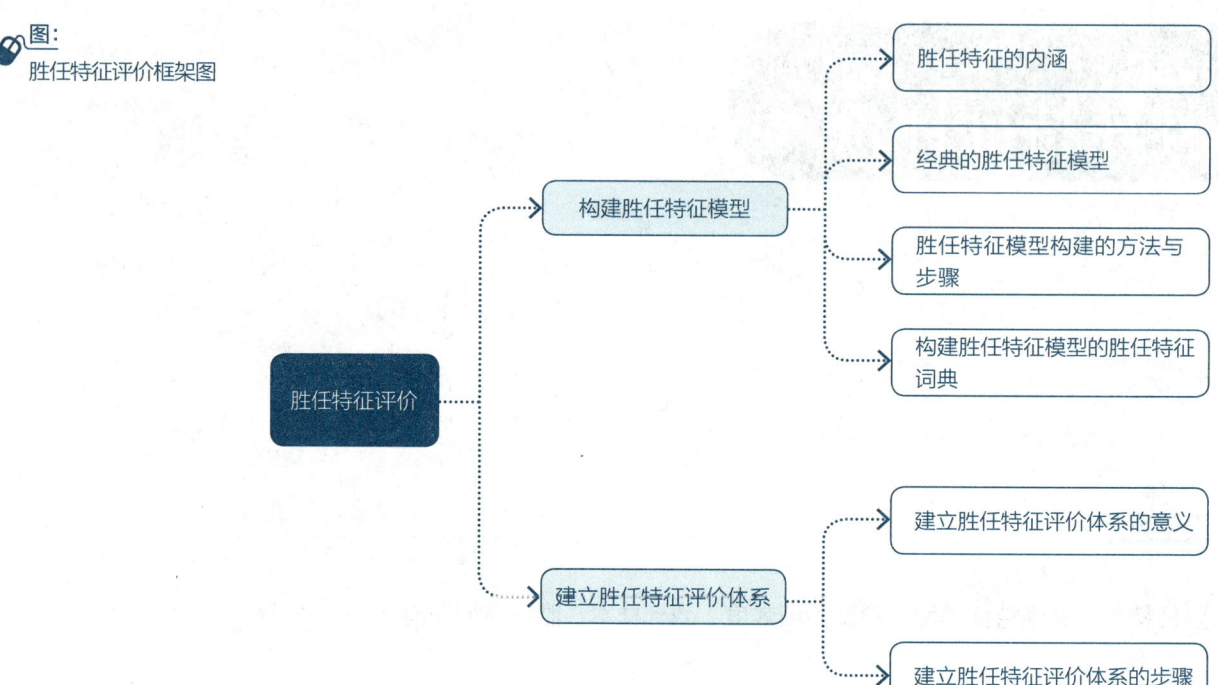

图：胜任特征评价框架图

任务1 构建胜任特征模型

重点与难点：
冰山模型和胜任特征模型构建的方法与步骤

引例

> 成立于1993年的G公司是一家跨证券、基金、期货及股权投资领域的大型金融企业。2003年以前G公司的员工招聘主要采用传统的简历筛选、面试、录用模式，测评主要依据职位描述和任职资格。在实际运用中该模式虽能够依据相关规范说明进行测评，但由于传统招聘流程缺乏系统评价依据和流程规范，加之职位描述和任职资格难以形成清晰的测评要素，该模式很难对员工形成全面持续性的评价。因此导致部分录用员工并不能够适应岗位要求，新员工也无法获得针对性的培训。为解决这一管理难题，G公司进行了胜任力模型的建设开发，形成了以核心能力、专业能力和管理能力为主体的三层次胜任力模型。其中，核心能力是员工胜任力模型的主要构成因素，是该公司员工所具备的共有能力特征，也被看作能够产出最佳绩效的关键因素。专业能力则根据G公司岗位类别的特定知识和技能要求而设置。管理能力是G公司根据企业对现有管理员工及储备管理人才的能力和素质要求而进行开发的，适用的对象具有针对性。自2003年开始建立并实施基于胜任力模型的人才测评体系，公司新员工平均试用期考核通过率为97.54%，取得了良好的效果。
>
> **分析：** 基于胜任力模型的人才测评体系在提高人才测评体系的系统性和准确性，降低雇佣风险，增强员工工作技能和专业能力等方面起到了积极作用。能够帮助企业将招聘选拔、试用期考察、培训诊断，以及后续的职业发展与岗位的能力模型进行有效匹配，从而为人力资源管理实践提供了全方位准确的系统支持。

一、胜任特征的内涵

有关胜任特征的研究最早可追溯到"管理科学之父"泰勒（Taylor）对"科学管理"的研究，称之为"管理胜任特征运动"。泰勒认为，完全可以按照物理学原理对管理进行科学研究，他所进行的"时间-动作研究"就是对胜任特征进行的分析和探索。

1973年，美国哈佛大学教授麦克兰德发表了一篇题为《测验胜任特征而非测验智力》的文章，文中提出：传统的智力测验、性向测验和学术测验等都不能预测复杂工作和高层职位工作绩效或者生活中的成功，而且还常常存在对少数民族、妇女和社会地位低下的人的偏见和歧视，因此他提出"胜任特征"这个概念来克服上述缺陷。同时，他还提出进行基于胜任特征的有效测验的六个原则：最好的测验是效标取样；测验应能反映个体学习后的变化；应该公开并让被测试者知道要测试的特征；测验应该评价与实际的绩效相关的胜任特征；测验应该包括应答性行为和操作性行为两个方面；应该测试操作性思维模式，以最大限度地概括各种行为。

麦克兰德认为胜任特征可以预测工作绩效，不会因种族、性别或社会经济而受到影响。他确认了行为特质与属性是最具效度的测试，可以预测个人在工作上的绩效；绩效表现优秀者展现出好的判断能力、能觉察出问题并采取行动、设定挑战性目标与采取相关行为，有别于态度、技能熟练度与经验等。麦克兰德所说的胜任特征是指个人具有的可区别绩效优秀者与绩效普通者，可由实证而得的，不易造假也不易模仿的特质。和传统的测验相比，胜任特征方法有许多优点，胜任特征方法在今天的工商业领域被普遍采用是基于以下原因：

（1）了解绩效的最好途径是观察人们实际上做了什么而取得成功（即胜任特征），而不是依靠基于智力之类的潜在特质和特性的假定。

（2）测量和预测绩效最好的办法是让人们表现出你想要测量的胜任特征的关键方面，而不是实施一个测验来评估潜在的特质和特性。

（3）胜任特征是可以学习和发展的，与此相反，特质和特性是遗传获得的，并且很难改变。

（4）胜任特征是可见的、可理解的，人们可以理解并发展出达到绩效所必需的胜任特征水平。

（5）胜任特征和有意义的生活结果联系在一起，这些有意义的生活结果描述了人们在现实世界里一定会表现的方式，而绝非只有心理学家才能理解的深奥的心理特质或构造。

因此综合以上内容，我们知道胜任特征是指能够可靠测量并可以把高绩效员工与普通绩效员工区分开来的任何个体特征，如特质、动机、自我概念、社会角色、态度、价值观、知识、技能等。

胜任特征具有三个重要的特点：

第一，与工作绩效紧密相连，它可以预测员工未来的工作绩效。

第二，与员工所在工作岗位的要求紧密联系，胜任特征在很大程度上受到工作环境、工作条件以及岗位特征的影响，不同的岗位所建立的胜任特征模型是有区别的。

第三，胜任特征能够将组织中绩效优秀者和绩效普通者加以区分。优秀员工和一般员工在胜任力上会表现出显著的差异，组织可以将胜任力指标作为员工招聘、培训、考评的主要依据之一。

胜任力是有针对性的、动态的能力新概念，有着非常强的岗位和职业特征。

只有满足以上三个条件，才能被认为是胜任力。在一个组织中，不同岗位的胜任特征是不同的，而在不同组织、不同行业、相同的工作岗位上，员工的胜任力特征也不完全相同，因此组织需要根据"员工—职位—组织"三者相互匹配的原则，从组织的愿景、战略目标出发，对组织中不同工作岗位的胜任力要求做出全面的分析和描述。

二、经典的胜任特征模型

（一）冰山模型

美国学者莱尔·M.斯潘塞（Lyle M.Spencer）和塞尼·M.斯潘塞博士（Jr.& Signe M.Spencer）则从特征的角度提出了"素质冰山模型"（见图2-1）。素质冰山模型把个体素质形象地描述为漂浮在洋面上的冰山，其中知识和技能属于裸露在水面上的表层部分，即"冰山以上部分"，这部分是对任职者基础素质的要求，但它不能把表现优异者与表现平平者区别开来，这一部分也被称为基准性素质（threshold competence）。基准性素质容易被测量和观察，因而也容易被模仿；换言之，知识和技能可以通过针对性的培训习得。动机、品质（性格）、自我认知、社会角色等属于潜藏于水下的深层部分的素质即深藏

图2-1 素质冰山模型

的"冰山以下部分"，这部分称为鉴别性素质（differentiating competence）。它是区分绩效优异者与平平者的关键因素；职位越高，鉴别性素质的作用比例就越大。相对于知识和技能而言，鉴别性素质不容易被观察和测量，也难于改变和评价，这部分素质很难通过后天的培训得以形成。

所谓"冰山模型"，就是将人员个体素质的不同表现划分为表面的"冰山以上部分"和深藏的"冰山以下部分"。其中，"冰山以上部分"包括知识和技能，是外在表现，是容易了解与测量的部分，相对而言也比较容易通过培训来改变和发展。

而"冰山以下部分"包括社会角色、自我认知、品质（性格）和动机，是人内在的，难以测量的部分。它们不太容易通过外界的影响而得到改变，但却对人员的行为与表现起着关键性的作用。

（1）知识。指一个人在某一特定领域拥有的事实性与经验性信息。

（2）技能。指一个人结构化地运用知识完成某项具体工作的能力，即对某一特定领域所需技术与知识的掌握情况。

（3）社会角色。指一个人基于态度和价值观的行为方式与风格。

（4）自我认知。指一个人的态度、价值观和自我印象。

（5）品质（性格）。指一个人持续而稳定的行为特性。品质与动机可以预测个人在长期无人监督下的工作状态。

（6）动机。指一个人在某特定领域的自然而持续的想法和偏好（如成就、亲和、影响力）。它们将驱动、引导和决定一个人的外在行动。

其中知识、技能大部分与工作所要求的直接资质相关，我们能够在比较短的时间使用一定的手段进行测量，例如，可以通过考察资质证书、考试、面谈、简历等具体形式来测量，也可以通过培训、锻炼等办法来提高这些素质。而社会角色、自我认知、品质及动机等往往很难度量和准确表述，又少与工作内容直接关联。只有其主观能动性变化影响到工作时，其对工作的影响才会体现出来。考察这些方面的东西，每个管理者有自己独特的思维方式和理念，但往往因其偏好而有所局限。管理学界及心理学有着一些测量手段，但往往因复杂而不易采用或效果不够准确。

招聘人才时，不能仅局限于对知识和技能的考察，而应从应聘者的求职动机、个人品质、价值观、自我认知和角色定位等方面进行综合考虑。如果没有良好的求职动机、品质、价值观等相关素质的支撑，能力越强，知识越全面，对企业的负面影响会越大。冰山模型的素质层级见表2-1。

表2-1 冰山模型的素质层级

素质层级	定义	内容
知识	指一个人在某一特定领域拥有的事实性与经验性信息	如：管理知识、财务知识、文学知识等
技能	指一个人结构化地运用知识完成某项具体工作的能力	如：表达能力、组织能力、决策能力、学习能力等
社会角色	指一个人基于态度和价值观的行为方式与风格	如：管理者、专家、教师
自我认知	指一个人的态度、价值观和自我印象	如：自信心、乐观精神
品质（性格）	指一个人持续而稳定的行为特性	如：正直、诚实、责任心
动机	指一个人在某特定领域的自然而持续的想法和偏好	如：成就需求、人际交往需求

（二）洋葱模型

美国学者R. 博亚特兹（Richard Boyatzis）对麦克兰德的素质理论进行了深入和广泛的研究，提出了"素质洋葱模型"，展示了素质构成的核心要素，并说明了各构成要素可被观察和衡量的特点。素质洋葱模型中的各核心要素见图2-2。

（1）个性是个体对外部环境及各种信息等的反应方式、倾向与特性；

（2）动机是推动个体为达到目标而采取行动的内驱力；

（3）自我形象是指个体对其自身的看法与评价；

（4）态度是个体的自我形象、价值观以及社会角色综合作用外化的结果；

（5）价值观是个体对其所属社会群体或组织接受并认为是恰当的一套行为准则的认识；

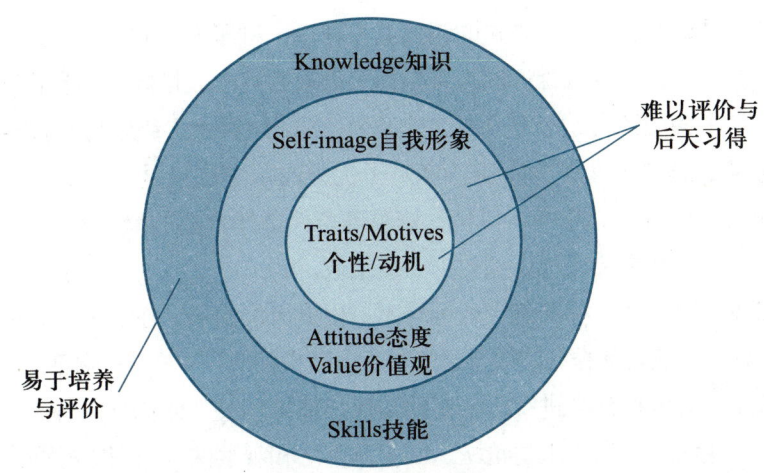

图 2-2 素质洋葱模型

（6）知识是个体在某一特定领域所拥有的事实性与经验性信息；

（7）技能是个体结构化地运用知识完成某项具体工作的能力。

在素质洋葱模型中，知识和技能等外层要素易于培养和评价，而个性和动机等内层要素则难以评价与后天习得。

大体上，"洋葱"最外层的知识和技能，相当于"冰山"的水上部分；"洋葱"最里层的动机和个性，相当于"冰山"水下最深的部分；"洋葱"中间的自我形象与角色等，则相当于"冰山"水下浅层部分。洋葱模型同冰山模型相比，本质是一样的，都强调核心素质或基本素质。对核心素质的测评，可以预测一个人的长期绩效。相比而言，洋葱模型更突出潜在素质与显现素质的层次关系，比冰山模型更能说明素质之间的关系。

三、胜任特征模型构建的方法与步骤

（一）胜任特征模型构建的方法

胜任特征模型构建的方法有多种，主要有观察法、问卷调查法、专家小组讨论法和行为事件访谈法。这些方法各有利弊，具体实践中可根据具体的职位要求，选取不同的方法，或同时运用几种方法，灵活建立胜任特征模型。目前得到公认的最有效的方法是美国心理学家麦克兰德（McClelland）提出的行为事件访谈法（behavior events interview, BEI）。

技能点：
胜任特征模型构建

（二）胜任特征模型构建的步骤

1. 胜任特征模型构建的一般步骤

第一步，定义绩效标准。绩效标准一般采用工作分析和专家小组讨论的办法来确定。即采用工作分析的各种工具与方法明确工作的具体要求，提炼出鉴别工作优秀的员工与工作一般的员工的标准。专家小组讨论则是由优秀的领导者、人力资源管理层和研究人员组成，就此岗位的任务、责任和绩效标准以及期望优秀领导表现的胜任特征行为和特点进行讨论，得出最终的结论。理想上的绩效标准

应该是客观具体的，如业务人员的销售额或利润，科研人员的专利成果，培训师学员满意度等。如果没有合适的客观指标，如果客观绩效指标不容易获得或经费不允许，一个简单的方法就是采用"上级提名"。这种由上级领导直接给出的工作绩效标准的方法虽然较为主观，但对于优秀的领导层也是一种简便可行的方法。企业应根据自身的规模、目标、资源等条件选择合适的绩效标准定义方法，以此来确定所调查岗位的优秀绩效与一般绩效。

第二步，根据绩效标准确定效标样本。根据岗位要求，在从事该岗位工作的员工中，分别从绩效优秀和绩效普通的员工中随机抽取一定数量的员工进行调查。

第三步，对效标样本进行行为事件访谈，搜集相关胜任特征资料。可以采用行为事件访谈法、专家小组讨论法、问卷调查法和观察法等获取效标样本有关胜任特征数据，但一般以行为事件访谈法为主。

第四步，分析资料，深化构建胜任特征。在分析数据信息（访谈结果编码、调查问卷分析）的基础上建立胜任特征模型，比如对行为事件访谈报告进行内容分析，记录各种胜任特征在报告中出现的频次。然后对优秀组和普通组的要素指标发生频次和相关的程度统计指标进行比较，找出两组的共性与差异特征。根据不同的主题进行特征归类，并根据频次的集中程度，估计各类特征组的大致权重。

第五步，验证胜任力模型。验证胜任特征模型可以采用回归法或其他相关的验证方法，采用已有的优秀与一般的有关标准或数据进行检验，关键在于企业选取什么样的绩效标准来做验证。验证胜任力模型的效度主要有三种方式：① 搜集绩效优秀者和一般表现者与第二个效标样本的行为事件访谈资料，考察第一次研究得出的胜任力模型是否可以预测出第二个样本的绩效优秀者和一般表现者，即考察"交叉效度"。② 针对胜任力模型编制评价工具，检验其是否能够区分第二个样本中的绩效优秀者与一般表现者，即"构念效度"。③ 使用行为事件访谈或根据胜任力模型编制的测验进行甄选，或者运用胜任力模型进行培训，考察他们在未来的工作中是否会更优秀，这是最有力的验证方法，称为"预测效度"。

2. 行为事件访谈法的实施步骤

> 技能点：
> 行为事件访谈法的应用

行为事件访谈法是一种开放式的行为回顾式调查技术，类似于绩效考核中的关键事件法。它要求被访谈者列出他们在管理工作中发生的关键事例，包括成功事件、不成功事件或负面事件各三项，并且让被访者详尽地描述整个事件的起因、过程、结果、时间、相关人物、涉及的范围以及影响层面等。同时也要求被访者描述自己当时的想法或感想，例如是什么原因使被访者产生类似的想法以及被访者是如何去达成自己的目标等，在行为事件访谈结束时最好让被访谈者自己总结一下事件成功或不成功的原因。

行为事件访谈一般采用问卷和面谈相结合的方式。访谈者会有一个提问的提纲，以此把握面谈的方向与节奏，并且访谈者事先不知道访谈对象属于优秀组或一般组，避免造成先入为主的误差。访谈者在访谈时应尽量让访谈对象用自己的话详尽地描述他们成功或失败的工作经历，他们是如何做的、感想又如何等。由于访谈的时间较长，一般需要 1～3 小时，所以访谈者在征得被访者同意后应采用录音设备把内容记录下来，以便整理出详尽的有统一格式的访谈报告。

第一步，准备工作。① 事先了解被访谈者的姓名、职务、工作内容和性质；但访谈者事先不知道被访谈者是属于优秀组还是普通组。② 确定一个安静的访谈环境。③ 准备好录音设备。④ 熟悉并牢记访谈内容、步骤和注意事项。

第二步，介绍自己和解释访谈的目的。采用开放、非正式的友好态度让被访者放松；不要以研究者的口吻与对方谈话，而是以咨询者的口吻同对方交流，鼓励被访谈者积极参与。同时，强调保密性原则，访谈的目的不是进行个人评价，而是进行课题研究。保证被访者说的任何话都不会让单位的任何人看到。确保被访者提供的信息中没有自己和相关人的名字，以及所在单位和相关单位的名称，与被访谈者建立相互的信任。征得被访谈者同意后使用录音设备。

第三步，行为事件访谈。让被访谈者详细谈工作中最成功的三件事和最失败的三件事。从成功的事件开始谈起，引起被访谈者的谈话热情，确保被访谈者讲述的事是真正发生过的事件，而不是空泛的、抽象的理论或假想的事件，探究被访谈者行为背后的想法。具体需要涉及：① 是什么事情？发生的原因是什么？② 事件发生后，所面对的情境是怎样的？③ 在那种情境下，想法、感受是什么？采取了怎样的实际行动来对待这件事情？④ 这件事情涉及了哪些人？如何看待这些人？⑤ 处理事件中又发生了哪些新的情况？采取了怎样的行动来应对？⑥ 应对行动达到了怎样的效果？⑦ 事件最后的结果怎样？⑧ 事情过去后，感受如何？有什么经验和想法？

在此过程中需要注意：① 避免提出抽象的访谈问题。因为被访谈者回答这类问题时也会用抽象的假设理论，这样就偏离了访谈的目的。② 不要提出引导性的问题，或对被访谈者的谈话进行总结归纳。这样会使被访谈者迎合访谈者的意向。③ 不要试图解释被访谈者所说的话。这种解释也会对被访谈者造成引导，使故事失真，最好的反应就是点头、微笑或者问"你是如何认为的"。④ 不要限制被访谈者谈话的主题。这样会给被访谈者提供一些暗示，认为访谈者提出的问题是我们所关心的问题，被访谈者就不会再按照自己选择的事件说给访谈者听了。⑤ 一旦被访谈者描述完一个关键事件，访谈者需要鼓励其继续说下去。⑥ 尽可能详细地谈某几件事情，而不是让被访谈者为了凑访谈提纲所要求的六件事情而冥思苦想。

第四步，工作访谈。让被访谈者谈谈如何做好自己的这份工作以及做好自己的工作所需要具备的素质和特征。这一部分的目标有两个：① 得到在关键事件访谈时忽略的信息。② 对于被访谈者发表的意见给予肯定，访谈者可充分利用这个阶段让他再举一些事例来补充前一步的内容。

第五步，补充提问。让被访谈者谈谈对本次访谈是否还有需要补充的意见和建议。这一部分的目的在于进一步补充完善访谈信息。

第六步，总结。感谢被访谈者的配合，并总结关键事件和访谈中的发现。

对访谈资料进行整理后，需要组织编码小组进行编码训练，学习编码手册和编码辞典。

在不知道谁是优秀组、谁是普通组的情况下，选择 2 份访谈文本，复印给 2 位编码者，要求编码者根据胜任特征词典对访谈文本进行试编码，当双方的各项编码结果均达到较高一致性后，将进行正式编码。编码过程中，对访谈中编码辞典没有表述的能力进行提炼，构思出新的胜任特征项目。

由于行为事件访谈的数据所反映的绩效优秀组和绩效普通组的胜任力差异有可能来源于访谈时间和记录字数等变量，因此，两组的访谈时间和记录字数应当没有显著性的差异。

四、构建胜任特征模型的胜任特征词典

麦克兰德总共提炼了 21 项通用胜任特征指标，构成了胜任特征词典（competency dictionary）的基本内容。这 21 项胜任特征指标概括了领导人才在日常工作与行为中，特别是从事某些关键事件时所表现出来的动机、人格特点、自我概念、社会角色、知识与技能等特点。作为基本构成单元与衡量的标尺，这些胜任特征指标的组合构成了企业与政府组织中领导人才的胜任特征模型。实际上，建立这个胜任特征字典的意义就在于它可以解释胜任特征对于同类工作但是不同绩效之间，无论地域、文化、环境、条件的差异，其影响作用的相似性。或者可以说，从事同类工作的绩优人员所具备的素质及其内涵，在世界范围内都不会有太大的差异，貌离而神合，异曲而同工。当然，在实际运用中，胜任特征字典的内容也应与时俱进，不断修订、增删、重新组合并赋予新的内涵。

一般来讲，我们可以将胜任特征字典中的 21 项指标（甚至多于 21 项的指标）划分为 6 个维度：目标与行动维度、影响力维度、帮助与服务维度、管理维度、认知维度和自我概念维度。

（一）目标与行为维度

在目标与行动维度中，通常包括成就导向、主动性、信息搜寻等具体指标。试以成就导向为例。成就导向（achievement orientation，ACH）是表明一个人始终渴望有所建树，通过不断给自己设定新的或更高更多的目标而获得某种满足。这种对成就的不懈追求能够始终给人以无穷的动力，使人长久且积极地工作而不知疲倦，并且不失时机地使人奋发向上，迎接新的更富有挑战性的任务。同时，成就导向也可以指希望更好地完成工作或达到一个优秀的绩效标准。

（二）影响力维度

在影响力维度中，通常包括影响力、关系建立以及新近发展的"印象管理"。

影响力反映的是一个人对他人影响力的大小,在通常意义上也可以称之为"权力欲望"。影响力维度的胜任特征指标可以作为其他维度的指标发挥作用的基础。影响力(impact & influence cluster,IMP)表明了一种试图支配与统帅他人的倾向,从而使一个人采取各种劝说甚至强迫的行动来影响他人的思想、情感或行为。无论是观点的陈述、障碍的清除、还是矛盾的化解、风险的承担,具备该胜任特征的领导人才都会以愿望或者实际行动的方式推动其达成或者实现。因此,这类领导人才通常能够在一个组织里树立个人权威。在此,我们有必要提到近来新兴起的一个观点,或者说是一个尚且崭新的视角,即印象管理(impression management)。所谓印象管理,就是指人们为达到某种目的而对自己可能对他人产生影响的外观进行有意的整饰。印象管理并不是一种矫揉造作,也不是一种欺骗行为,而是对人际效应的一种巧妙合理的运用。人的自身表现是我们目的实现的手段与载体,而印象管理就是有效沟通、传情达意的重要手段。目前,已经有一些较为成熟的测量工具可以用来评估个人的印象管理能力,譬如自我呈现量表、自我监控量表、社会称许行为均衡量表等。

(三)帮助与服务维度

在帮助与服务维度中,通常包括人际理解力、客户服务等指标。这个维度主要体现在愿意满足别人的需要,使自己与他人的兴趣、需要相一致,以及努力满足他人的需要等。一般而言,这个维度的指标既能够单独影响人的行为,也能够支持影响力与管理维度发挥作用。人际理解力暗示着一种想去理解他人的愿望,能够帮助一个人体会他人的感受,通过他人的语言、体态、动作等理解并分享他人的观点,抓住他人未表达的疑惑与情感,把握他人的需求,并采用恰如其分的语言帮助自己与他人表达情感。具备人际理解力特征的领导人才通常都具有很强的亲和力。通俗地讲,人际理解力也就是心领神会与换位思考能力。

(四)管理维度

在管理维度上,通常包括培养人才、团队合作等指标。在这个维度上反映的是影响并启发他人的素质,通过这些素质可以培养下属、指导下属,提高团队士气,增强团队合作等,这些对于领导人才来说无疑都是非常重要且有意义的。培养人才(developing others,DEV)表明一种帮助他人成功的倾向与意图,因此使一个人在与他人的交往过程当中,更多地关注他人的潜能与可塑性,并安排各种经历以提高他人的能力,帮助他人成长。具备这种胜任特征的领导人才常常会收到他人寻求帮助与鼓励的信息,而其本人也同样乐观其成。培养人才的关键在于培养人才的意愿和影响力,而不仅仅在于是否承担了"培训员"的身份或角色。

(五)认知维度

在认知维度上,通常包括演绎思维、归纳思维(或称概念性思维)、专业知识与技能等。认知维度的指标是帮助一个人了解和认识外界事物的基本条件。这些指标通常与工作的实际内容相联系，同时也是支持影响力与管理胜任特征发挥作用的基础。其中，演绎思维（analytical thinking，AT）反映的是一种对事物进行因果逻辑分析，并对结果进行检验的偏好。演绎思维就是通过把一个事物分解成若干部分，或通过层层因果关系描述其内在联系的方式来理解该事物。因此演绎思维通常表现为系统地组织与拆分事物的各个部分，并通过系统地比较不同部分，确定相互间的因果关系与时间顺序等内容。演绎思维与归纳思维（conceptual thinking，CT）之间存在着复杂的相互作用，对于组织的领导人才而言，要具备此两种胜任特征才能应付实际工作的需要。

（六）自我概念维度

在自我概念维度上，通常包括自信、自我和谐性、自我灵活性、自尊等，反映一位领导人才在待人接物方面和工作上的成熟程度，这些胜任特征决定了在遇到紧急事件时，领导人才排解压力、解决困难等一系列行为的有效性，同时也支持其他胜任特征发挥作用。其中，自信（self-confidence，SCF）表明了一种对自我能力、优势的认可与肯定，自信可以使一个人认为自己有能力冒风险，接受各种挑战和任务，提出要求并尊重与达成自己所做出的承诺。自信的领导人才通常对自己的各种判断与结论信心十足，尽管他人可以给予自己建议、引导或帮助，但是一旦到了下结论的时候，却必须自己出面，而且不容置疑。这类领导人才大多是生活的主宰者，甚至喜欢独断专行。但是，自信也是大多数，甚至是所有领导人才所必备的一种胜任特征。自我和谐性反映的是自我与经验之间的关系，包括对能力和情感的自我评价、自我一致性、无助感等，它反映更多的是对经验的不合理期望。自我的灵活性与工作和日常生活中的敌对以及无端恐惧有显著的关联，反映了自我概念的刻板和僵化。而自我刻板则与人的偏执显著相关。此外，众所周知，自尊是促进人奋发向上、争取高绩效水平的一个内在重要动力。

以下有一段访谈后整理的文字材料，编码者需要对照词典的内容，来确定这段访谈内容反映的是胜任特征的哪个维度，并确定其强度。

典型案例

媒体素材：
胜任特征编码

例题：
胜任特征编码

> **胜任特征分析示例——成就欲**
>
> **访谈内容：** 我当时觉得××市作为一个大城市，而且，属于较早开放城市，它过去在外贸口岸，地位是很重要的，仅次于广州、上海。那么，我觉得在这种新一轮的业务发展中，它不能落后。不能说50年代、60年代是仅次于广州、上海，到了80年代、90年代，就无影无踪了。我觉得这不行。作为一个特大城市，作为一个传统的口岸城市，我觉得应该保持住向上的地位，新一轮的业务发展也应该是名列前茅的才行……
>
> **编码：** 成就欲 ACH—A5

在编码词典中，成就欲就是高标准的工作要求、创新要求和事业心；就是努力提高绩效，把事情做得更好（更快、更有效，更少的成本等），用自己认定的某个标准来要求自己，如自己过去的成就，某个客观的指标，别人的成绩，前人已有的记录，独家成果，新的事情。努力缩小误差，保证高质量，严格检查或监测数据与工作，建立和维护组织工作系统。在工作中，相对于别人或工作要求和期望做的工作，自我要求去做更多的工作，或自愿去做更多的工作，在发生的事件要求采取行动之前就主动采取措施，提高工作成绩，避免失败，发现或创造新的机会。针对以上访谈材料，参照编码表（表2-2），可以确定这段文字材料反映的是个体的成就欲，并且确定强度为A5。

表2-2 胜任特征编码示例

成就欲—ACH
A. 成就欲强度
A-1 没有优秀工作的标准。不特别关心工作，只做被要求做的分内工作（可能关注于与工作无关的社会生活、地位、嗜好、家庭、运动及友情等）。在采访过程中，他们表现为不能对自己的工作做生动而详细的描述，但对工作以外的活动却能娓娓而谈
A0 注重任务本身。努力工作，但对于工作结果是否出色则没有标准
A1 想做好工作。向优秀标准努力，试图将工作做好或正确无误。有时也许会表达出对浪费时间和低效率的沮丧（如埋怨浪费时间并想做得更好），却没有导致特别的提高
A2 为达到管理层的标准而工作。努力工作以达到管理层所设定的标准（如达到预算、销售额和质量要求）
A3 设定个人的优秀标准。使用自己特定的评价方法向非管理层制定的优秀标准挑战，如节省时间、资金，超越其他员工，竞争；或设定模糊的不具真正挑战性的目标（注：未达到A5标准的目标，则适用此评分标准）
A4 提高表现。在系统中或个人工作方法中进行特别的改变以求得到更高的工作表现（如：工作做得更好、更快，成本更低，工作更有效率；提高质量、顾客满意度、士气和收入），但没有设定任何特殊的目标
A5 制订挑战目标。制订和努力达到自己或别人定的挑战目标（如在半年内使销售额、质量、产量提高15%），"挑战"意味着有50%的概率达到目标，但并非不现实或不可能
A6 进行成本-收益分析。基于投入与产出制订政策，决定优先要素，选择目标；考虑潜在利润、投资回报，或进行成本收益分析
A7 承担有预计的企业风险。在不确定的情况下，仍使用重要资源和（或）时间以提高工作表现，尝试新东西，力图达到一个挑战目标（如开发新产品和服务，进行反方向的经营），同时充分考虑以求得最小的风险度（如进行市场调研，提前评估顾客的数量），鼓励和支持下属尝试风险锻炼
A8 坚持不懈的创业努力。在困难障碍面前采取不懈的、坚实的行动去达到创业目标，或能成功地实现创业的努力

重点与难点：
如何建立胜任特征评价体系

任务2　建立胜任特征评价体系

引　例

> 浙江杭州某大型企业，生产汽车配件产品，经过近10年的努力，公司取得了很大的发展，在国内同行业中开始处于领先位置。但是，随着企业的发展，企业发展遇到了瓶颈，中高层人才短缺，人员流动性比较高。人力资源部也花了大力气去招聘，并建立了培训学院，但是收效甚微。于是企业从外面找了专业的人才测评公司给公司建立一套员工胜任力素质模型。设计好之后，把胜任力素质模型相关的资料分发到相关的部门，由各个部门自己实施。每个部门拿到资料后，参照胜任力素质模型，评价员工的现在能力状况。然后根据员工目前的能力，确定员工的培训计划和绩效目标。一年下来，情况各异。有些部门状况好，有些不好。
>
> **分析：** 要运用好胜任力素质模型，必须建立科学的胜任评价体系。要建立科学的胜任评价体系，必须严格遵循一定的顺序：构建胜任力模型、评估员工胜任力、设定员工工作绩效目标、绩效过程监督辅导与绩效考核、沟通与反馈。该公司建立了胜任力素质模型体系，也评价了员工的目前能力状况，并设立绩效目标，但是对绩效过程监督辅导与绩效考核、沟通与反馈并没有进行很好的规定，于是不同的部门工作在这两个方面下的工夫不一样，最终导致胜任力素质模型体系运用的效果不一。

一、建立胜任特征评价体系的意义

胜任特征评价体系在人力资源管理活动中起着基础性的、决定性的作用。它分别为企业的工作分析、人员选拔、绩效考核、员工培训以及员工激励提供了强有力的依据，它是现代人力资源管理的新起点。

（一）工作分析

传统的工作岗位分析较为注重工作的组成要素，而基于胜任特征的分析，则研究工作绩效优异的员工，突出与优异表现相关联的特征及行为，结合这些人的特征和行为定义这一工作岗位的职责内容。它具有更强的工作绩效预测性，能够更有效地为选拔、培训员工以及为员工的职业生涯规划、奖励、薪酬设计提供参考标准。

（二）人员选拔

传统的人员选拔一般比较重视考察人员的知识、技能等外显特征，而没有针对难以测量的核心的动机和特质来挑选员工。但如果挑选的人员不具备该岗位所需要的深层次的胜任特征，要想改变该员工的深层特征却又不是简单的培训可以解决的问题，这对于企业来说是一个重大的失误与损失。

相反，基于胜任特征评价的选拔正是帮助企业找到具有核心的动机和特质的员工，既避免了由于人员挑选失误所带来的不良影响，也减少了企业的培训支出。尤其是为工作要求较为复杂的岗位挑选候选人，如挑选高层技术人员或高层管理人员，在应聘者基本条件相似的情况下，胜任特征评价法在预测优秀绩效方面的重要性远比与任务相关的技能、智力或学业等级分数等显得更为重要。

（三）绩效考核

建立胜任特征评价体系的前提就是找到区分优秀员工与普通员工的指标，以它为基础而确立的绩效考核指标，是经过科学论证并且系统化的考核体系，真正体现了绩效考核的精髓，真实地反映员工的综合工作表现。让工作表现好的员工及时得到回报，提高员工的工作积极性。对于工作绩效不够理想的员工，根据考核标准以及胜任特征模型通过培训或其他方式帮助员工改善工作绩效，达到企业对员工的期望。

（四）员工培训

培训的目的与要求就是帮助员工弥补不足，从而达到岗位的要求。而培训所遵循的原则就是投入最小化、收益最大化。基于胜任特征分析，针对岗位要求结合现有人员的素质状况，为员工量身定做培训计划，帮助员工弥补自身"短板"的不足，有的放矢突出培训的重点，省去分析培训需求的繁琐步骤，杜绝不合理的培训开支，提高了培训的效用，取得更好的培训效果，能进一步开发员工的潜力，为企业创造更多的效益。

（五）员工激励

通过建立胜任特征评价体系能够帮助企业全面掌握员工的需求，有针对性地采取员工激励措施。从管理者的角度来说，胜任模型能够为管理者提供管理并激励员工努力工作的依据；从企业激励管理者的角度来说，依据胜任模型可以找到激励管理层员工的有效途径与方法，提升企业的整体竞争实力。

二、建立胜任特征评价体系的步骤

建立胜任特征评价体系是一个系统的过程，必须严格按照一定的程序来开展。图2-3是建立胜任特征评价体系的步骤。

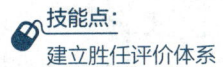

技能点：
建立胜任评价体系

图:
胜任特征评价体系
步骤图

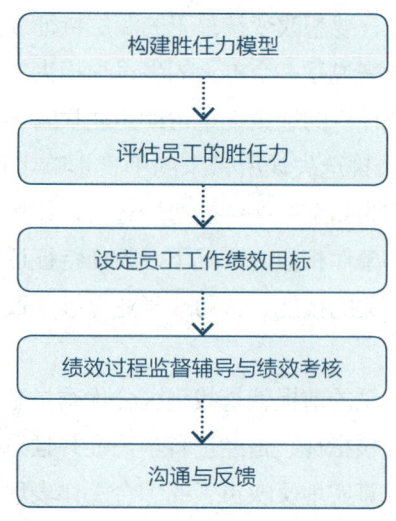

图 2-3 建立胜任特征评价体系步骤

胜任力模型的构建,在任务 1 已经做了介绍,在这里不再赘述。设定员工工作绩效目标、绩效过程监督辅导与绩效考核、沟通与反馈在最后一个项目会详细介绍,这里主要介绍评估员工的胜任力。

(一)建立岗位胜任力模型框架

岗位胜任力模型框架主要包括个性特征、知识、工作技能与综合能力以及经验四个维度,岗位胜任力模型主要有三步:首先,根据公司核心能力和各专业序列能力要求选择胜任本岗位的个性特征、知识、工作技能与综合能力相应的能力要素;其次,确定本岗位绩效做到合格的最低标准;最后,确定各能力要素在本岗位的重要程度。以某公司出纳岗位胜任力模型为例,如表 2-3。

在确定岗位胜任力要素标准等级和重要程度之后,将两者分数相乘即可得到此要素在本岗位胜任的标准分数,将所有要素的标准分数相加便可得到本岗位的标准分数。

表 2-3 某公司出纳岗位胜任力模型

岗位名称:出纳　　　　　　　　岗位编码:XXX

类别	岗位胜任力模型要素	重要性			岗位胜任能力标准等级				分数
		低	中	高	★	★★	★★★	★★★★	标准
个性特征	诚信			3		2			6
	敬业		2			2			4
知识	学历	1			1				1
	财务知识		2			2			4

续表

类别	岗位胜任力模型要素	重要性			岗位胜任能力标准等级				分数标准
		低	中	高	★	★★	★★★	★★★★	
工作技能与综合能力	学习发展	1				2			2
	执行能力			3			3		9
	计划制定		2				3		6
	沟通协调		2			2			4
经验	工作年限	1				2			2
	工作经验	1				2			2
标准总分									40

（二）要确定评价者

可以仅仅直接上级评价，间接上级审核，也可以是直接上级评价，间接上级参与部分职位并审核，或者个人评价和上级评价相结合，还可以是多渠道反馈——180°或360°评价。建议首次评价时，由间接上级选择部分间接下级进行评价，以便人力资源部门可以通过两级评价的分数分析可能存在的流程或信息问题，并及时改进。

（三）评价中的注意事项

（1）熟悉岗位胜任力模型；

（2）对被评价者有观察的可能；

（3）根据评价者的观察填写；

（4）关注被评价者一年来的表现行为；

（5）是实际的行为而非潜在的；

（6）如不了解被评价者的行为，请注明"不能判断"；

（7）鼓励填写开放式问题；

（8）鼓励记录评价的原因。

（四）评价过程

1. 评价前准备

评价者对被评价者进行能力要素某方面的行为描述、评价时，可能因观察不到而产生困难，建议其向周围同事或其客户征询意见后再评价，在时间允许的情况下，建议先采取员工自评的方式。

评价者需要与被评价者充分交流和沟通，并将各要素等级划分与下属员工共享。

2. 评价过程

严格按照该评价工具的内容和格式，逐条对员工进行客观、公正评价，如部门初评结果和"专家评议小组"面试答辩结果差异过大，需请评价者说明原因。

根据上述评价原则评价者对照每个能力要素的等级标准对被评价者进行评

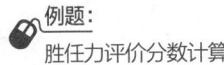

例题：
胜任力评价分数计算

价,给出每个要素的个人得分。逐一评价完成后得到个人在本岗位的胜任力总分。岗位胜任力评价分数的计算由个人总分比上标准总分得到。表 2-4 是某银行出纳岗位胜任力模型,可做参照。

表 2-4 某银行出纳岗位胜任力模型

岗位名称:银行出纳　　　　　　　　　　　岗位编码:

类别	岗位胜任力模型要素	重要性			岗位胜任能力标准等级			分数			
		低	中	高	员工1	员工2	…	标准	员工1	员工2	…
个性特征	诚信			3	3			6	9		
	敬业		2		2			4	4		
知识	学历	1			1			1	1		
	财务知识		2		2			4	4		
工作技能与综合能力	学习发展	1			2			2	2		
	执行能力			3	2			9	6		
	计划制定		2		3			6	6		
	沟通协调		2		3			4	6		
经验	工作年限	1			3			2	3		
	工作经验	1			2			2	2		
总分								40	43		
岗位胜任力评价分数=(个人总分/标准总分)100%									108		

3. 评价后

各部门完成初评后,将此表作为附件,并以部门正式文件形式,发送给人力资源相关负责人。

根据评价结果与被评价人进行沟通,制订改进方案及计划。

(五)评价管理

1. 能力素质模型维护的总负责者——人力资源部

(1)修正公司的基本能力素质模型。

(2)获取公司管理高层对基本能力素质模型的建议。

(3)组织开展专业能力素质模型的调整。

(4)经分管副总裁审批后在全公司范围内颁布修正后的员工能力素质模型。

2. 能力素质模型维护的相关者——各相关部门

(1)及时将本部门的部门职责的变动告知人力资源部门。

(2)在人力资源部门的组织下,对本部门负责的专业能力素质模型进行调整。

3. 能力素质模型维护的相关者——高层管理者

(1)及时将公司战略和组织架构的变动告知人力资源部门。

(2)将自身对于基本能力素质模型的建议,传达给人力资源部门。

职业资格与技能同步训练

一、单项选择题

1. 最早提出胜任特征概念的是（　　）。
   A. 麦克兰德　　　　B. 泰勒　　　　C. 韦伯　　　　D. 切尔西
2. 胜任特征的概念提出于（　　）年。
   A. 1789　　　　B. 1973　　　　C. 1975　　　　D. 1868
3. 冰山模型是由（　　）提出的。
   A. 麦克兰德　　　　　　　　　　B. 泰勒
   C. 韦伯　　　　　　　　　　　　D. 莱尔·M. 斯潘塞和塞尼·M. 斯潘塞
4. 个人在某一特定领域拥有的事实型与经验型信息指的是（　　）。
   A. 技能　　　　B. 知识　　　　C. 社会角色　　　　D. 特质
5. 在一个特定领域的自然而持续的想法和偏好（如成就、亲和、影响力），它们将驱动、引导和决定一个人的外在行动，指的是（　　）。
   A. 自我概念　　　　B. 知识　　　　C. 社会角色　　　　D. 动机
6. （　　）提出了"素质洋葱模型"。
   A. 麦克兰德　　　　　　　　　　B. R. 博亚特兹
   C. 韦伯　　　　　　　　　　　　D. 切尔西
7. 根据胜任力模型编制的面试题来选拔求职者，考察他们在未来的工作中是否会更加优秀，这种验证方法称为（　　）。
   A. 构念效度　　　　　　　　　　B. 同侧效度
   C. 交叉效度　　　　　　　　　　D. 预测效度
8. 在胜任力词典中，（　　）反映的是影响并启发他人的素质，通过这些素质可以培养下属、指导下属，提高团队士气，增强团队合作等。
   A. 影响力维度　　　　　　　　　B. 帮助与服务维度
   C. 管理维度　　　　　　　　　　D. 目标与行动维度

二、多项选择题

1. 胜任特征具有的重要特点有（　　）。
   A. 与工作绩效紧密相连，它可以预测员工未来的工作绩效
   B. 与员工所在工作岗位的要求紧密联系，胜任特征在很大程度上受工作环境、工作条件以及岗位特征的影响，不同的岗位所建立的胜任特征模型是有区别的
   C. 胜任特征表明员工胜任工作的最基本要求
   D. 胜任特征能够将组织中绩效优秀者和绩效普通者加以区分。优秀员工和一般员工在胜任力上会表现出显著的差异，组织可以将胜任力指标作为员工招聘、培训、考评的主要依据之一
2. "冰山模型"中属于"冰山"以下部分的是（　　）。
   A. 社会角色　　　　B. 自我形象　　　　C. 特质　　　　D. 知识
3. 在评估管理过程中，属于相关部门的职责的是（　　）。
   A. 在人力资源部门的组织下，对本部门负责的专业能力素质模型进行调整
   B. 及时将本部门的部门职责的变动告知人力资源部门
   C. 将自身对于基本能力素质模型的建议，传达给人力资源部门
   D. 获取公司管理高层对基本能力素质模型的建议
4. 可以用来建立胜任特征模型的工具主要有（　　）。
   A. 工作分析访谈　　　　　　　　B. 关键事件技术
   C. 问卷法　　　　　　　　　　　D. 专家小组讨论法

5. 以下属于评估注意事项的有（　　）。
A. 熟悉岗位胜任力模型　　　　　　　　B. 关注被评估者一年来的表现行为
C. 是实际的行为而非潜在的　　　　　　D. 鼓励记录评价的原则

三、简答题

1. 请简述胜任特征的优点。
2. 请简述运用行为事件访谈法构建胜任特征的步骤。

综合实训

实训目标：

让学生进一步了解和熟悉如何构建胜任力模型。

实训资料：

目前，我国商业银行正在进行包括推进股份制改造、健全内控机制、完善风险管理、开展金融创新、建立科学有效的人力资源机制、加强信息化建设在内的改革，而员工思想观念的转变和整体素质的提升则是这一改革的关键。胜任力模型无疑为我国商业银行进行人力资源改革、提高员工能力素质和应对外资银行的人才争夺压力提供了一套全新的视角、思路和方法。

按照胜任力模型应用的对象，可以将胜任力模型分为三个层次或三大类：一类是所有行业某一类职务的胜任能力模型；一类是某一行业某一类职务的胜任力模型；一类是某一企业的胜任力模型。由于胜任力模型反映某一既定工作岗位中影响个体成功的心智模式、行为方式和知识技能总和，具有动态性和实效性，会因组织内部职位类别、职位水平和组织外部环境的不同而不同，因而一般在建立模型过程中，如果是为某个行业或跨行业的某一类职务服务，则应该基于该类职务的特点以及社会对该类职务的要求或期望，抽取有效的要素，概括出胜任力或胜任特征。如果是为某一具体企业服务，则应该首先探明该企业的使命、战略目标、价值观和企业文化，确保所构建的胜任力模型能够体现企业价值观和企业文化，符合企业战略目标的需要，有利于企业团队层面、组织层面能力的形成和业绩的提升。

对于商业银行胜任力模型的探讨，主要集中在后两个类型，如为商业银行行长、商业银行个人业务客户经理、公司业务客户经理建立的行业通用胜任力模型就属于第二类型的探讨；某商业银行某分行构建的该地区全体员工胜任力模型就属于第三类型的探讨。当前，商业银行在上述两类胜任力模型的构建中，缺乏对模型应用背景的详细分析。以商业银行公司业务客户经理胜任力模型构建为例，其利用焦点团体访谈法和行为事件访谈法，通过对国内三家银行 36 名业绩优秀经理和 36 名绩效一般经理行为事件访谈的基础上形成问卷，并通过对北京、天津、上海等十个城市商业银行的公司客户服务经理进行调研以及探索性因素分析和验证性因素分析，最终形成了商业银行公司业务客户服务经理胜任力模型。

实训要求：

（1）请分析商业银行的胜任力模型构建存在的问题。

（2）请简述构建员工胜任力模型的前提。

学习评价

▲ 职业核心能力测评表

（在□中打√，A 表示通过，B 表示基本通过，C 表示未通过）

职业核心能力	评价标准	自测结果
自我学习	1. 能进行时间管理 2. 能选择适合自己的学习和工作方式 3. 能随时修订计划并进行意外处理 4. 能将已经学到的东西用于新的工作任务	□A　□B　□C □A　□B　□C □A　□B　□C □A　□B　□C
信息处理	1. 能根据不同需要去搜寻、获取并选择信息 2. 能筛选信息，并进行信息分类 3. 能使用多媒体等手段展示信息	□A　□B　□C □A　□B　□C □A　□B　□C
数字应用	1. 能从不同信息源获取相关信息 2. 能依据所给的数据信息，作简单计算 3. 能用适当的方法展示数据信息和计算结果	□A　□B　□C □A　□B　□C □A　□B　□C
与人交流	1. 能把握交流的主题、时机和方式 2. 能理解对方谈话的内容，准确表达自己的观点 3. 能获取信息并反馈信息	□A　□B　□C □A　□B　□C □A　□B　□C
与人合作	1. 能挖掘合作资源，明确自己在合作中能够起到的作用 2. 能同合作者进行有效沟通，理解个性差异及文化差异	□A　□B　□C □A　□B　□C
解决问题	1. 能说明何时出现问题并指出其主要特征 2. 能作出解决问题的计划并组织实施计划 3. 能对解决问题的方法适时作出总结和修改	□A　□B　□C □A　□B　□C □A　□B　□C

学生签字：　　　　　　　　教师签字：　　　　　　　　　　　　　　　年　月　日

▲ 专业能力测评表

（在□中打√，A 表示掌握，B 表示基本掌握，C 表示未掌握）

业务能力	评价指标	自测结果	要求
冰山模型	1. 冰山模型的内涵 2. 冰山模型的素质层级	□A　□B　□C □A　□B　□C	能正确理解和运用角色定位、自我认识、品质等
胜任特征模型构建	1. 胜任特征模型构建的常用方法 2. 胜任特征模型构建的步骤 3. 如何运用行为事件访谈法	□A　□B　□C □A　□B　□C □A　□B　□C	能正确了解各种方法适用范围；懂得如何使用各种方法；掌握构建胜任特征模型的技能
建立胜任评价体系	1. 建立胜任评价体系的意义 2. 建立胜任评价体系的步骤	□A　□B　□C □A　□B　□C	能掌握操作胜任评价体系的构建

教师评语：

成绩		教师签字	

项目三
履历分析

本章知识点

履历分析的特点　履历分析的原理　履历表的设计内容和形式

本章技能点

木桶法　简单计分法　加权计分法　信息甄别与核查

职业核心能力

自我学习　信息处理　数字应用　与人交流　与人合作　解决问题

知识导图

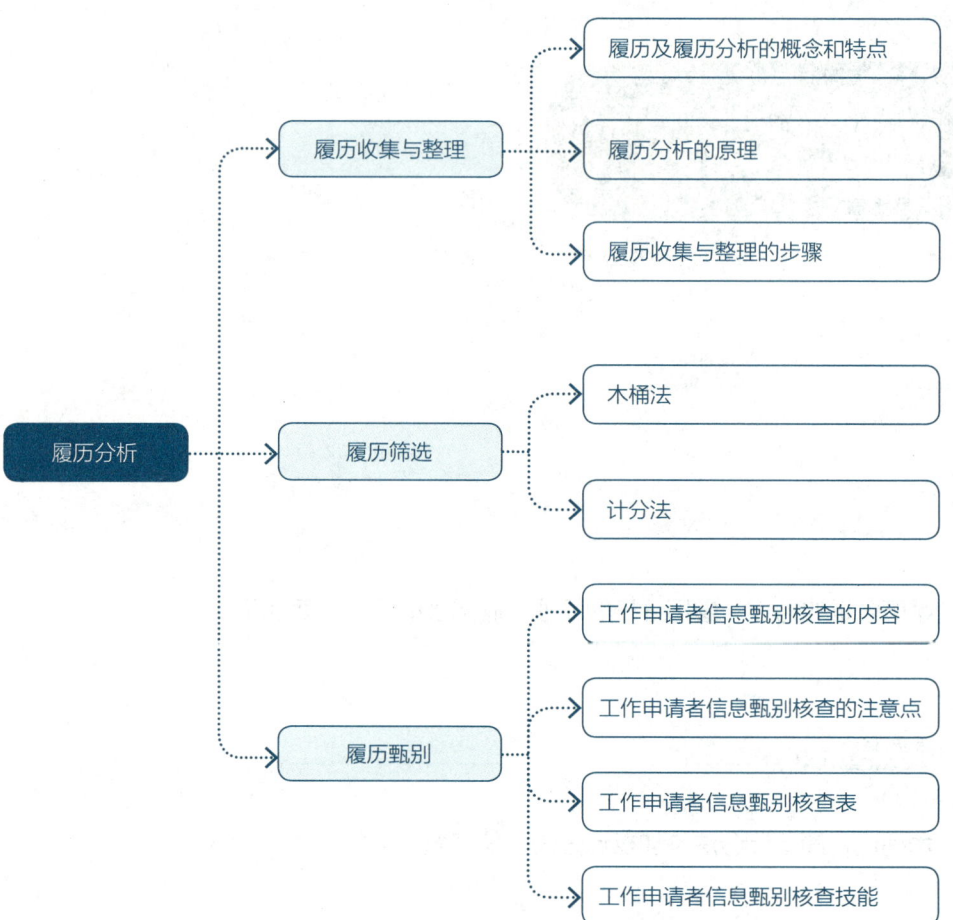

图：
履历分析框架图

任务 1　履历收集与整理

重点与难点： 履历分析的原理，履历收集与整理的步骤

引　例

> 某公司招聘一个客服主管，从网上发布了招聘信息。
>
> 招聘的要求：公关专业或市场专业，2年以上工作经验，注重细节，有很好的逻辑思维能力和组织能力。
>
> 招聘信息发布后，公司收到不少应聘者的履历。其中一个应聘者的履历主要内容如下：
>
> 本人目前在XXX公司客户服务中心担任主管工作，至今已有2年多的工作经验。XXX公司客户服务中心主要从事公司在广州地区的品牌推广、售后等方面业务。在2年多的主管工作中，通过各种工作实践及公司所提供的良好的工作知识培训，本人在如何进行客户服务管理、品牌的市场推广、策划等方面都积累了较多的经验，在组织协调方面的能力也有了提高。自公司成立至今，本人一直在公司担任主管工作，深深体会到良好的管理工作对公司整体运作的重要性，所以，在日常的工作中，一直注意有关企业管理知识的学习及实践，逐渐使自己具备了良好的团队管理能力。
>
> 分析：从收到的这份履历来看，这个应聘者并不适合这家企业的这个职位。因为公司在招聘要求上已经明确写到了关注细节，但是应聘者的履历很笼统，没有细节描述。要求有很强的组织能力，但是应聘者的履历材料也并没有体现这一要求。所以履历分析为企业招聘提供了很好的便利。

一、履历及履历分析的概念和特点

（一）履历的概念

履历是对应聘者生活经历，包括学习、工作经历、奖励情况等的反映，主要包括姓名、年龄、籍贯、地址、联系电话、家庭情况、受教育和培训情况、以往的工作经历等个人基本信息。

（二）履历分析的概念和特点

履历分析又称资历评价技术，是通过对评价者的个人背景、工作与生活经历等进行分析，判断其对未来岗位适应性的一种人才评价方法，是相对独立于心理测试技术、评价中心技术的一种独立的人才评价技术。履历分析法根据履历中记载的事实，了解一个人的成长历程和工作业绩，从而对其人格、兴趣等背景有一定的了解。履历分析的测量范围广泛，不仅包括个人已有的工作成就、交际能力、职业兴趣，还包括个人的感情稳定性、家庭和社会价值取向等方面的信息。

这些分析可与其他因素结合，帮助企业对应聘者做出综合评价。

近年来，履历分析越来越受到人力资源管理部门的重视，被广泛地应用于人员选拔等人力资源管理活动中。使用个人履历资料，既可以初审个人简历，迅速挑出明显不合格的人员，也可以根据与工作要求相关性的高低，事先确定履历中各项内容的权重，把申请人的各项得分相加得出总分，并根据总分作出选择决策。

履历分析作为一种评价手段，与传统的知识测验、能力测验和人格测验等人事选拔方法不同，具有自己明显的特点。

履历分析的特点主要表现在：

1. 普遍性

履历分析的结果与应试者的多种行为（效标）之间往往有较高的相关，如工作绩效、出勤率等，因而可以用于对应试者行为的多维预测。在这一点上，履历分析优于单一的心理测验和经验预测。例如一般的经验预测和测验数据统计显示，性格外向的人更适合从事管理工作或营销工作，而现实中性格内向的人在管理工作或营销工作中同样可以取得成功。在经验预测和测验预测无能为力的地方，履历分析可以发挥较好的作用。

履历分析的方法较心理测验适用面更广。心理测验受文化、教育、意识形态等方面的影响较大，因而在一种文化背景、一种人群适用的测验，在另一种文化背景下或对另一种人群就不适用。而履历分析的方法则不受上述限制。

2. 客观性

履历是过去发生过的事情，这些情况是无法改变的客观事实，因此，一旦履历分析测评系统结构设计确定以后，测评结果也会随之确定，这样一来就可以有效避免某些人为因素的影响。同时，履历中包含的信息比较广泛，包括成功的或失败的工作经验、工作业绩等内容，也避免了在人才选拔过程中出现高分低能的情况。

3. 多维度

履历分析不是单纯从知识、能力等横向方面对应聘者进行考查，而是包含了对个人历史的纵向考查，即对个人工作实践的整个过程进行历史的、全面的评价。这就突出了对个人的既定行为和实际业绩的评价，避免了从单一角度评价应聘者，从而有助于全面地、多角度地了解应聘者。

4. 低成本

虽然履历表的制作过程比较复杂，需要具有专业的人力资源管理和心理学知识，并要对特定的工作岗位进行调查和研究，但是一旦编制完成，履历表就可以重复使用，可以节约大量、反复测量带来的人力、财力消耗。履历分析的使用成本较低，使用条件要求不高，一般不需要大量的题册，也不需要专门的仪器设备，同时在人才选拔的效果和效率方面也很好，具有较高的性价比。

在人力资源测评中使用履历分析法，并不排斥使用其他测评方法，相反还可以与其他方法相互补充。在人才选拔中，人们通常用履历分析法对应试者进行初步筛选，只有在履历分析中合格的应试者才有资格进入下一轮的选拔。

二、履历分析的原理

（一）履历分析的理论基础

履历分析的主要理论基础是"过去行为是预测未来行为的最好指标"，也就是说，当我们能够深入、全面、细致地了解一个人的过去的时候，就能有效地预测他未来的行为与表现。其理论基础主要有以下几个方面。

从感、知觉方面来说，感觉是对事物个别属性的反映，而知觉是个体对整个事物的反映。知觉是以感觉为基础的，知觉离不开感觉。同时，感、知觉是人类认识世界、改造世界的基础。同时，人类知觉过程与个人经验密不可分。没有过去经验的支持，人类是不可能将感觉到的对象转化为知觉的对象，并进行更深层次的心理加工。也就是说，过去的经验能够影响我们对客观事物的理解与认识。而经验主要来源于个体的人生经历与个人体验。所以，一个人的工作经验和精力也会影响个人在今后工作中的表现。因此，招聘者也可以通过对个体个人经验的分析和考查来预测个体未来的工作表现和绩效。

从能力形成过程而言，个体的能力是由先天条件和后天环境共同作用而成的。先天条件是后天作用形成的基础，但是先天条件的发挥也离不开后天作用的影响。在一定条件下，后天环境成为影响个体能力和素质形成的重要因素。环境塑造了人的个性、能力和观念等，而每份履历都可以在一定程度上反映出个体在特定环境条件下的表现，这些表现由于个体的能力、素质等不可分离。因此，通过履历来考察个体的能力和素质是可能的。

就履历本身而言，包含了招聘者所需要的大量信息。一般情况下，这些信息都是个体的亲身经历和体验，它们客观、系统、全面、真实地记录着个体的经历。这些经历直接反映出个体的能力和素质，间接反映出个体隐含的动机和观念，这些内容是使用其他形式的选拔和测量手段很难获得的。

就履历分析的设计来说，履历分析首先是建立在职位要求和工作分析的基础上所选取的测评要素。选项和权重必须和职位有一定的关联度和针对性。众多相关因素的集合，使履历分析结果与工作实际表现的相关性和针对性进一步提高。同时，较高的相关性和针对性，必然能获得较高的预测性和准确度，也就意味着较高的可靠性。所以，应聘者过去的工作经历和表现就是预测他未来工作表现的最好方法之一。

不仅如此，履历分析还紧紧结合了胜任力的理念。胜任力是指用行为方式描述完成工作或任务时所需要具备的知识、技能、态度和个人特质等。它是由哈佛大学教授麦克兰德于1973年提出的。胜任力概念提出不久就引起了广大研究者和企业实践者的高度关注，并逐步完善和发展起来。在现代胜任力研究中，最重要的内容之一就是关于胜任力模型的建构。胜任力模型是指个人为完成某项工作或达到某一绩效目标所要求的一系列不同能力和素质要素的结合，包括不同的动机表现、个性与品质要求、自我形象与社会角色特征，以及知识与技能水平。不同企业员工个体具有多种能力素质特征，不同岗位也存在不同的胜任素质。实际上员工个人的胜任力、岗位的工作要求和组织环境三部分均影响员工素质模型的建立，只有当员工胜任能力与另外两部分相符时，员工才可能胜任此工作。因此在履历的编写和制作过程中，以工作分析为基础建立胜任力模型，可以较准确和有效地对应聘者的工作绩效进行预测。

心理学家通过对履历分析以及相关方法的研究，提出了关于传记式资料的理论模型。欧文斯（Owens）最早提出了传记式资料的发展综合模型理论（Developmental Integrative Model）。他根据个体在传记式资料不同因素上的得分，将具有相似生命史的个体分配至不同的亚群体组，从而分析不同组个体在不同工作中的工作绩效和工作满意度。结果发现，不同个体这两个项目上的表现不同，进一步推论出一般的生命经验对于不同工作的绩效存在差异性影响。而穆姆福特（Mumford）、斯多科斯（Stokes）和欧文斯（Owens）等人于1990年提出生态模型（ecology model）理论，从生物学视角对传记式资料测量理论作了进一步完善。该理论认为，人作为一种生物会积极寻求经验和机会，以更好地适应环境。个体的行为一旦在某种情境下获得了满意的结果，那么个体就会在将来寻求类似的情景，并产生类似的行为。

（二）履历分析的维度

履历分析的基础是履历的设计，而履历设计维度可以参考传记式问卷的设计。欧文斯（Owens）在传记式问卷的维度研究中，采用与奥尔布莱特（Albright）和格雷诺（Glennon）共同编制的生活历史项目分类问卷（a catalog of life history items）对传记式问卷的结构维度进行了深入探讨。该问卷共包含基本资料、兴趣与态度、健康情形、人际关系、金钱观、童年经验、个人属性、家庭（包括配偶与子女）、休闲生活、求学历程、自我意向、价值观（含喜好倾向）和工作经历13个大类。结果表明，这些项目可以有效地预测大学生学业成就、生活适应、生涯成功等表现。

切尔德（Child）和克里莫斯基（Klimoski）在欧文斯（Owens）等人的研究基础上，对传记式问卷的维度做了进一步的概括，并对维度进行了操作性定义。他们的研究共测得5个维度：社会取向、经济稳定性、工作伦理取向、学业成就、自信。结果显示，这5个维度可以有效地预测工作成功、个人成功、生涯成功等效标行为。

我国台湾学者陈彰仪等人也根据关键事件访谈分析的结果对传记式问卷的维度结构进行了探讨，结果显示影响台商驻派大陆工作人员适应程度的个人因素可以分为以下10个维度：管理之变通、应变能力，对异文化的兴趣与尊重，对外派地政治、经济与社会的了解，社交技巧，休闲习惯，自我照顾能力（生活与情绪），环境改变的适应能力，视外派工作为生涯发展的契机，大中华认同，家庭支持与负担（实质与心理）。

而维斯特（West）和卡拉斯（Karas）经过实践研究总结出，传记式资料应该测量的维度主要有：言语相关性工作、数字相关性工作、问题解决、一般能力、目标导向、团队协作、客户服务、足智多谋、领导能力和学习能力。

但是在实际操作过程中，履历分析法与传记式资料测量还存在着一定的差异。因此，对于履历分析法测量的维度还是要根据实际测量目标和目的进行设计。

（三）履历表的设计

1. 履历表的设计理论

（1）基于预测源效应（predictor-based efforts）的题目编制方法。本方法是欧文斯（Owens）和斯科恩菲尔特（Schoenfeldt）等人以发展综合模型为理论基础所提出的一种传记式问卷题目的编制方法。发展综合模型是一种对个人发展进行普遍描述和预测的方法，通常用来区分个体同质性的生活史（包括职业选择）。

> 技能点：
> 履历表的设计

（2）基于效标驱动（Criterion-driven Methods）的题目编制方法。研究者采用与效标相联系的个人发展事件经历为基础，编制相应的题目。编制过程要求以实证的观点进行实质性决策，穆姆福特（Mumford）和欧文斯（Owens）认为研究可以运用六方面信息进行决策。即发展性研究综述信息、在职者生命史访谈信息、个体生命史特征信息、背景数据项目的典型因素载荷、背景数据项目的预测特征信息，以及按一般心理学知识为基础明确表述相关假设信息。虽然传记式问卷的编制与履历分析的编制有所差异，但是传记式问卷的编制原理可以为履历分析所借鉴。

2. 履历表的设计原则

（1）公平性。在人员测评与选拔过程中，公平、公正、公开是贯穿整个过程的基本原则。履历分析法作为招聘与选拔的一个重要工具，也必须依据该条原则。因此，履历分析法的内容必须具有公平性，不能剥夺应聘者的公平就业机会，不能排除特定人群的就业可能，这样才能有效地进行人员选拔工作。

（2）客观性。在履历的填写中，应聘者可能以一种社会期许的方式来进行表达，从而增加被选中的机会，但这会降低选拔的有效性。类似的干扰因素还包括应聘者的记忆错误、粗心大意或故意欺骗而出现的信息遗漏和失真。诸如此类的主观因素都会使得履历分析的信度和效度大大降低，从而影响整个人员选拔的可信度和有效性。因此，在制订履历分析内容时，要尽量客观地考查应聘者的能力、素质等，避免由于应聘者主观因素造成测评信度和效度的降低。

（3）目的性。履历分析的目的是为企业选拔有用的人员，从而提高企业的整体管理素质和绩效水平。在实际操作过程中，不同行业、不同公司、不同工作岗位对应聘者有不同的要求，因此，履历内容选择需要相应设计不同的维度和题目，使得测评具有一定的针对性。

3. 履历表的设计方法

（1）工作分析法。履历内容的确定必须以工作分析为依据，因为工作分析是实施人才选拔与面试的基础。在确定履历分析的内容和要素时，需要对拟任岗位进行工作分析，找出最重要、最关键的考查维度，这些维度是拟任岗位对拟任者的素质、能力要求中比较典型、具有普遍性的内容。通过大量的调查研究，履历的总体结构可大致分为三个方面：受教育程度、工作经历、工作业绩。在实际的履历分析过程中，还需要对这三个方面做进一步的细分，分别确定具体的考察指标和权重。

（2）等级评定法。履历分析法不仅可以进行定性分析，还可以进行定量分析。等级评定法就是根据预定的权重标准和评分标准，对履历分析内容进行等级评定。等级评定法不仅可以细微地评价应聘者的情况，而且可以通过定量的方法比较各个应聘者在不同方面的情况。这时的履历从单一的考查工具，变成了可以全面、细致地考察应聘者以往历史的手段，大大提高了人员选拔的科学性和有效性。

（3）历史分析法。历史分析法的基本思想是：选人和用人都不能脱离特定的历史背景，不能超越或落后于时代的发展水平要求。所以在编制履历内容时，要充分考虑一定历史时期内对于员工的实际要求，不能仅限于以往经验或超出时代要求，也不能脱离一定时期内的具体实际。

4. 履历表的设计内容和形式

履历表又称为职位申请表，它与求职简历有所不同，前者是企业针对职位设计的，后者是求职者个人自行设计的。两者的差异就在于一个是企业需要了解的，另一个是求职者想要展示的。职位申请表对于企业的面试官来讲，了解和掌握的信息量更大、更全面，而求职简历可能会隐藏很多信息，或是信息展现不完整，给面试工作带来阻碍。当然，结合职位申请表和求职简历，面试效果会更好，因为从求职简历中可以看到求职者的主观信息，如自我评价、个人描述等。

针对不同性质或层级的招聘岗位，职位申请表的设计也有所不同，但大致可以分为三个类别：一般员工的职位申请表、应届毕业生的职位申请表、临时用工的职位申请表。

（1）一般员工的职位申请表。在设计过程中，通常要涵盖 5 个方面：求职者基本信息、家庭成员及亲属关系、学习（培训）经历、工作经历、其他信息等。

求职者基本信息如表 3-1 所示。

> 技能点：
> 履历表的设计方法

表 3-1 求职者基本信息

应聘单位：						填表日期：	年 月 日
姓名		性别		出生日期		籍贯	
婚育状况		政治面貌		民族		身高/体重	照片
学历		职称		外语水平		计算机水平	
家庭电话		身份证号码				户口所在地	
移动电话		e-mail				家庭所在地	
紧急联系人		联系方式				现居住地址	

基本信息反映的是客观内容，部分为硬性指标（如性别、年龄、学历），部分为必须考虑的（如户口所在地、现居住地、籍贯、紧急人联系方式）。

媒体素材：
一般员工职位申请表

对硬性指标要求较严格的职位，如其中一项不符合职位要求则会快速筛选掉。

对硬性指标要求不严格的职位，需结合招聘职位要求，也可以参照"人在不同的年龄阶段有着不同的特定需求"进行筛选：25岁以前，寻求一份好工作；26～30岁，个人定位与发展；31～35岁，高收入工作（工资、福利、隐性收入）；36～40岁，寻求独立发展的机会、创业；41岁以上，一份稳定的工作。

户口所在地和现居住地是连锁型企业需要重点考虑和比对的。

家庭成员及亲属关系如表3-2所示。

表 3-2 家庭成员及亲属关系

关系	姓名	年龄	现学习或工作单位	职务	联系方式

从家庭成员一栏中可以了解求职者的家庭情况（如婚育、父母、兄弟姐妹、收入状况、家庭负担和经济压力等）。

学习（培训）经历如表3-3所示。

表 3-3 学习（培训）经历

起讫日期	毕业院校	专业	学历性质	证明人及联系方式

通过学习（培训）经历表可以看出学习经历的真实性，如高中或大学起讫日期为2000.9～2002.9，那问题就出现了。此外，还可以了解应聘者对学习的态度。

在查看求职者学习经历时，要特别注意求职者是否用了一些含糊的字眼，比如有无注明教育的起止日期和类别等；在查看求职者培训经历时，要重点关注专业培训、各种考证培训情况，主要查看专业（工作专业）与培训的内容是否对口。

工作经历如表3-4所示。

表3-4 工作经历

起讫日期	工作单位	部门／职位	离职原因	单位电话	证明人及联系方式

求职者的工作经历是查看的重点，也是评价求职者基本能力的视点，应从以下方面做出分析与筛选：

① 工作时间。主要查看求职者总工作时间的长短、跳槽或转岗频率、每项工作的具体时间长短、工作时间衔接等。

A. 如在总的工作时间内求职者跳槽或转岗频繁，则其每项工作的具体时间就不太会长，这时应根据职位要求分析其任职的稳定性。如可判定不适合职位要求的，直接筛选掉。

B. 查看求职者工作时间的衔接性（作为筛选参考）。如求职者在工作时间衔接上有较长的空档时，应做好记录，并在安排面试时提醒面试考官多关注求职者空档时间的情况。

② 工作职位。不作为简历重点筛选的参考依据，重中之重的是工作内容的情况。

③ 工作内容。主要包括以下几项：

A. 查看求职者所学专业与工作的对口程度，如专业不对口，则须查看其在职时间的长短。

B. 结合上述工作时间原则，查看求职者工作在专业上的深度和广度。如求职者短期内工作内容涉及较深，则要考虑简历虚假成分的存在。在安排面试时应提醒面试考官作为重点来考察，特别是细节方面的了解。

C. 查看求职者曾经工作的公司的大致背景（特别是对中高层管理岗位和特殊岗位，可作为参考）。

④ 结合以上内容，分析求职者所述工作经历是否属实，有无虚假信息（作为参考），分析求职者年龄与工作经历的比例，如一个30来岁的求职者，曾做过律师、医生，现在是营销师，现来应聘销售代表卖建材，可能吗？遇到这种情况

要特别注意，如可断定不符合实际情况的，直接筛选掉。

⑤ 离职原因、单位电话及证明人。通过背景调查，可以了解求职者离职的真实原因，洞察求职者的求职动机和职业发展趋向。

其他信息如表 3-5 所示。

表 3-5 其 他 信 息

是否在职		目前薪资		目前工作地		社保状况	□无 □有 所在地_____
到岗时间		期望薪资		期望工作地		其他补充内容	

是否有亲属在我公司工作？（如果有请填写亲属的姓名，所在部门和职位）_____

是否有家庭遗传病史，心脏、血液、肝脏等疾病，以及其他慢性病、传染性疾病？_____

获知招聘信息渠道：□前程无忧　□中华英才　□智联招聘　□招聘会　□报纸　□内外部推荐　□其他_____

本人承诺对以上内容的真实性、完整性负责，未隐瞒其他重要履历信息，无其他不良生活习惯，如隐瞒或造假，愿意接受招聘方处理。

签名：　　　　　　　　　　　　　　日期：　　　　　年　　月　　日

该部分涉及求职者的在职信息和到岗时间，目前薪资水平和薪资要求，身体状况和参加统筹的情况，以及招聘信息来源等。通过"目前薪资"这一栏可以通过沟通了解该行业、该岗位的薪资水平，即在面试的同时做薪酬调研工作。通过"获知招聘信息渠道"可以回馈各种招聘渠道的有效性，便于招聘专员做招聘渠道分析。"承诺签字"是为了确保以上资料的真实性，也便于后期做背景调查，预防招聘风险。

媒体素材：
应届毕业生职位申请表

（2）应届毕业生的职位申请表。应届毕业生的职位申请表如表 3-6 所示。

表 3-6 应届毕业生职位申请表

应聘岗位1：		应聘岗位2：			
姓名		性别	出生日期		身高
民族		籍贯	政治面貌		婚否
学历	□硕士　□本科（□一本　□二本　□三本）□大专				学位
毕业院校			专业		
外语水平			计算机水平		
特长爱好			期望薪资		
身份证号码			户口所在地		
移动电话			e-mail		
学校地址			宿舍电话		
家庭地址			家庭电话		
紧急情况联系人			紧急情况联系电话		

续表

	关系	姓名	年龄	现工作或学习单位	职务
家庭成员					

	起讫日期	学习或工作单位	职务	证明人及联系电话
高中起学习或工作简历				

大学期间有无补考、重修记录	□有（　　次）	□无

本人承诺对以上内容的真实性负责，如有隐瞒或不实，愿接受招聘方处理。

签名：　　　　　　　　　　　　日期：　　　年　　月　　日

应届毕业生职位申请表关注点：① 毕业院校、专业，学习成绩，个人兴趣爱好，是否担任班委或参加社团，兼职工作经历，薪资及工作地点要求。② 面试中需关注：职业发展规划，综合素质（沟通表达、思维理念等），形象（服务行业），价值观等。

（3）临时用工的职位申请表。由于这部分人员多为在校学生或层级较低的社会人员，在职位申请表的设计上做到简单实用即可。见表3-7。

表3-7　临时用工职位申请表

应聘职位：　　　　　　　　　　　　　　　　　　　　　　填表日期：　　年　　月　　日

姓名：		性别：		出生年月：		籍贯：	
学历：		是否在校学生：	□是　□否	现居住地：			
联系电话：		紧急联系人：		联系电话：			

学习和工作经历（最高学历和最近工作经历）					
起讫日期	单位	部门/职位	薪资水平	备注	

是否在职：	□是　□否	到岗时间：		社保状况：	□无　□有　所在地
薪资要求：		期望工作地点：		招聘信息来源：	□网络　□招聘会　□报纸　□其他

本人承诺对以上内容的真实性、完整性负责，无其他不良生活习惯，如有隐瞒或造假，愿意接受招聘方处理。

签名：　　　　　　　　　　　　日期：　　　年　　月　　日

三、履历收集与整理的步骤

履历收集与整理的步骤如图 3-1 所示:

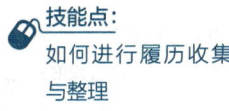

技能点:
如何进行履历收集与整理

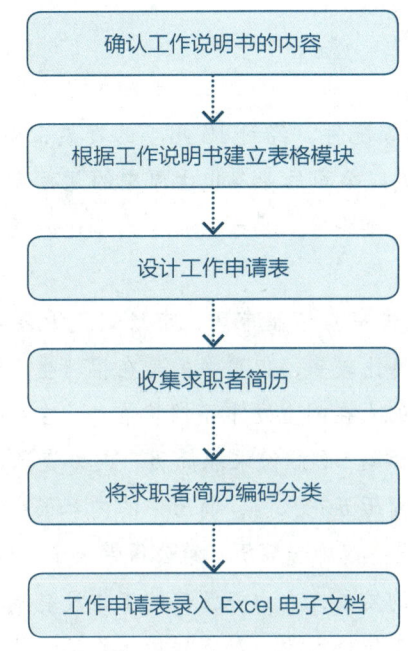

图 3-1　履历收集与整理的步骤

在网上发布招聘信息后,会收到很多求职者的工作申请表,收到的求职申请表可能会超过几十个,甚至是上百个。特别是招聘的岗位比较多时,一个岗位就可能有几十个或上百个申请者,如果有十来个岗位,那么申请者就更多。所以要对求职者的简历或者是工作申请表进行编码分类。

媒体素材:
求职者编码

求职者编码示例如表 3-8 所示:

表 3-8　求职者编码

简历编号	姓名	性别	出生日期	政治面貌	学历
N0813W13	崔××	女	1984-12-03	党员	本科
N0813W14	胡××	女	1982-12-31	党员	本科
N0813W15	方××	男	1985-01-01	党员	本科
N0813W16	袁××	女	1985-08-26	党员	本科
N0813W17	陈××	女	1982-09-26	党员	本科

重点与难点：
木桶法和计分法的运用

任务2　履历筛选

引　例

> 某公司生产汽车零配件，经过10几年的发展，由原来50几个人发展到现在员工2 000多人。公司的业务也由原来的几百万元发展到年产值8亿元。公司发展了，人员增多了。由于人员流动率比较高，人力资源部门的工作量也比较大。
>
> 2012年公司需要进一步拓展市场，市场部、销售部等部门要新增加人员，以前虽然招聘任务比较多，但更多的是在招聘生产部一线操作工。于是人力资源部负责招聘的人在网上发布了招聘信息。在一个星期内，各类管理类和业务类的职位收到近9 000份求职简历。人力资源部招聘人员收到这些简历后，很是为难。简历五花八门，简历中的内容很杂乱。于是从人力资源部和用人部门抽调人员一起筛选简历，给公司带来了一些混乱。
>
> **分析**：随着业务的发展，人力资源部的工作没有跟上来。人力资源部还是用过去的那种方式工作，因为生产部一线操作工，他们的简历内容相对比较简单，所以容易筛选。而其他部门人员的招聘人数不多，简历筛选工作还能应付。但是一旦人员增多，过去那种方式就行不通了。所以，人力资源部自己要设计一套标准的履历表，便于进行分类统计。这样简历筛选工作就会高效。

求职者在填写好工作申请表后，企业的人力资源部门就需要对他们所提供的这些信息实施评估筛选。一般而言，评估筛选求职者信息的目的是选出应聘岗位的相对比较合适的候选人。在针对申请表所提供信息进行评价筛选时，一般采取两种方法：第一种方法可称之为"木桶法"，即设计一些必须达到的标准，如学历、专业、工作经验、资历、外语水平等，这些项目相当于组成木桶的每一块木板，而标准就是把一块木板固定起来的"箍"，只有每一块木板达到一定长度，才能构成一个盛水的木桶。项目条件有任何缺损的求职者就会被淘汰。第二种方法是"计分法"，即将求职者的各项条件和工作岗位的资格条件作比较，然后根据求职者是否符合这些资格条件的情况逐项实施计分，最后将这些分数相加排名，得分靠前的求职者则可能成为较为理想的工作岗位候选者。

一、木桶法

现结合某企业招聘营销人员的案例，利用"木桶法"，了解它的操作流程。

该企业根据岗位说明书,制定了招聘广告,内容如下:

技能点:
如何运用木桶法

例题:
木桶法

> ### 昆山××电子设备有限公司招聘启事
>
> 公司行业:电子•微电子,通信(设备•运营•增值服务),汽车•摩托车(制造•维护•配件•销售•服务)
>
> 招聘岗位:外销业务员
>
> 职位性质:全职
>
> 学历要求:本科及以上
>
> 招聘人数:1人
>
> 工作地点:昆山
>
> 职位要求:
>
> 1. 有1~2年的外销工作经验及市场客户管理经验;
> 2. 良好的语言沟通能力及应变能力,有团队合作精神;
> 3. 能够经常出差并能承受一定的工作压力;
> 4. 专业要求为经济管理类相关专业;
> 5. 有电子元器件销售经验优先考虑。

发布招聘广告后,该公司收到了5位求职者的工作申请表,并整理成表格,见表3-9:

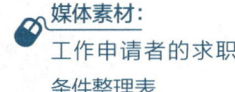

媒体素材:
工作申请者的求职条件整理表

表3-9 5位工作申请者的求职条件

求职编号	性别	年龄	户口所在地	政治面貌	毕业院校	学历	专业	语言能力	计算机能力	其他特长	工作经验	自我评价
1	女	23	北京	团员	中国人民解放军装备指挥技术学院	本科	计算机科学与技术	英语/一般	优秀	有良好的语言表达能力、沟通能力、文字书写能力	3个月销售内勤经验(北京)	了解企业管理流程,有很强的社会意识辨别能力,可成为睿智、理智、处变不惊的年轻职业女性
2	女	23	江苏南京	团员	南京中医药大学	本科	国际经济与贸易	CET_4	熟练		1年的市场助理(南京)	学习能力强,可塑性强,吃苦耐劳,团队合作意识强,善于捕捉和处理信息,有较强的沟通能力和公关能力
3	女	24	山东潍坊	团员	山东农业大学	大专	工商管理	英语/一般	熟练		3年电子产品销售(上海)	性格开朗大方,工作积极热情,办事认真负责,在工作中既有较强的独立工作能力,又有较好的团队协作能力,更能与客户进行良好的沟通

续表

求职编号	性别	年龄	户口所在地	政治面貌	毕业院校	学历	专业	语言能力	计算机能力	其他特长	工作经验	自我评价
4	男	21	江苏泰州	团员	无锡科技职业技术学院	大专	经济管理	英语/CET-4	熟练		9个月的手机销售（无锡）	我是一个喜欢通过自己不断奋斗有所成就的人，喜欢拼搏。在校期间一直担任学生会和班级干部，有一定的交流沟通能力。工作之余不忘学习，曾获得2007年度国家励志奖学金。希望我的能力在贵公司能得到充分的施展，为贵公司尽心尽力
5	男	26	山东济南	群众	Ritsumeikan Asia Pacific University（立命馆亚洲太平洋大学，日本）	本科	经营管理	日语/英语/熟练	熟练	驾驶执照C1	1年的GPS销售助理（山东）	在校期间有良好的企业实践经验，能够快速适应企业内氛围，促进和谐团队建立；热爱学习与实践，积极主动地接触新鲜事物及各项业务技能；注重创新思维及视野扩展，借鉴经验对工作高要求，以提高业务水平和质量；充分发挥性格优势，扎实认真地做好每一份工作

"木桶法"一共分为两步骤，其中第一步为整理"木板"标准。结合上例，根据招聘广告的要求，可以整理出"六块木板"，如图3-2所示。这些也就是所谓的招聘评价标准——

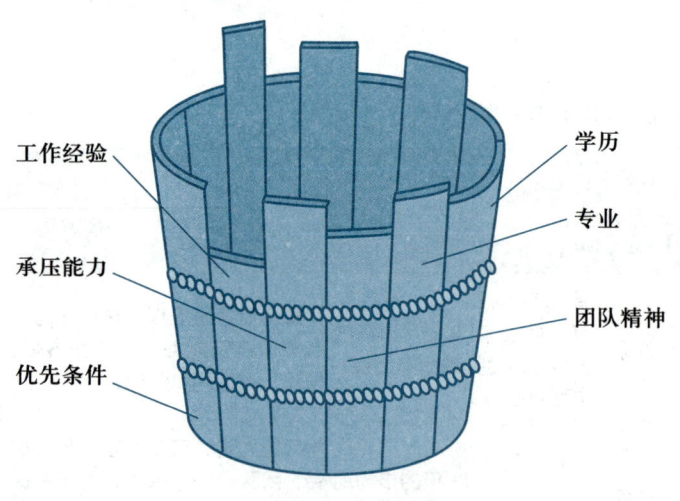

图3-2 "木桶法"评价求职者示意

学历：本科学历；工作经验：1～2年工作经验；团队精神：富有团队合作精神；承压能力：承受压力能力强；专业：经济类相关专业；优先条件：具有相关产品销售经验。

"木桶法"第二步：评价申请者。要评价递交工作申请表的求职者是否符合企业的初步招聘条件，就是判断他们在这些"木板"上是否达到标准。如果其全部达标，可将其视为工作岗位的候选者；如果他们在任意一块"木板"上有所欠缺，则即被淘汰。

案例中，5位求职者在这六块"木板"上，特别是在学历和工作经验上，第一、二、三、四位，都有所欠缺，应被淘汰；而第五位相对来说都符合这些评价条件，所以被列为工作岗位候选者，可以进入企业的下一轮的选拔测试。

"木桶法"看似科学并且简单易行，但在实践中极易淘汰真正优秀的人才，而且这一方法的使用会受到申请人数量的制约，很可能最后符合全部条件的人寥寥无几，而一旦放宽某项条件又会使得候选人过多。所以，企业在实际招聘工作中，很少会使用此种初步评价方法。

二、计分法

"计分法"是依据工作申请者各方面的自身条件，对照所申请岗位的要求标准实施计分。不过，对于不同岗位和企业的不同要求，往往分为"简单计分法"和"加权计分法"两种。下面，我们结合"木桶法"中的案例，分别介绍这两种"计分法"的实施过程。

技能点： 计分法的运用

（一）简单计分法

运用"简单计分法"对工作申请者实施工作岗位标准计分时，分为四个步骤：第一，和"木桶法"一样，企业相关招聘人员整理出所招聘岗位的各项要求标准；第二，判断工作申请者的条件是否符合所申请的工作岗位的各项标准，每符合一项标准，记"1分"，若不符合则记"0分"；第三，将每一个工作申请者的各项得分相加，并从高到低排序；第四，依据企业下一步招聘计划，确定候选者。

典型案例： 简单计分法的操作步骤

例如，在"昆山××电子设备有限公司招聘启事"案例中，如果企业需要有三位候选者进入下一轮选拔，则采用"简单计分法"的操作步骤如下：

（1）整理招聘工作岗位的各项标准，即：本科学历；1～2年工作经验；富有团队合作精神；承受压力能力强；经济类相关专业；具有相关产品销售经验。

（2）对5位工作申请者依据上述标准实施打分，见表3-10。

表3-10　5位工作申请者在各项工作标准上的简单得分情况

各项标准 计分情况 工作申请者编号	学历	工作经验	团队精神	承压能力	专业	优先条件
1号	1	0	1	0	0	0
2号	1	1	1	1	1	0
3号	0	1	1	0	1	1
4号	0	0	1	1	1	1
5号	1	1	1	1	1	1

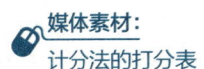

媒体素材： 计分法的打分表

（3）将每一位工作申请者的各项得分相加，并从高分到低分排序，见表3-11。

表3-11　5位工作申请者的最终得分和排序

名次	工作申请者编号	最终计分
1	5号	6
2	2号	5
3	3号	4
4	4号	4
5	1号	2

（4）根据企业下一步的招聘安排，选出3位候选者进入下一轮的选拔测试工作。一般而言，我们只需选取排名前三的3位候选者即可完成初选工作。不过，在这个案例中，我们发现，排序第三的有两位工作申请者，此时，我们应该选谁呢？还是两位申请者都进入下一轮选拔工作？其实，"加权计分法"就很好地解决了这个难题。

（二）加权计分法

技能点：加权计分法的运用

由于"简单计分法"在选拔候选人的时候可能带来的问题，使得企业招聘中慢慢发展出"加权计分法"，这种计分法要比"简单计分法"对工作申请者评价来得精确，大大降低了工作申请者最终计分重复的概率，也为企业开展下一步选拔测试工作节约了一定的成本。"加权计分法"的操作步骤大体和"简单计分法"相似，但比其多一个步骤，就是在"企业相关招聘人员整理出所招聘岗位的各项要求标准"后，要确定这些项目标准的权重。这个权重的确定有很大的技巧，通常企业确定岗位标准的权重往往采用的方法有"经验法""专家法""模型构建法"等。不过，后两种方法的操作过程复杂，成本相对较高，所以不经常为企业采用。"经验法"一般要求有一定招聘经验的人力资源工作者来完成，不过，其实这项工作在人力资源管理中制定工作说明书的时候就可以顺带完成；在制定工作说明书过程中，相关工作人员在编写工作岗位要求和职责的时候，将这些要求和职责从最重要的到次重要的顺序排列，而工作岗位的项目标准就是依照这些要求和职责制定的，所以要确定其权重大小，相对来说就比较容易了。

下面依然结合"昆山××电子设备有限公司招聘启事"案例，运用"加权计分法"来确定候选者。

（1）同"简单计分法"，确定企业相关招聘人员整理出所招聘岗位的各项要求标准，并按启事中的顺序排列：本科学历；1～2年工作经验；富有团队合作精神；承受压力能力强；经济类相关专业；具有相关产品销售经验者优先。

（2）确定各项标准的权重大小。在这个案例中，我们采用经验法来确定权重，并依照岗位各项标准的排序前后，将这六项标准的权重大小分别赋值为"学历=5，工作经验=5，团队精神=4，承压能力=3，专业=2，优先条件=1"（注：

因为学历已在招聘启事中单独列出,所以我们将其权重赋值等同于职位要求的最大权重)。

(3)结合各项标准的权重,对工作申请者实施打分,见表3-12。

表3-12　5位工作申请者在各项工作标准上的权重得分情况

各项标准 计分情况 工作申请者编号	学历	工作经验	团队精神	承压能力	专业	优先条件
1号	5	0	4	0	0	0
2号	5	5	4	3	2	0
3号	0	5	4	0	2	1
4号	0	0	4	3	2	1
5号	5	5	4	3	2	1

媒体素材:
加权计分法的计算

(4)同"简单计分法",将每一位工作申请者的各项得分相加,并从高分到低分排序,见表3-13。

表3-13　5位工作申请者的最终加权得分和排序

名次	工作申请者编号	最终计分
1	5号	20
2	2号	19
3	3号	12
4	4号	10
5	1号	9

(5)根据企业下一步的招聘计划,需要选取3名候选者,我们很容易就确定出"5号"、"2号"和"3号"这3位工作申请者。

其实,有时候要确定工作申请者是否真的是合适的候选人,往往依靠这些技术方法还不够,很多人力资源管理者在招聘中的丰富经验也很重要。比如,像这个案例中,其实求职者的"籍贯""政治面貌""性别"等信息也是一些隐性选拔判断条件。

重点与难点:
工作申请者信息甄别核查表设计及甄别核查技能操作

任务3　履历甄别

引　例

> 一家从事装潢设计和施工的M企业,在2011年由于房地产行业发展很是迅猛,公司的业务发展也很快。公司以前只是在华北市场发展,但看到了华东地区和华南地区经济很发达,人们对房屋装潢需求比较多,市场容量比较大,要求比较高,利润也比较高。
>
> 于是公司决定向华东地区和华南地区发展,在华东地区和华南地区分别建立分公司。公司以前没有打算向华东地区和华南地区发展,所以人才储备不够。经初步评估,公司内部的中高级人才严重不足。从内部来看,市场总监只能提供一个,另一个市场总监需要从市场上招聘。由于时间比较紧迫,招了一个有13年大公司工作经历、带过上百人队伍、工作业绩突出的李先生。公司对李先生寄予厚望,把他分配到华南地区做市场总监。公司招兵买马,租赁场地,投入广告,花了不少钱。可是一年时间过去了,远远没有达到公司的期望。
>
> 公司于是派人去了解情况,华南区的员工反映,李总监工作很卖力,但是工作方法不对,下属反映好像李总监工作经验很不足。公司很纳闷,于是去调查李总监的工作背景。原来李总监提供的很多信息是假的,于是公司把他辞退了。
>
> **分析**:M企业在招聘高级人才的时候,由于缺乏对人才的工作背景的调查,导致一年内公司的业务发展没有进展,公司蒙受了巨大的损失。所以公司在招聘高级人才的时候,一定要对员工的工作背景进行调查核实。因为高级人才的工作性质决定了他们的成果见效需要的时间周期更长,所以在聘用他们时应该更加小心谨慎。

随着社会的多元化发展,不同的求职者存在各式各样不同的价值观和个性特征。有些申请者为了能顺利获得职位,会在工作申请表上填写虚假信息,这样的举动往往干扰了企业招聘选拔工作。所以,为使企业在招聘中能做到准确有效地选拔人才,企业相关工作人员会对工作申请者的求职信息实施核查,以确保真实无误。不过,对工作申请者信息核实这一项工作,往往并非刚收到工作申请表就实施展开,这是因为企业招聘最初会收到很多工作申请者的求职信息。如果对这些信息一一核查的话,耗费的人力财力较多。所以,很多企业会把核查工作申请者信息这项工作放在最后,其实这也并非科学之举,如果最终录用者的求职信息存在虚假，就意味着前面所有的招聘工作都要重新再来，这在时间、人力和财力上都给企业带来了损失。

因此，对工作申请者信息的核实，放在确定候选人员的环节比较合适，这样一来，候选者的数量要比最初申请岗位的人数少很多；同时，万一发现某个候选者提供了虚假求职信息，企业还有其他候选人员可供选择。

一、工作申请者信息甄别核查的内容

信息核查内容应以简明、实用为原则。"简明"是为了控制信息核查的工作量，降低调查成本，缩短调查时间，以免延误上岗时间，而使相关部门人力吃紧，影响业务开展。再者，优秀人才往往几家公司互相争夺，长时间的核查会给竞争对手制造机会。"实用"指核查的项目必须与工作岗位需求高度相关，避免出现"查非所用，用者未查"的现象。核查的内容可以分为两类，一是通用项目，如毕业学位的真实性、任职资格证书的有效性；二是与职位说明书要求相关的工作经验、技能和业绩，不必面面俱到。

一般而言，企业对工作申请者信息核查的内容主要包含以下三个方面：

（一）学历核查

一个编造学历的员工，绝对不是一个值得老板信赖的员工。随着当今网络信息的发展，很多企业都能在相关权威部门的网站上查询到工作申请者的学历信息。相关工作人员在做这项信息核查时，只要注意不要误入一些"钓鱼网站"即可。

（二）个人资质核查

个人资质核查主要包括工作申请者的工作经验、职业资格证书、上次工作的离职原因等。招聘企业可以向工作申请者过往的工作单位发出信函或者电函实施核查说明。

（三）个人资信核查

个人资信核查主要包括对工作申请者的个人品性、成长经历、家庭情况、个人爱好、资产及信用的核查。这些看似细小的核查内容，其实对帮助企业判断求职员工是否优秀有很大的作用。同时，对照工作申请者的信息表，这些核查内容从一定程度和细节上能判断其资料的真实性。

二、工作申请者信息甄别核查的注意点

工作申请者信息核查有时候可以委托中介机构进行，选择一家具有良好声誉的咨询公司，提出需要调查的项目和时限要求即可。如果工作量较小，也可以由人力资源部操作，建议根据调查内容把目标部门分为3类，分头进行调查。一是学校学籍管理部门。在该部门查阅应聘者的教育情况，能够得到最真实可靠的信息，真假"李逵"即可分辨，持假文凭者此时就现原形。二是历任雇佣公司。从雇主那里原则上可以了解到应聘者的工作业绩、表现和能力，但雇主的评价是否

客观需要加以识别，有的雇主为防止优秀员工被挖走，而故意低调评价手下干将，以打消竞争对手的挖人意图。第三是档案管理部门。一般而言，从原始档案中可以得到比较系统、原始的资料。目前，档案的保管部门是国有单位的人事部门和人才服务中心，按照规定，他们对档案的传递有一套严格的保密手续，因此，档案的真实性比较可靠。但目前人才中心保管的档案存在资料更新不及时的普遍缺陷，员工在流动期间的资料往往得不到补充，完整性较差。相比较而言，国有单位人事部门对自己员工的资料补充较好，每年的考评结果都会入档。

此外，企业在对工作申请者进行信息核查时，应遵循以下原则：

（1）只核查与工作有关的情况，并以书面形式记录，以证明将来的录用或拒绝是有依据的。

（2）重视对客观内容的调查核实，忽略应聘者的性格等方面的主观评价内容。

（3）慎重选择"第三者"。要求对方尽可能使用公开记录来评价员工的工作情况，避免偏见的影响。

（4）估计调查材料的可靠程度。一般来说，应聘者的直接上司的评价要比人力资源部人员的评价更可信。

（5）利用结构化的表格，确保不会遗漏重要问题。

三、工作申请者信息甄别核查表

> **技能点：**
> 工作申请者信息甄别核查表设计

工作信息核查中的每一个细节都至关重要，比如说如何选择证明人，如何获得证明人的联系方式，如何验证由候选人提供的证明人身份，如何判断负面信息是否因为证明人本人的狭隘或是对候选人有偏见甚至私怨而产生，如何避免候选人与证明人串通一气使人力资源人员获取虚假而夸大的证言，如何消除证明人顾虑取得真实信息，如何向候选人反馈背景调查结果等。在信息核查开始前企业人力资源人员所要做的准备工作并不少于正式的招聘选拔。而设计工作申请者信息核查表，也是其中的准备工作之一，信息核查表，见表3-14。

> **媒体素材：**
> 员工资料核查表示例

表3-14　员工资料核查表

单位：XX公司

姓名		性别		民族		
出生年月		籍贯		文化程度		照片
政治面貌		兵役状况		婚姻状况		
工作部门及岗位		介绍人或担保人	姓名			
身份证号码			工作单位			
户口所在地住址			职务			
现住址及联系方式			政审时间			

续表

个人简历	
家庭及主要社会关系	
部门审核	
保卫部门审核	
备注	1. 部门审核栏由部门对该员工填写的情况是否属实做出审核意见； 2. 个人提供常驻户口所在地派出所无犯罪记录证明或政审证明。

填表日期：

四、工作申请者信息甄别核查技能

（一）候选人学历、证书的调查

对于学历的调查，比较容易判断出来，现在很多的学历证书、英文证书网上都可以查出来。一般采取"证书编号网上查询"或"直接找其毕业学校请求配合调查"的方法，除非是一些年代比较久远的学校或者是已经不存在的学校，一般的学校的档案馆都会存放学生的学历证明，通常都能很快调查出结果；学历存在的问题，主要有几种类型，一种是完全伪造，根本就没在这个学校就读，拿过学位。一种是入学的时间不对，或者是专科写成本科。还有一种是确实在该学校读过书，但是不是该专业。除了学历以外，对于一些英文证书、技能证书的调查也是如此，一般网上都可以查到了。但如果是无关紧要的证书，一般不会做细致调查。

技能点：
工作申请者信息甄别核查技能操作

（二）工作经历的核查

一般会对候选人近 10 年的工作经历进行调查，年代太久远的意义也不大了。针对工作经历的调查，可采取咨询访谈的方式进行，主要是针对候选人提供的工作经历和内容，在其以往工作的单位的同事中展开调查。这一方面的调查尤为重要，往往很多看似合适的候选人就是在这样的调查中被排除和淘汰掉的。关于工作经历调查，核心的内容有：

1. 任职时间

有不少的候选人喜欢在任职时间上做假。一般表现形式是加长任期时间。很多候选人也知道，频繁的跳槽对于应征新的岗位是个很大的障碍，因为频繁的跳槽给人的感觉是能力不够，心浮气躁，或是忠诚度很差等。为此，为了带给未来业主好的印象，部分候选人对其任职时间进行了肆意的修改。

2. 任职职位

职位不实这个现象是最普遍的，第一种表现是给自己"升官"。比如任职是经理，说成是总监；任职总监的，说成是副总或总经理；任职副总的，说成是总经理或 CEO。第二种表现是捏造任职经历。不曾在某公司任职过，但对该公司比较了解，就谎称在该公司任职。

3. 具体工作内容

候选人担任此职务应该负责的工作有哪些。一定要弄清这些问题以避免浑水摸鱼的现象发生，有的候选人可能也就在前一个公司刚刚提拔为经理，大部分时间是主管，却在简历上写担任经理职位两年的时间；不分管销售的副总，说成了分管销售。因此背景调查能够挖掘出一些不真实的信息。

4. 候选人的工作表现

候选人的业绩如何，与其他同事比较起来表现如何。看看了解到的情况是不是和简历中描写的一样。其上司和下属对候选人的评价如何，因为他们基本上最了解候选人的工作表现。有些候选人喜好吹嘘，夸大自己的业绩等等，这种情况就特别需要调查。

5. 人际关系能力

与其他同事相处得如何，是喜欢单打独斗，还是团队精神很好？人际关系紧张，还是特别受欢迎？特别是对于从事管理类工作的候选人来说良好的交际能力和人际关系能力是不可或缺的。

6. 离职原因分析

真实的离职原因是什么，若有机会他的上级或公司是否还愿雇佣他，或者还希望与他作同事。看看与候选人自己说的是否一致，也许能发现候选人可能在某些方面有所掩饰。

（三）辅助资料调查

1. 个人魅力

做事风格如何，工作积极性和热情如何，下属对其服从性和佩服度如何，独立开展工作的能力如何，是否以身作则等，可以通过证明人对候选人的评价中反映出来，再结合面试的情况共同进行评价。

2. 在个性和诚信上的表现

如内向还是外向，热情还是冷淡，是否待人真诚，诚信方面有无问题，是否发生过经济问题。诚信作为一种社会美德，是人人都应具备的东西。同时，诚信也是所有企业的经营发展之本，所以一个不讲诚信的人无论在什么样的企业里都是不受欢迎的。对个人诚信品格的调查非常重要，对不讲诚信的人，无论能力再强，企业也是不会聘用的。

3. 证明人与候选人之间的关系

与候选人认识多久，关系如何，证明人担任什么职务。这样才能检验该证明人提供的信息是否有参考意义以及参考的程度如何。请证明人评价一下候选人的优点和不足之处（或者是需要提高的方面）。

职业资格与技能同步训练

一、单项选择题

1. 以下不属于履历分析法特点的是（　　）。
   A. 普遍性　　　　　B. 客观性　　　　　C. 多维度　　　　　D. 多因性
2. 履历是过去发生过的事情，这些情况是无法改变的客观事实，因此，一旦确定了履历分析测评系统结构设计，测评结果也会随之确定，这样一来就可以有效地避免某些人为因素的影响。这是指履历的（　　）特点。
   A. 普遍性　　　　　B. 客观性　　　　　C. 多维度　　　　　D. 多因性
3. 履历分析不是单纯从知识、能力等横向方面对应聘者进行考查，而是包含了对个人历史的纵向考查，即对个人工作实践的整个过程进行历史的、全面的评价。这是指履历的（　　）特点。
   A. 普遍性　　　　　B. 客观性　　　　　C. 多维度　　　　　D. 多因性
4. 对职位申请者进行评价时，只要有一项不达标即被淘汰，这种方法属于（　　）。
   A. 木桶法　　　　　B. 加权计分法　　　C. 简单计分法　　　D. 计点法
5. （　　）的设计做到简单实用即可。
   A. 一般员工职位申请表　　　　B. 应届毕业生职位申请表
   C. 个人简历表　　　　　　　　D. 临时用工职位申请表
6. 求职者的工作经历是查看的重点，以下不属于工作内容查看重点的是（　　）。
   A. 专业是否对口　　　　　　　B. 工作的职位
   C. 专业的深度和广度　　　　　D. 曾经工作公司的背景
7. 在编制履历内容时，要充分考虑到一定历史时期内对于员工的实际要求，不能仅限于以往经验或超出时代要求，也不能脱离一定时期内的具体实际。这是履历分析中的（　　）。
   A. 工作分析法　　　B. 等级评定法　　　C. 历史分析法　　　D. 工作评价法
8. 以下（　　）不属于企业对工作申请者信息核查的内容。
   A. 学历核查　　　　　　　　　B. 个人资质核查
   C. 个人资信核查　　　　　　　D. 个人能力核查

二、多项选择题

1. 以下属于资历评价技术的特点的是（　　）。
   A. 普遍性　　　　　B. 客观性　　　　　C. 准确性　　　　　D. 低成本
2. 履历表的设计的原则有（　　）。
   A. 普遍性　　　　　B. 客观性　　　　　C. 目的性　　　　　D. 公正性
3. 一般员工的职位申请表包含的内容有（　　）。
   A. 求职者基本信息　　　　　　B. 家庭成员
   C. 学习经历　　　　　　　　　D. 工作经历
4. 履历筛选有（　　）等方法。
   A. 木桶法　　　　　B. 简单计分法　　　C. 计点法　　　　　D. 加权计分法
5. 企业对工作申请者信息核查的内容主要包含（　　）。
   A. 学历核查　　　　　　　　　B. 个人资质核查
   C. 个人资信核查　　　　　　　D. 个人能力核查

综合实训

实训目标：

会运用"木桶法"和"计分法"对候选人进行筛选。

实训资料：

现有5名工作申请者申请了某岗位，5名工作申请者简历资料如下：

申请者1：

姓名：	王ＸＸ	性别：	男		年龄：	28
出生日期：	1986.10.25	婚姻状况：	未婚		身高：	175cm
目前所在地：	A 地区	户口所在地：	XX 市		民族：	汉族
希望地区：	• A 地区　• B 地区	最快到岗：	随时到岗			
希望岗位：	• 工程管理类　• 工程施工类	最高学历：	大专			
待遇要求：	￥4 000元/月　可面议					

时间	学校	专业	学历	证书
2005.9～2008.6	河南省郑州大学	水利水电建筑工程	大专	
2001.9～2005.7	郑州市水利学校	水利工程	中专	

专业职称：	
英语水平：	三级

英语水平：	三级	语言能力：	• 普通话优秀　• 粤语一般
其他外语一：		其他外语二：	日语差
其他：			
计算机能力：	中级		
计算机详细技能：	MS Powerpoint，熟练；AUTOCAD，一般		
其他技能：	熟悉施工现场情况，掌握施工规范，做好施工现场的组织与管理工作，能按照总工的工程进度组织施工，能阅读工程图纸，按图纸组织施工，做好施工报表及相关记录		
寻求职位：	• 土建工程师　• 项目监理　• 安全管理		

公路、道路、建筑工程、施工管理、项目管理

至今6年工作经验，曾在4家公司工作

XX市通达公路工程公司（2008.7～2009.10）	
担任职位：	施工管理（施工员）
XX市恒通路桥工程技术公司（2009.11～2011.1）	
担任职位：	施工管理（施工员）
XX省科光工程建设监理公司（2011.3～2013.8）	
担任职位：	水利/水电监理
XX工程建设监理公司（2013.11至今）	
担任职位：	建筑安全管理

申请者 2：

姓名：	饶 X	性别：	男	年龄：	28
出生日期：	1986.11.5	婚姻状况：	保密	身高：	170cm
目前所在地：	XX 市	户口所在地：	XX	民族：	汉族
希望地区：	• A 地区　• B 地区　• C 地区			最快到岗：	2 个月内
希望岗位：	• 电气 / 给排水 / 暖通监理　• 水利 / 水电监理 • 给排水工程师			最高学历：	大专
待遇要求：	¥5 000 元 / 月　可面议　要求提供住宿				

时间	学校	专业	学历	证书
2004.9～2007.6	四川水利职业技术学院	给排水	大专	

专业职称：	给排水中级工程师		
英语水平：	无	语言能力：	• 普通话优秀　• 粤语较差
其他外语一：		其他外语二：	
其他：			
计算机能力：	初级		
计算机详细技能：	CAD、办公软件		
其他技能：	曾经在国营建筑安装企业做过施工，清楚施工过程中的质量通病，熟悉监理工作程序及要求；现场处理问题及协调能力强。		
寻求职位：	• 给排水工程师　• 给排水监理工程师　• 水电工程师		

全国注册监理工程师

至今 7 年工作经验，曾在 3 家公司工作

XX 市第四建筑工程公司（XX 建工集团）（2007.6～2009.6）	
担任职位：	水电工
XX 省第一工程有限公司（XX 建工集团）（2009.6～2012.6）	
担任职位：	给排水助理工程师
XX 市第一建筑工程有限公司（2012.6～2014.6）	
担任职位：	给排水工程师

自我评价：本人具有团队团结精神，对工作认真负责，在工作中本人不求做得最好，但求做得更好。并在工作中认真吸取他人的长处与弥补自我的不足，尽可能地体现出自身价值，为所在单位创造更好的业绩和声誉。

申请者 3：

姓名：	朱 XX	性别：	男	年龄：	36
出生日期：	1978.5.28	婚姻状况：	已婚	身高：	166cm
目前所在地：	XX 市	户口所在地：		民族：	汉族
希望地区：	• A 地区　　• D 地区	最快到岗：	半月内		
希望岗位：	• 安全员	最高学历：	中专		
待遇要求：	可面议　要求提供住宿				

时间	学校	专业	学历	证书
1999.9～2002.7	常德市职业技术学校	机电	中专	

专业职称：	安全工程师		
英语水平：	三级	语言能力：	• 普通话一般　• 粤语
其他外语一：		其他外语二：	
其他：			
计算机能力：	初级		
计算机详细技能：			
其他技能：	能熟练运用电脑编制安全生产管理内业资料，多次主持项目安全管理的全面工作，熟悉安全生产管理程序及建筑施工安全检查规范。		

至今 12 年工作经验，曾在 5 家公司工作

XX 市鸿荣轩建设工程有限公司（2009.9～2012.1）	
担任职位：	项目质安部主任

XX 市中海建筑有限公司（2005.12～2009.9）	
担任职位：	安全主任

XX 市启盛建筑工程有限公司（2012.5 至今）	
担任职位：	质安部副经理

XX 中联建筑工程公司 XX 分公司（2003.9～2005.11）	
担任职位：	安全主任

XX 公司（2002.7～2003.9）	
担任职位：	电工、安全员

申请者 4：

姓名：	万 X	性别：	男	年龄：	29
出生日期：	1985.10.5	婚姻状况：	已婚	身高：	170cm
目前所在地：	XX 市	户口所在地：		民族：	汉族
希望地区：	• A 地区			最快到岗：	随时到岗
希望岗位：	• 景观设计　• 房地产开发 / 策划　• 其他			最高学历：	本科
待遇要求：	可面议				

时间	学校	专业	学历	证书
2004.9 ~ 2009.7	贵州大学	建筑学	本科	

专业职称：	
英语水平：	四级
语言能力：	• 普通话优秀　• 粤语
其他外语一：	
其他外语二：	
其他：	
计算机能力：	中级
计算机详细技能：	
其他技能：	网页 / 平媒设计 /AutoCAD：使用 8 年；精通网页 / 平媒设计 /Painter：使用 20 个月；办公软件 /Office Word：使用 5 年熟练
寻求职位：	• 建筑师 / 建筑设计师　• 房地产开发 / 策划　• 园林 / 景观设计

建筑师 / 建筑设计师　房地产开发 / 策划　园林 / 景观设计

至今 5 年工作经验，曾在 3 家公司工作

XX 城市建筑双年展组委会办公室（2012.11 ~ 2013.1）

担任职位：	策展助理兼翻译

XX 市建筑设计研究总院有限公司（2009.8 ~ 2012.6）

担任职位：	建筑师

XX 市北林苑景观规划设计有限公司（2013.3 ~ 2013.7）

担任职位：	建筑师

申请者 5：

姓名：	刘 X	性别：	男	年龄：	30
出生日期：	1984.11.6	婚姻状况：	未婚	身高：	175cm
目前所在地：	XX 市	户口所在地：	XX	民族：	汉族
希望地区：	• A 地区　• B 地区			最快到岗：	随时到岗
希望岗位：	• 土建工程师　• 项目经理（建造师）			最高学历：	本科
待遇要求：	可面议				

时间	学校	专业	学历	证书
2004.9～2007.7	徐州建筑学院	建筑工程	大专	
2011.9～2013.7	安徽工业大学	土木工程	本科	

专业职称：	助理工程师		
英语水平：	三级	语言能力：	• 普通话　• 粤语
其他外语一：	一般	其他外语二：	
其他：			
计算机能力：	高校非计算机专业二级		
计算机详细技能：			
其他技能：	本人 5 年房产公司工作经验，持有国家注册二级建造师施工员证、助理工程师证 B 类安全员证。本科在读，动手能力强，吃苦耐劳，有较强的团队合作精神。能熟练操作一般办公软件。		
寻求职位：	• 结构工程师　• 土木土建		

寻求建筑施工，房产等相关公司工作。	
XX 中大地产集团（2007.8～2011.8）	
担任职位：	土建工程师
鑫苑置业（中国）XX 有限公司（2013.8 至今）	
担任职位：	主管土建工程师

实训要求：
请运用"木桶法"和"计分法"，选出 3 位工作候选者。

学习评价

▲ 职业核心能力测评表

（在□中打√，A 表示通过，B 表示基本通过，C 表示未通过）

职业核心能力	评价标准	自测结果
自我学习	1. 能进行时间管理 2. 能选择适合自己的学习和工作方式 3. 能随时修订计划并进行意外处理 4. 能将已经学到的东西用于新的工作任务	□A □B □C □A □B □C □A □B □C □A □B □C
信息处理	1. 能根据不同需要去搜寻、获取并选择信息 2. 能筛选信息，并进行信息分类 3. 能使用多媒体等手段展示信息	□A □B □C □A □B □C □A □B □C
数字应用	1. 能从不同信息源获取相关信息 2. 能依据所给的数据信息，作简单计算 3. 能用适当的方法展示数据信息和计算结果	□A □B □C □A □B □C □A □B □C
与人交流	1. 能把握交流的主题、时机和方式 2. 能理解对方谈话的内容，准确表达自己的观点 3. 能获取信息并反馈信息	□A □B □C □A □B □C □A □B □C
与人合作	1. 能挖掘合作资源，明确自己在合作中能够起到的作用 2. 能同合作者进行有效沟通，理解个性差异及文化差异	□A □B □C □A □B □C
解决问题	1. 能说明何时出现问题并指出其主要特征 2. 能作出解决问题的计划并组织实施计划 3. 能对解决问题的方法适时作出总结和修改	□A □B □C □A □B □C □A □B □C

学生签字： 　　　　教师签字： 　　　　　　　　　　　年　　月　　日

▲ 专业能力测评表

（在□中打√，A 表示掌握，B 表示基本掌握，C 表示未掌握）

业务能力	评价指标	自测结果	要　　求
履历收集整理	1. 履历及履历分析的特点 2. 履历分析法的原理 3. 履历收集与整理的步骤	□A □B □C □A □B □C □A □B □C	能正确理解履历及履历分析的特点；懂得原履历分析法的原理；掌握如何收集与整理履历
履历筛选	1. 木桶法 2. 简单计分法 3. 加权计分法	□A □B □C □A □B □C □A □B □C	能正确理解和掌握木桶法、简单计分法和加权计分法
履历甄别	1. 工作申请者信息甄别核查的内容 2. 工作申请者信息甄别核查的注意点 3. 工作申请者信息甄别核查表 4. 工作申请者信息甄别核查技能	□A □B □C □A □B □C □A □B □C □A □B □C	能正确理解工作申请者信息甄别核查的内容；懂得工作申请者信息甄别核查的注意点；了解工作申请者信息甄别核查表；准确掌握工作申请者信息甄别核查的主要技能

教师评语：

成绩		教师签字	

项目四
心理测验

本章知识点

心理测验人格　明尼苏达多项人格测验　艾森克人格问卷　"大五"人格问卷
韦克斯勒智力测验　瑞文测验　霍兰德职业兴趣测验

本章技能点

心理测验技术　人格测验技术　能力测验技术　职业兴趣测验技术

职业核心能力

自我学习　信息处理　数字应用　与人交流　与人合作　解决问题　革新创新

知识导图

图:
心理测验框架图

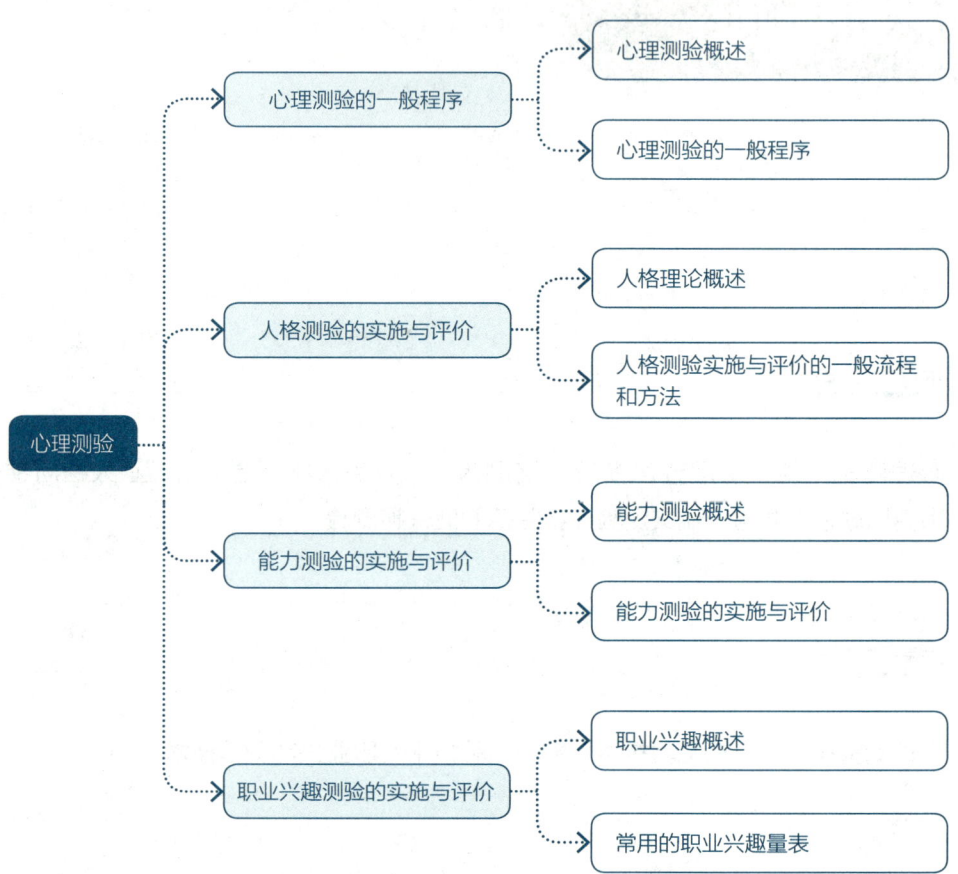

任务 1　心理测验的一般程序

重点与难点：
心理测验的方法及一般程序

引　例

> 赛菲集团有限公司集团总部位于苏南地区，专业从事碳化硅系列产品的基础研究、工业化生产以及应用技术的开发，已建成陶瓷先驱体聚碳硅烷和连续碳化硅纤维生产线并进行了编织成型工艺的开发，建成陶瓷－金属复合材料精密构件生产基地，是国内目前唯一能批量生产上述产品的企业。为了保证高性能连续碳化硅纤维项目能够长期地发展，公司先后投资成立常州赛力菲陶纤有限公司、常州莱宝研发中心有限公司、宿迁澳鑫斯新材料有限公司、苏州中宝复合材料有限公司、苏州赛菲集团有限公司、江苏省高性能陶瓷纤维工程中心，整合高性能陶瓷纤维产业链的上中下游产品，建立高性能陶瓷纤维产业集群基地。
>
> 公司发展很快，但是员工管理问题也越来越突出。员工流动率比较高，员工的满意度比较低。公司也想了很多办法，但是效果不明显。后来公司引进心理测评系统，了解员工能力、价值观、动机等，建立了员工的培训系统、员工职业生涯规划系统等。自从建立这些系统之后，公司员工的流动率降低了，满意度大大提高了。
>
> **分析**：心理测验可以确定个体间的差异，并由此来预测不同个体在将来活动中可能出现的差别，或推测个体在某个领域未来成功的可能性。心理测验的结果可以为客观、全面、科学、定量化地选拔人才提供依据。因为它可以预测个体从事某种活动的适宜性，进而提高人才选拔的效率与准确性。心理测验可以了解个体的能力、人格和心理健康等心理特征，从而为因材施教或人尽其才提供依据。企业可以将职员配置到与其能力、人格相匹配的部门等。

一、心理测验概述

（一）心理测验的含义

心理测验（psychological test）是指根据一定的法则和心理学原理，使用一定的操作程序给人的认知、行为、情感的心理活动予以量化。心理测验在心理咨询中能帮助当事人了解自己的情绪、行为模式和人格特点。

（二）心理测验的分类

心理测验是判定个别差异的工具，个别差异包括很多方面，并可在不同的目的与不同的情境下去研究，这就使测验具有了不同的类别和功用。

1. 按功能分类

（1）能力测验。能力一词，其含义颇为笼统。从心理测验的观点看，可将其分为实际能力与潜在能力。实际能力是指个人当前"所能为者"，即代表个人已有的知识、经验与技能，是正式与非正式学习或训练的结果。潜在能力是指个人将来"可能为者"，是在给予一定的学习机会时，某种行为可能达到的水平。有人把测验潜在能力的测验称作能力倾向测验（亦称性向测验），实际上二者很难分清。能力测验又可进一步分为普通能力测验与特殊能力测验。前者即通常说的智力测验，后者多用于测验个人在音乐、美术、体育、机械、飞行等方面的特殊才能。

（2）成就测验。主要用于测验个人或团体经过某种正式教育或训练之后对知识和技能掌握的程度。因为所测得的主要是学习成就，所以称作成就测验，最常见的是学校中的学科测验。无论是成就测验还是能力测验，甚至包括能力倾向测验，所测得的都是个人在其先天条件下经由后天学习的结果。不过成就测验多是测验有计划的或比较确定的情境（如学校）中学习的结果，而能力测验，特别是能力倾向测验则是测验较少控制的或不大确定的情境中学得的结果，也就是在个人生活中经验累积的结果。

（3）人格测验。人格测验主要用于测验性格、气质、兴趣、态度、品德、情绪、动机、信念、价值观等方面的个性心理特征，亦即个性中除能力以外的部分。

2. 按对象分类

（1）个别测验。个别测验每次仅以一位被试为对象，通常是由一位主试与一位被试在面对面的情形下进行。此类测验的优点在于主试对被试的行为反应有较多的观察与控制机会，尤其对某些人（如幼儿及文盲）不能使用文字而只能由主试记录其反应时，就非采用面对面的个别测验不可。个别测验的主要缺点是不能在短时间内经由测验收集到大量的资料，而且个别测验手续复杂，主试需要较高的训练与素养，一般人不易掌握。

（2）团体测验。团体测验是在同一时间内由一位主试（必要时可配几名助手）对多数人施测。此类测验的优点主要在于可以在短时间内收集到大量资料，因此在教育上被广泛采用。团体测验的缺点是被试的行为不易控制，容易产生测验误差。

3. 按方式分类

（1）纸笔测验。测验所用的是文字或图形材料，实施方便，团体测验多采用此种方式编制。文字材料易受被试文化程度的影响，因而对不同教育背景下的人使用时，其有效性将被降低，甚至无法使用。

（2）操作测验。操作测验项目多属于对图片、实物、工具、模型的辨认和操作，无需使用文字作答，所以不受文化因素的限制。此种测验的缺点是大多不宜团体实施，因为要花费大量的时间。

（3）口头测验。测验项目为言语材料。一般是主试口头提问，被试口头作答。

以上几种分类都是相对的,且都从不同的角度进行分类,因此同一个测验可以归为不同的类别。

4. 按过程分类

(1)标准化测验。当测验按照标准化程序进行编制时,所得的测验是一种标准化测验。标准化测验一般由素养较高的心理学专业人员编制,程序较规范、完整,所花的代价较高,因此,标准化测验的科学性与价值也较高。标准化心理测验通常也被称为心理量表,它不仅在编制程序上要标准化,而且在测验施测、分数评定、结果解释方面也要标准化。

(2)非标准化测验。与标准化测验相对的是教师自编的非标准化测验。这类测验不能准确地在一个分数量尺上鉴定被试的心理水平,它只能粗略地用于对人的心理个别差异进行分类或分等。

(三)心理测验的主要方法

1. 纸笔测验

纸笔测验简称笔试,即要求被试根据项目的内容,把答案写在纸上,以了解被试心理活动的一种方法。纸笔测验的形式主要有6种:多重选择题、是非题、填空题、匹配题、简答题和小论文。

技能点:
心理测验的主要方法如何使用

2. 量表法

量表(scale)是一种比纸笔测验更严格的测验工具,它们可以被看作一把尺子,用这把尺子对被试的属性进行测验。一般的心理测验都由一个或几个量表构成,它们的建构程序更为严格,客观化的程度更高,往往有常模可供参照。

3. 投射测验

有些心理特征是很难直接观察和测验的,如人们的动机、欲望和需要等,就需要用投射的测验方法。所谓投射法,就是让被试通过一定的媒介,建立自己的想象世界,在无拘束的情景中,不自觉地表露出其个性特征的研究方法。其主要方法有以下几种:

(1)联想技术。为被试呈现一些刺激,请被试报告对这些刺激的反应,根据被试的反应作出分析,常用的有各种墨渍投射测验、字词联想测验等。

(2)构成技术。被试需要根据一个或一组图形或文字材料讲述一个完整的故事。这种测验主要测验被试的组织信息的能力,从测验的结果分析被试的深层心理。比较著名的有:主题统觉测验、麦克莱兰成就测验。还有对人们的信念、宗教信仰、价值观的测验,这种技术主要侧重于对被试的产出分析。

(3)句子完成法。把一些没有完成的句子呈现给被试,请被试根据自己的想法把句子完成。这种方法比较简单,却很能说明问题。

(4)等第排序技术。指请被试把一组目标、欲望、需要等按某种标准加以排序的方法。许多价值观、成就动机、态度的测验都采用这种技术。

(5)表现技术。这是一种侧重过程性分析的技术,不太注重被试的产出。要求被试参加一些活动，通过这些活动可以表现他们的需要、愿望、情绪或动机，他们处理事物、人际交往方式无不带有个人的独特特征。这些活动方式要求符合实际的生活场景，如做游戏、角色扮演、演一出戏、画一幅画等都可以。

（6）个案分析技术。这是一种综合性技术，既有表现的成分，又有投射的成分，个案设计得要贴近实际。请被试根据文中提供的线索做出判断和评价，被试在操作时要付出一定的努力，充分发挥自己的想象力，所以这种方法能引起被试的很大兴趣。

4. 仪器测验

指通过科学的仪器对被试进行测试，以了解被试心理活动的一种科学方法。随着科技的发展，测验心理活动的仪器越来越多，如多导仪、眼动仪、动作稳定仪等，这些仪器在测验人的兴趣、动机、技能等方面有很大的作用。

二、心理测验的一般程序

心理测验是一个系统，必须按照一定的程序来操作，才会有较高的效度和信度，才能真正为企事业单位所用。心理测验的一般程序包括以下几个环节。

（一）测验目标分析

1. 测验的对象

在编制测绘前，先要明确测验的对象，也就是该测验编成后要用于哪些团体，只有对受测者的年龄、受教育程度、社会经济水平、阅读水平等心中有数，编制测验时，才能有的放矢。

2. 测验的用途

这次心理测验是显示性测验，还是预测性测验。

3. 测验的目标

目标分析以测验不同而异，分三种情况：

（1）工作分析（用于预测性测验）。确定哪些心理特征和行为可以使要预测的活动达到成功（士气高度个体特征及行为）。建立衡量被试是否成功的标准——效标（确定影响士气因素）。

（2）对特定概念下定义（用于测验心理特质）。必须发现所要测验的心理特质所包含的维量将通过什么行为表现出来或怎样进行测验。

（3）确定测验的具体内容（用于显示性测验）。编制双向细目表。

（二）测题编写

1. 搜集资料

主要包括：已出版的标准测验；理论和专家的经验；临床观察和记录。

2. 命题原则

（1）内容方面。要求：符合测验目的；取样有代表性；题目间相互独立；避免贪多而乱出题。

（2）文字方面。要求：准确；简明；一句话说明一个概念；尽量少用双重否定句；排除与答案无关的因素。

（3）理解方面。要求：应有确切答案；题目内容不超出受测团体的知识水平和理解力；题目格式不可令人费解；题目不能有歧义。

（4）社会敏感性方面。菲利普提出的几条策略如下：

① 命题时假定被试有某种行为，使他不得不在确实没有该行为时才否定。如："你平均多久被处罚一次？"

② 命题时假定规范不一致。如："有的医生认为吸烟有害，另一些医生认为有益，你呢？"

③ 指出该行为是常见的。如："多数人进行网络购物，你呢？"

3. 编制要领

（1）选择题。要求：① 题干明确，意义完整；② 选项简明扼要；③ 每题只给一个正确答案；④ 各选项长度尽量相等；⑤ 避免题干含有选择答案的线索；⑥ 选项最好用同一形式，且随机排列。

（2）是非题。要求：① 内容应以有意义的概念、事实或基本原则为基础；② 每道题只能包含一个概念；③ 尽量避免否定的叙述，尤其要避免用双重否定的叙述；④ 若是表达意见的题目，最好说明意见的来源和根据；⑤ "是""非"题的数目应有适当的比例，基本相等，且随机排列。

（3）简答题。要求：① 宜用问句形式，如果用填空的形式，空格应尽量放到最后；② 如果是填空的形式，空格不宜太多，空出来的应是关键词句；③ 每题应只有一个正确答案，而且答案要简短而具体。对不完整的答案，应事先规定评分标准。

（4）操作题。要求：① 明确所要测的目标，将其操作化；② 尽量选择真实性程度（即逼真度）较高的项目；③ 指导语要简明扼要；④ 制定好评分标准和计分方法。

（三）施测准备

测验前的准备工作是保证测试顺利进行和测验实施标准化的必要环节。准备工作主要包括以下几个方面。

1. 预告测验

事先应当通知受测者，保证受测者确切知道测验的时间、地点、内容范围、试题的类型等，使受测者对测验有所准备，及时调整自己的情绪和生理状态。心理测验一般不搞突然袭击。当然，根据需要有时可以不告知其真实目的。

2. 施测者自身的准备

施测者首先要熟悉测验指导语并能流利地用口语说出来，这是对心理测验实施的最基本要求。熟悉指导语会使测验进行得顺利，否则，测验的效果会受到影响。

其次，施测者还必须熟悉测试的具体程序。测验的实施并不仅仅是分发、收集试卷，对于某些个别测验和团体测验来说，测验的实施必须由受过专门训练的人来完成。例如，韦氏智力量表包括言语、操作两大部分，操作部分的测试涉及物体如何摆放、如何示范等具体程序；而针对聋哑儿童使用的希内学习能力测验更为复杂，甚至包括手势语的应用；某些团体施测还涉及幻灯显示的问题。施测者的训练，通常包括讲解或阅读测验手册、观察演示和操作练习等。这种训练根据测验的种类及施测者的条件，时间长短可以不同。

最后，施测者必须做好应付突发事件及受测者提问的心理准备。例如，智力测验过程中，学生由于过分紧张而晕倒或夏季中暑，精神病人突然发作，有人作弊或突然停电，等等。这些都需要施测者有良好的心理准备，并有一些应急措施。

3. 测验材料的准备

测验材料包括测验题目、答卷纸、记分键、指导书、纸、笔及计时表等必需材料、工具。同时，施测者还应当详细地模拟一遍测验，以观察材料是否准备齐全。

4. 测验环境的准备

心理测验对环境的要求很高。许多研究表明，测验环境会对测验的结果造成影响。例如，一个人在酷暑和正常天气下所做的智力测验的结果会有差别。因此，施测者必须对测验时的光线、通风、温度及噪音水平等物理条件做好安排，统一布置。测验房门上最好有牌子，示意测验正在进行，不许他人随便进入。

（四）测验实施

选择好测验并做好充分准备后，就可以施测了。实施标准化测验的基本原则是努力减少无关因素对测验结果的影响。对于标准化的测验，施测者必须按照规定的程序施测，才能得到可靠的结果。有些人在使用测验时，由于不了解测验标准化的意义及方法，往往任意变更施测的程序，忽视测验实施的各种要求（例如指导语、记分方法等），而导致结果的误差。

1. 指导语

指导语一般是指对测验的说明和解释，有时包括对特殊情况发生时应如何处理的指示。在实施测验时，必须使用统一的指导语。

指导语通常包括两部分，一部分是对受测者的指导语，另一部分是对施测者的指导语。

在纸笔测验中，对受测者的指导语一般印在测验的开头部分，由受测者自己阅读或施测者统一宣读。指导语应力求清晰、简明扼要且有礼貌。一般由以下内容组成：① 如何选择反应形式（画、口答、书写等）；② 如何记录这些反应（答卷纸、录音、录像等）；③ 时间限制；④ 如果不能确定正确反应，应如何去做（是否允许猜测等）；⑤ 例题（当测验采用陌生形式时，例题是必要的）；⑥ 有时告知测验目的。

施测者念完指导语后，应再次询问受测者有无疑问。回答时应当严格遵守指导语，不应对测验作出额外的解释，因为施测者的暗示会对受测者产生影响。对受测者的指导语应简短，不能占用太长的时间，以免引起受测者的焦急及反感情绪。

对施测者的指导语主要是对测试细节的进一步说明，以及在测验中途发生意外情况（如停电、迟到、生病、作弊等）如何处理等。这部分指导语往往印在测验指导书中，对施测者的一言一行都作了严格要求。

总之，指导语对受测者的反应态度、反应方式及施测者的行为方式、说话方式作了严格的规定。

2. 时限

时限也是测验标准化的一项内容。施测者应事先告诉受测者该测验具体的时间限制。对于有分测验的测验，施测者应根据有关时限的操作语执行。例如在速度测验中，尤其要注意时间限制，不得随意延长或缩短。

（五）计分

记分的标准化关键是使评分的方法尽量客观化，使得不同评分者对同一测验反应（答案）赋予相近的分数。许多测验采用选择题等客观题型，无疑使记分更简便、客观。一些标准化测验配有记分键，即标有标准答案及正确反应的模板，或者采用光电阅读机记分，对于论文式作答的测验则给予记分要点。标准化的记分方法应力求客观、准确、经济、实用。

施测者在实施过程中，对记分应当做到下面几点：

（1）对受测者的反应给予及时而清楚、详细的记录，特别是对口试和操作测验，此点尤其重要，必要时可录音和录像。对于测验的环境及测验时的一些突发事件，施测者也应给予详细记录，以供解释时参考。

（2）施测者应当熟练掌握记分键，特别是非客观题目的记分要求，不得随意记分。标准化测验在手册中都有关于记分原则和方法的说明。例如，在韦氏智力测验中，对于什么样的反应得1分、2分、3分都有详细解释，并举了一些例子。作为施测者，应当以客观、公正的态度严格依据记分键或评分标准记分。

（3）在施测的过程中，对于受测者的反应，施测者不应做出点头、皱眉、摇头等暗示性的反应，这会影响受测者后面的测试。施测者应时刻保持和蔼、微笑的态度。另外，在个别施测时，施测者不应让受测者看见记分，可用纸板等物品挡着。这样做一是避免影响受测者的测验情绪，二是避免分散受测者的注意力。

（六）结果报告

为了使受测者本人以及与受测者有关的人，如家长、教师、雇主等，更好地理解分数的意义，在报告分数时要注意以下几个问题。

（1）使用当事人所理解的语言。测验像其他特殊领域一样，具有自己的专业词汇，因此施测者所理解的词并不意味着当事人也一定理解。例如，施测者懂得标准差和标准分数，然而当事人可能不懂。因此，必须用非专业性的用语来解释标准分数，可以把它解释成相对位置（即百分等级）。必要时，可以问问当事人是否听懂了，让他说说你的解释是什么意思。

（2）要保证当事人知道这个测验测试什么或预测什么。这里并不需要作详细的技术性解释。例如，你并不需要向当事人解释职业兴趣调查表的编制过程，但应该让他知道，职业兴趣量表是把他的兴趣和从事各种职业的人加以比较。如果在某一方面得了高分，就意味着如果他参加这个工作会长期干下去。但另一方面，也不能过于简单，只告诉当事人某个量表的标题或测验什么是不够的，这在具有情绪色彩的人格特征方面特别重要。例如，对人格测验中的男性化、女性化量表就要加以解释，以免被试误解。

（3）如果分数是以常模为参照的，要使当事人知道他是和什么团体在进行比较。例如，同一个百分等级对于普通学校和重点学校意义是不同的。

（4）要使当事人认识到分数只是一个"最好"的估计。由于测验的信度、效度不足，分数可能有误差，而且对于一个团体总体来说，有效的测验不一定对每个人都同样有效，但也不能让被试感到分数是毫不足信的。

（5）要使当事人知道如何运用他的分数。当测验用于人员选择和安置问题时，这一点特别重要。要向当事人讲清，测验分数在作决定过程中起什么作用，是完全由分数决定取舍，还是只把分数作为参考；有没有规定最低分数线；测验上的低分数能否由其他方面补偿，等等。

（6）要考虑测验分数将给当事人带来什么心理影响。由于对分数的解释会影响受测者的自我认识、自我评价，从而会影响他的行为，所以在解释分数时一方面要十分慎重，另一方面又要做必要的思想工作，防止被试因分数低而悲观失望或因分数高而骄傲自满。

（7）要让当事人积极参与测验分数的解释。毕竟分数是他的不是你的，作出的决定会影响他的生活而不是你的生活，因此在解释分数的各个阶段，都应观察他的反应，鼓励他提出问题。虽然测验分数的信息有限，但考虑到分数能够引起一连串的事件，严重地影响一个人的生活，因此，必须保证他完全了解分数的表面意义和隐含意义。除非当事人积极地参与这个过程，否则你无法了解他对于自己的分数有多大程度的理解。

心理测验是一种辅助工具，受测者的表现还受到许多其他因素影响，因此不能过于夸大心理测验的作用。

任务 2　人格测验的实施与评价

重点与难点：
人格测验的流程和方法

引　例

某公司招聘企划专员。

职位要求：

职能种类：	广告/设计/美工	工作方式：	兼职
招聘人数：	5 人	学历要求：	大专
工作经验：	2 年以上	工资报酬：	面议

某位应聘者的 16PF 的测试结果：

===== 个人信息 =====

编　　号：0504163127		性　　别：女		年　　龄：21	
姓　　名：X X X		学　　历：		出生日期：1993-01-01	
所　　属：		职　　业：		测试日期：2014-XX-XX	
部　　门：		职　　位：		婚姻状况：	

===== 剖 析 图 =====

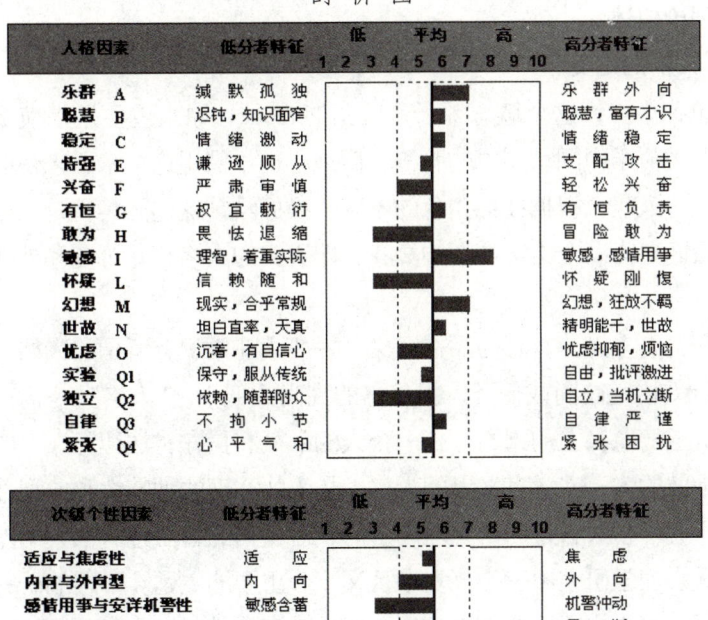

分析：在对剖面图分析时，一般我们会选取 16PF 人格中得分最高和最低的维度实施分析。在上例中，该被试人格因素的高分项目为"敏感 I"，而低分项目为"敢为 H""怀疑 L""独立 Q2"。而在次级因素上，最显著特性为"敏感含蓄"。这与她的"敏感 I"高分一致。因此，我们重点分析

引 例

> 该被试的"敏感 I""敢为 H""怀疑 L""独立 Q2"等维度。详见如下:
>
> 【敏感性】:描述敏感程度,即判断和决定是否容易受到感情的影响
>
> 被试在该项上得分为 8 分,超出标准分 7,因此可以判别她是一位以感性来为人处世的人。
>
> 【敢为性】:描述在社会交往情境中的大胆程度
>
> 被试在该项目上得分为 3 分,低于标准分 4,因此可以判别她是一位在社交活动中胆小畏缩的人,不爱与人主动交往。
>
> 【怀疑性】:描述是否倾向于探究他人言行举止之后的动机
>
> 被试在该项得分为 3 分,低于标准分 4,因此,可以判断她比较容易轻信他人,在人际交往中没有心机,容易上当受骗。
>
> 【独立性】:描述独立程度,亦即对群体的依赖程度
>
> 被试在该项上的得分为 3 分,低于标准分数 4 分,可以判断她独立性不强,为人处世较为依赖他人。
>
> 从整体来看:该应聘者不合适该岗位。

一、人格理论概述

(一)人格的定义

人格也称个性,这个概念源于希腊语 Persona,原来主要是指演员在舞台上戴的面具,类似于中国京剧中的脸谱,后来心理学借用这个术语来说明:在人生的大舞台上,人也会根据社会角色的不同来换面具,这些面具就是人格的外在表现。面具后面还有一个实实在在的真我,即真实的人格,它可能和外在的面具截然不同。

人格一词有多义。有时与品格同义,一般人在常识上所指的人格一词即指品格,其所云人格之高尚或低下,指品格的高尚或低下。"人格"一词在生活中有多种含义。道德意义上的人格,指一个人的品德和操守;法律意义上的人格,指享有法律地位的人;文学意义上的人格,指人物心理的独特性和典型性。在心理学上,由于心理学家各自的研究取向不同,对人格的看法也有很大的差异。

人格是心理学研究中一个最复杂且又十分重要的主题。不同的研究者对人格的理解不同,对人格所下的定义也很不相同。奥尔波特(Gordon Allport)最早对人格的定义进行过综述,他考察了 50 个定义。之后还有不少心理学家分析过人格的定义,又提出新的定义。例如,有人把人格看作习惯化的行为模式,有人则把人格看作一种控制行为的内部机制(如自我、特质等),还有人把人格看作个人在社会中所扮演的角色等。人格定义的不同,既反映了心理学家们对人格研究的侧重点不同以及他们所采用的研究方法不同,也反映了人格内涵的丰富性。

综合各家的见解，可将人格定义为"人格是对人、对己、对事物乃至对整个环境适应时所显示的独特的心理特征，是由个体在遗传、环境、成熟、学习等因素的交相作用下，表现出的身心各方面的特征所组成，并且具有稳定性、整体性、倾向性和独特性的特点"。简单地说，人格是人在心理过程中表现出来的某些稳定而经常出现的心理特征的总和，包括个性倾向性和个性心理特征。正是个性或人格造成人与人之间的心理差异。

（二）人格的理论

1. 弗洛伊德的人格理论

弗洛伊德认为人格由本我（id）、自我（ego）和超我（superego）构成。

（1）本我（id）。人格结构中最原始部分，从出生日起即已存在。构成本我的成分是人类的基本需求，如饥、渴、性三者均属之。本我中需求产生时，个体要求立即满足，故而从支配人性的原则来说，支配本我的是唯乐原则。例如婴儿感到饥饿时即要求立刻喂奶，绝不考虑母亲有无困难。

（2）自我（ego）。个体出生后，在现实环境中由本我中分化发展而产生，由本我而来的各种需求，如不能在现实中立即获得满足，他就必须迁就现实的限制，并学习到如何在现实中获得需求的满足。从支配人性的原则看，支配自我的是现实原则。此外，自我介于本我与超我之间，对本我的冲动与超我的管制具有缓冲与调节的功能。

（3）超我（superego）。人格结构中居于管制地位的最高部分，是由于个体在生活中，接受社会文化道德规范的教养而逐渐形成的。超我有两个重要部分：一是自我理想，即要求自己的行为符合自己理想的标准；二是良心，是规定自己行为免于犯错的限制。因此，超我是人格结构中的道德部分，从支配人性的原则看，支配超我的是完美原则。

人格结构中的三个层次相互交织，形成一个有机的整体。它们各行其责，分别代表着人格的某一方面：本我反映人的生物本能，按快乐原则行事，是"原始的人"；自我寻求在环境条件允许的条件下让本能冲动能够得到满足，是人格的执行者，按现实原则行事，是"现实的人"；超我追求完美，代表了人的社会性，是"道德的人"。

在通常情况下，本我、自我和超我是处于协调和平衡状态的，从而保证了人格的正常发展。如果三者失调乃至破坏，就会产生精神疾病，危及人格的发展。

2. 人格的类型论和特质论

人格的特质论与类型论其实是两种描述人格的理论，特质论主张人格可以通过有限的几个特质加以描述；而类型论则认为人格可以划分为互不相容的几种类型，如外向、内向、抑郁、躁狂等。特质论推崇量的分析与连续的维度；而类型论则把类型之间看作互相独立、分离的，偏重质的研究。但是两者都注重按不同的特征对人格加以分类和描述，它们经常被相提并论，因此称为特质-类型理论。

二、人格测验实施与评价的一般流程和方法

（一）人格测验实施与评价的一般流程

人格测验的关键在于工具的编制。这需要专门的心理学、数理统计等知识以及编制者个人的专业工作经验。它以传统的人格特质理论作为技术基础，这种方法分为三个基本步骤：

第一步，分析岗位所需要的个人以及工作有成效者的人格特质。

第二步，研究出能测验人格特质的测验工具和方法。

第三步，用所研究的测验方法对被试进行测试，达到相当分数者，将来工作取得成就的可能性最大。

由于人格测验工具的编制难度较大，所以目前国内很少有自己编制的人格测验工具，修订并用于国内的国外心理测验技术也不很多。

（二）人格测验实施与评价的方法

1. 明尼苏达多项人格测验

明尼苏达多项人格测验（Minnesota Multiphasic Personality Inventory，简称 MMPI）是由明尼苏达大学教授哈瑟韦（S. R. Hathaway）和麦金力（J. C. Mckinley）于 20 世纪 40 年代编制的，是迄今应用极广、颇富权威的一种纸笔式人格测验。其包含的主要维度有：

（1）疑心病。该量表揭示了被试对自己身体功能的关注，有时候也会揭示一些特殊的症状和抱怨。

（2）抑郁。该量表揭示了被试的抑郁严重程度以及（如果是躁狂抑郁型的话）所处抑郁的阶段。

（3）歇斯底里。该量表主要包括那些病人会经常出现的特殊的关于身体的一些抱怨，而这些身体的问题恰恰并不是器质性的。该量表中也有包括一些关于性格气质方面的描述，例如假装没有问题或者没有社交恐惧症等。这些往往是那些因为防御机制产生心身问题的病人经常表现的症状。

（4）反社会人格。该量表揭示了违纪违法的行为，高的量表值表明该被试对社会规范以及道德规范缺乏尊重。

（5）性别取向。该量表揭示了特别的性别角色的行为，高的量表值揭示了被试具有比较多的异性性别的行为。

（6）偏执。该量表揭示了过度敏感的特征。高的量表值表明被试有一种习惯性的倾向，去错误地诠释和理解别人的动机和目的。

（7）精神衰弱。该量表的部分项目是有关强迫性思维、强迫性行为、极度的恐惧和担忧。但是整个量表揭示的则是一般恐惧和失望（或者说是一般的负面心理状态）、比较高的道德要求，对于失败的自责以及极度的努力与冲动控制。

（8）神经分裂。该量表揭示了精神病人特有的异常体验和经验、奇怪的想法以及特别的感觉。

（9）轻度躁狂。该量表的项目反映了躁狂以及轻度躁狂特点的状态以及相关的一些特征，比如提升原动力、极端高昂的情绪等。

（10）社会内向性。该量表的高分值反映了羞怯退缩、怪癖以及缺少社会实践能力。低分则反映了能够积极参与社会生活以及社会运行规范。

明尼苏达多项人格问卷主要侧重于研究精神疾病，预测精神病人的心理活动。但此问卷也涉及研究人类的其他行为比如司法审判、犯罪调查与职业选择等领域。明尼苏达多项人格问卷因此广泛应用于精神病院、心理咨询、人才市场等各类场所。

2. 卡特尔 16 种人格测验

卡特尔 16 种人格测验（Cattell's 16 personality factor，简称 16PF）测验由美国伊利诺伊州立大学人格及能力研究所雷蒙德·卡特尔（Raymond Bernard Cattell）教授编制。卡氏采用系统观察法、科学实验法以及因素分析统计法，经过二三十年的研究确定了 16 种人格特质，并据此编制了测验量表。卡特尔认为"根源特质"是人类潜在、稳定的人格特征，是人格测验应把握的实质。

> **技能点：**
> 卡特尔 16PF 人格测验的操作流程和技巧

卡特尔 16PF 又称卡特尔 16PF 测验，是世界上最完善的心理测验工具之一。16 种个性因素在一个人身上的不同组合，构成了一个人独特的人格，完整地反映了一个人个性的全貌。它用以测验人们 16 种基本的性格特质，这 16 种特质是影响人们学习生活的基本因素。

16 种基本人格因素简述见表 4-1：

表 4-1　16 种基本人格因素简述

得分分类 人格因素	低分数者 （1～3）	高分数者 （8～10）
A 因素 乐群性	含蓄、独立、苛求、冷酷（分裂气质型）。 分数低的人倾向于生硬、冷酷、多疑、离群。他对物品比对人更喜爱，常独自做事情，对不同意见不愿和解，按刻板生硬的方式和个人的准则做事。	开朗、热心、随和、乐群（情感气质型）。 高分者倾向于好脾气、情绪开朗、易合作，心软慈爱，能适应环境。喜欢与人打交道的工作，能迅速与人组成较活跃的集团，对人宽宏大量。
B 因素 聪慧性	智能较低，具体性思维，迟钝（学习能力低）。 低分者倾向于表现出学习和领悟缓慢、迟钝，对事物多采用具体的和刻板的理解，其迟钝状态可能由智能因素或精神病态引起。	智能较高，抽象性思维，聪敏（学习能力较强）。 高分者倾向于能迅速领悟各种观念，学习敏捷而聪颖，其聪明才智与文化水平一致。可排除病理性心理机能衰退。
C 因素 稳定性	受情感影响，情绪不稳定，易颓废（自我力低弱）。 低分者趋向于在困难条件下表现出对挫折的耐受性差，情绪波动明显，疲倦，烦躁，有时显得幼稚。几乎所有的神经症均呈低分，亦见于一些精神病患者。	情绪稳定，能面对现实，安静、成熟（自我力强）。 高分者趋向于情绪成熟、稳定，对生活采取现实态度，做事不慌忙。有时对不能解决的情绪问题采取退出方法，有禁欲倾向，个别人亦有潜在性精神疾患的可能。
E 因素 持强性	谦虚、和蔼、顺从、适应环境（和善性）。 低分者倾向于谦让、温顺，安于现状，缺乏自信，易依赖别人，对指责易产生焦虑。坦白而通融。	主观武断、攻击、竞争、顽固（统治性）。 高分者倾向于严厉、独断专横、不友善、对别人责备过分。统治别人，不怕强权。主动且自视很高。

续表

得分分类 人格因素	低分数者 (1～3)	高分数者 (8～10)
F 因素 兴奋性	严肃、谨慎、认真、沉默寡言（冷淡）。 低分者倾向于克制、沉默、内省，有时会郁郁寡欢、抑郁、过分审慎。爱独处，甚至自我压抑。	冲动、活跃、热心、无忧无虑（热情）。 高分者倾向于愉悦、健谈、坦白、生机勃勃，富于表情。经常被选为领导，但可能冲动、易变。
G 因素 有恒性	不审慎，责任感缺乏，轻浮（超我力弱）。 低分者倾向于意志易动摇，缺乏奉公守法的精神。由于不受集体约束，故有可能产生反社会行为。但有时这却使他更健康，因为拒绝受规律约束使他在应激中发生较少躯体不适感。	有良心、有恒心、稳重、守法（超我力强）。 高分者倾向于性格严峻，有强烈责任心，有计划，善宽容。喜欢勤奋聪明的人，有道德，细心周到善始善终。这些特点是出自于内心而迫切需求的，并非在表现上体现追求。
H 因素 敢为性	胆小、克制、羞怯、怯懦（畏怯）。 低分者倾向于胆小退缩，小心谨慎，喜欢安全，常有自卑感。说话缓慢而口吃，缺乏自信心，特别对异性反应胆小，甚至不感兴趣。	好冒险，勇于社交，放任主动（鲁莽）。 高分者倾向于更好社交，喜欢探求新事物，主动并富于情绪反应。在与异性接触中会给人"脸皮较厚"的印象，常粗心大意，忽视细节。
I 因素 敏感性	硬心肠、自恃、现实（狠心）。 低分者倾向于固执任性，注重实际，有时显得冷酷。办事有逻辑性，安于自足，自持其力。	软心肠、敏感、博爱（慈爱）。 高分者倾向于敏感善良，易受感动。但有时过分不讲实际，易感情用事，缺乏耐心与恒心。
L 因素 怀疑性	信任别人，易接受意见，易相处（松懈）。 低分者倾向于依赖随和，安全感强，无嫉妒心，能迎合别人的意见，易相处。但容易受人欺骗而上当。	多疑，不相信人，难受欺骗（警惕）。 高分者倾向于刚愎自用、固执己见，对人不信任，与人交往常斤斤计较，不考虑别人的利益。
M 因素 幻想性	现实，合乎成规，踏实（实干）。 低分者倾向于注重现实，办事力求稳妥，合乎成规。对生活细节较重视，能考虑自己的行为活动是否合乎社会规范。	幻想，狂放不羁，心不在焉（幻想）。 高分者倾向于幻想，狂放任性富于想象，往往自得其乐，自我陶醉。通常忽视生活细节和现状，常从自己的动机兴趣出发。
N 因素 世故性	坦白直率，天真，老实（朴实无华）。 低分者倾向于纯朴，为人坦白，易相信人，但有时处于被动状态，社交上笨拙，甚至对社交回避。	世故，善于社交，圆滑（精明能干）。 高分者倾向于世故，为人机灵，办事老练，近乎于狡猾。聪明且善于社交，对别人有洞察力，善精打细算。
O 因素 忧虑性	安静沉着，有自信心（安闲无忧）。 低分者倾向于自信，生活自足快乐，安静而镇定，悠然自得，少烦恼。信心充足，乐观安详。	忧虑抑郁，烦恼多端（内疚倾向）。 高分者倾向于自我内疚，常烦恼自扰，甚至沮丧悲观，感到不如人。有时缺乏生活勇气，时有犯罪感。
Q_1 因素 实验性	尊重传统观念，善忍受（保守）。 低分者坚持以往所受的教育，对新观念的接受小心谨慎，对新思潮不感兴趣，严守惯例，在宗教和政治上较保守。	思想自由，苛求任性（激进）。 高分者不拘泥于现实，批评观点激进，喜欢多了解少说教。较多倾向于生活实践，较能耐受烦扰和变革，有分析批判能力。
Q_2 因素 独立性	依赖，随群附众，寻伴（集体依附性）。 低分者喜欢与别人一起工作和解决问题，喜欢寻求社会激励。缺乏个人决断，需要集体支持，但不一定要群居生活。	自立、当机立断、自恃（独立性）。 高分者习惯于我行我素，不依赖他人。也无意支配或控制别人。不讨厌别人，也不需他人有好感。在性格上是独立的。
Q_3 因素 自律性	矛盾冲突、不明大体（自制能力低）。 低分者不为意志的克制而操心，在矛盾冲突时难顾大体，很少考虑社会要求，常感不能适应环境。	自律严谨、言行一致（自我克制力强）。 高分者对自己的情绪和行为一般有较强的控制能力，有社会认识且谨慎，自尊心强，有时顽固。

续表

得分分类 人格因素	低分数者 (1~3)	高分数者 (8~10)
Q₄因素 紧张性	心平气和、松懈宁静（紧张性低）。 低分者倾向于平静松弛，生活愉快，不颓丧。有时由于过分满足反而导致懒惰和效率低。	紧张困扰、冲动劳累（紧张性高）。 高分者常忙而心神不安。时常感到疲劳、焦虑。

卡特尔16PF测验是评估16岁以上个体人格特征最普遍使用的工具，广泛适用于各类人员，对测评对象的职业、级别、年龄、性别、文化等方面均无限制，现已应用于人力资源管理、职业规划、教育辅导、心理咨询等领域。卡特尔16PF测验设计科学，可靠性强，不仅可以对个体的个性特征和能力水平进行客观评估，还能检测出个体的心理健康程度、创造力及适应新环境的能力。这对于个体调整生活状态，进行职业规划等方面具有重大的指导意义。卡特尔16PF在企业中主要用于人员的招聘，不同的岗位需要不同的性格类型相匹配，这样员工才能在固有的岗位上发挥自己的优势和特长，工作起来更有积极性。在国外，16PF在人才测评中得到了很好的应用，在国内，将16PF用于人才测评和管理还处于探索阶段。

3. 艾森克人格问卷

艾森克人格问卷（Eysenck Personality Questionnaire，简称EPQ）是英国伦敦大学心理系和精神病研究所汉斯·艾森克（Hans J. Eysenck）教授编制的。他搜集了大量有关的非认知方面的特征，通过因素分析归纳出三个互相成正交的维度，从而提出决定人格的三个基本因素：内外向性（E）、神经质（N，又称情绪性）和精神质（P，又称倔强、讲求实际），人们在这三方面的不同倾向和不同表现程度，构成了不同的人格特征。艾森克人格问卷是目前医学、司法、教育和心理咨询等领域应用最为广泛的问卷之一。艾森克人格问卷各量表的具体含义如下：

> **技能点：**
> 艾森克人格测验的操作流程和技巧

（1）内外向——分数高表示人格外向，可能是好交际、渴望刺激和冒险，情感易于冲动。分数低表示人格内向，可能是好静，富于内省，除了亲密的朋友之外，对一般人缄默冷淡，不喜欢刺激，喜欢有秩序的生活方式，情绪比较稳定。

（2）神经质——反映的是正常行为，与病症无关。N维度与自主神经系统的稳定性有关。典型情绪不稳（高分）表现为焦虑、高度紧张、情绪不稳易变，大喜或大悲快速转换，对于各种刺激的反应往往过分。典型情绪稳定（低分）表现为情绪反应缓慢，强度很弱，有时给人一种情感反应缺乏的感觉。

（3）精神质——并非暗指精神病，它在所有人身上都存在，只是程度不同。但如果某人表现出明显程度，则容易发展成行为异常。分数高可能是孤独、不关心他人，难以适应外部环境，不近人情，感觉迟钝，与别人不友好，喜欢寻衅搅扰，喜欢干奇特的事情，并且不顾危险。

（4）掩饰性——测定被试的掩饰、假托或自身隐蔽，或者测定其社会性朴实幼稚的水平。L 与其他量表的功能有联系，但它本身代表一种稳定的人格功能。

艾森克还认为人的个性可以非常清晰地区分出两个重要方面的特性：一个重要方面是外倾—内倾性；另一个重要方面是神经质，即情绪的稳定性。这两方面特性相互独立，两两结合正好与古代盖伦—康德—冯特四种气质的结构图示相对应，见图 4-1：

多血质——外倾、情绪稳定型个性；
胆汁质——外倾、情绪不稳定型个性；
黏液质——内倾、情绪稳定型个性；
抑郁质——内倾、情绪不稳定型个性。

艾森克以 X 轴表示个性的内外倾维度，以 Y 轴表示个性的情绪稳定性维度，每个人的个性都可以在这个坐标系中找到其对应位置。

4. "大五"人格问卷

20 世纪 80 年代以来，人格研究者们在人格描述模式上达成了共识，提出了人格五因素模式，被称为"大五"人格。

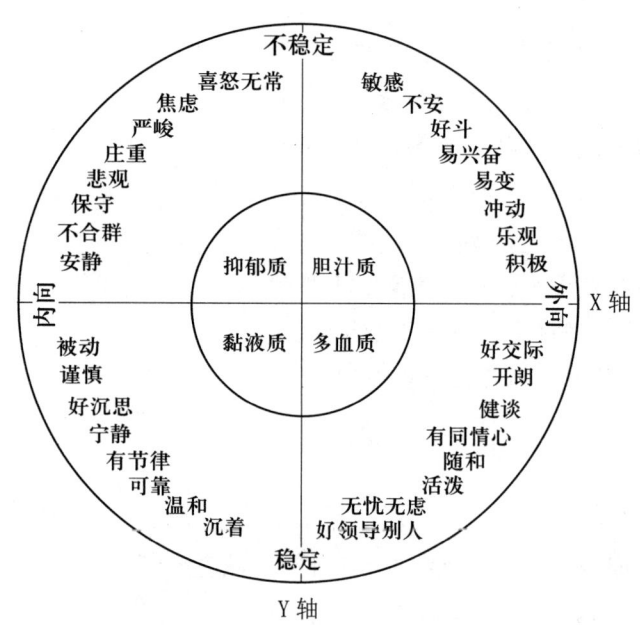

图 4-1 四种气质结构图

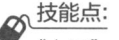

技能点：
"大五"人格测验的操作流程和技巧

在人格科学研究领域，传统上有三种不同的研究取向：临床的、相关的和实验的。但无论研究者们采用什么研究取向，他们的一个共同目标都是构建一个能描述、解释人格特点的人格模型，从弗洛伊德的本我—自我—超我人格结构到雷蒙德·卡特尔（R.B.Cattell）的 16 种人格因素，可以看出每一个著名的人格心理学家都会提出一个人格结构模型。但是分析研究这些众多的人格模型，我们发现它们所包括的因素数量和因素性质都有很大的不同，一致性很小，没有取得共识。但是，近十年来，人格结构五因素模型取得了令人瞩目的进展，被许多研究证实和支持，也被众多的心理学家认为是人格结构的最好范型。

人格结构中的五个因素后来被称为"大五"（big five），强调该人格模型中每一维度的广泛性。这五个维度因素是神经质（N）、外倾性（E）、开放性（O）、宜人性（A）和尽责性（C）。由这五个字母组成的大五人格（OCEAN），也被称为人格的海洋。它的发现被视为人格心理学中的一场革命。

这五种人格特质是：

（1）外倾性。好交际对不好交际，爱娱乐对严肃，感情丰富对含蓄；表现出热情、社交、果断、活跃、冒险、乐观等特点。

（2）神经质或情绪稳定性。烦恼对平静，不安全感对安全感，自怜对自我满意，包括焦虑、敌对、压抑、自我意识、冲动、脆弱等特质。

（3）开放性。富于想象对务实，寻求变化对遵守惯例，自主对顺从。具有想象、审美、情感丰富、求异、创造、智慧等特征。

（4）宜人性。热心对无情，信赖对怀疑，乐于助人对不合作。包括信任、利他、直率、谦虚、移情等品质。

（5）尽责性。有序对无序，谨慎细心对粗心大意，自律对意志薄弱。包括胜任、公正、条理、尽职、成就、自律、谨慎、克制等特点。得出五因素模型的一个很重要的方法就是基于问卷研究。科斯塔（Costa）等人根据对 16PF 的因素分析和自己的理论构想编制了测验五因素的 NEO-PI 人格量表。该量表包括 300 个项目，被试在五点量表（从完全同意到完全不同意）上指出每个句子表示他们自身特点的程度。有关人格五因素及其相关特征见表 4-2。

表 4-2　人格五因素及其相关特征

高分者特征	特质量表	低分者特征
烦恼、紧张、情绪化、不安全、不准确、忧郁	神经质（N） 评鉴顺应与情绪不稳定，识别那些容易有心理烦恼、不现实的想法、过分的奢望式要求以及不良反应的个体	平静、放松、不情绪化、果敢、安全、自我陶醉
好社交、活跃、健谈、乐群、乐观、好玩乐、重感情	外倾性（E） 评鉴人际间互动的数量和强度、活动水平、刺激需求程度和快乐的容量	谨慎、冷静、无精打采、冷淡、厌于做事、退让、话少
好奇、兴趣广泛、有创造力、有创新性、富于想象、非传统的	开放性（O） 评鉴对经验本身的积极寻求和欣赏；喜欢接受并探索不熟悉的经验	习俗化、讲实际、兴趣少、无艺术性、非分析性
心肠软、脾气好、信任人、助人、宽宏大量、易轻信、直率	宜人性（A） 评鉴某人思想、感情和行为方面在同情至敌对这一连续体上的人际取向的性质	愤世嫉俗、粗鲁、多疑、不合作、报复心重、残忍、易怒、好操纵别人
有条理、可靠、勤奋、自律、准时、细心、整洁、有抱负、有毅力	尽责性（C） 评鉴个体在目标取向行为上的组织性、持久性和动力性的程度，把可靠的、严谨的人与那些懒散的、邋遢的人作对照	无目标、不可靠、懒惰、粗心、松懈、不检点、意志弱、享乐

重点与难点：
能力测验实施

任务3　能力测验的实施与评价

引　例

某局机关因工作需要，新成立了一个行政处，由局原办公室副主任李佳任处长。原办公室的8位后勤服务人员全部转到行政处。李佳上任后便到处物色人才，又从别的单位调进5位工作人员。这样，一个14人的行政处便开始了正常工作。李佳38岁，年富力强，精力旺盛，在没有配备副手的情况下，他领导其他13人开展工作。开始倒没什么，时间长了，问题也就多了。因为处里不管是工作分配、组织协调，还是指导监督、对外联络，都是李佳拍板。尽管他工作认真负责，每日起早贪黑，也适应不了如此繁杂的事务，哪个地方照顾不到都会出娄子，行政处内部开始闹矛盾，与其他处室也发生了不少冲突。

在这种情况下，局领导决定调出李佳，派局办公室另一位副主任王强接任行政处处长。王强上任后，首先，着手组建行政处内部组织机构，处下设置四个二级机构：办公室、行政一科、行政二科、行政三科。其次，选调得力干将，再从原来的局办公室选调两位主任科员任行政处副处长，在业务处选调3位副主任科员任行政一、二、三科的科长，其余科长、副科长在原13名工作人员中产生。王强采取这些做法，目的就是改变处里的沉闷气氛，调动大家的工作积极性，提高行政处的工作效率。

这样，一个19人的行政处在三位正副处长、8位正副科长的领导下，再次以新的面貌投入到工作之中。但是过了不久，行政处的工作效率不仅没有提高，反而更加下降了。有些下属认为王强经常越权乱指挥，他们的工作没法开展；有的下属则认为王强到处包办代替，没事找事干，和科长争权；有的人认为行政处官多兵少，没有正经干活的。不到半年，行政处又陷入重重矛盾之中，不但人际关系紧张复杂，而且大家都没干劲。王处长带来的几个人也要求调回原处室。在这种情况下王强只好辞职。但他很困惑：自己工作热情很高，为什么还领导不好行政处的工作？

问：李佳和王强失败的主要原因是什么？应如何改进？

分析：李佳和王强两次管理上的失败，主要是他们没有合理评价自己的管理能力，在进行组织设计时，违背了组织设计的基本要求和原则，也就是说管理层次和控制幅度设计不合理。

李佳失败的原因有：其一管理层次太少，没有体现出分权管理原则；其二管理幅度过宽，1:13的幅度严重失衡。

> 王强的问题是：第一，横向部门设置过多；第二，官多兵少，机构头重脚轻；第三，领导方法不当，过于揽权，管得太宽太细，影响中层干部积极性。
> 正确的做法应当是：第一，组织管理层次和控制幅度一定要设计适度；第二，确定控制幅度应以管理事务的难易程度为前提；第三，设计控制幅度还要考虑管理者的水平和管理手段以及管理对象的素质等因素。

一、能力测验概述

能力测验是一种高度标准化的素质测评方法，是人才测评的测验之一，由智力测验发展而来，用于了解个体能力差异，并且含有对今后工作绩效的预测性。鉴别能力的测验方法，是伴随着西方实验心理学而发展起来的。目前，这类方法在国外已被广泛应用于发现人才和员工考核的工作领域。

能力测验在人才测评中，具有广泛的应用价值。它可以为人才的测评录用实现如下职能：

（1）在进行人事安排时，可以录用符合条件、具有某种能力的人选，使之人尽其才。

（2）可以配置与被录用者个性、能力结构相符合的岗位，使之才尽其用。

（3）根据对在职人员进行的测验，能够诊断一个部门（单位）人才队伍能力结构状况，从而可以有目的地进行能力开发和组织开发。

（4）由于测验掌握了受测者的能力特征，可以作为个人职业指导、发展方向指导或人才提拔、晋升的参考依据。

（一）能力的定义

能力（ability）是顺利完成某种活动所必需的，并直接影响活动效率的个性心理特征。任何一种活动都要求参与者具备一定的能力，而且能力直接影响着活动的效率。

能力总是和人的某种活动相联系并在活动中表现出来。只有通过活动才能表现出人的能力和发展人的能力。例如，在教学活动中，教学组织能力强的教师，往往能使课堂秩序井然、生动活泼，在一定的时间内，较好地完成教学任务。搞外交工作，要具有灵活而敏捷的思维、较好的语言表达、较强的记忆等能力；从事管理工作，要具备一定的组织、交际、宣传说服等能力。只有在能力上足以胜任工作，才能取得良好的工作绩效。否则，工作就不能顺利进行。

（二）能力和知识

能力和知识是有区别的。知识是人类经验的总结和概括；能力是一个人比较稳定的个性心理特征，它表现在人们掌握知识和技能的难易、快慢、深浅、巩固程度以及应用知识解决实际问题等方面。一般来说，能力的形成和发展远较知识的获得要慢。

能力和知识又是密切联系着的。一方面，能力是在掌握知识的过程中形成和发展的，离开了学习和训练，任何能力都不可能发展；另一方面，掌握知识又必须以一定的能力为前提，能力是掌握知识的内在条件和可能性。但是，能力与知识的发展并不是完全一致的。在不同的人身上可能具有相等的知识，但他们的能力不一定是相等水平的；而具有同样水平能力的人也不一定有同等水平的知识。

（三）一般能力和特殊能力

一般能力是在很多基本活动中表现出来的能力，它适用于广泛的活动范围。例如，观察力、记忆力、注意力、想象力、抽象思维能力等。在西方心理学中有时把一般能力称为"智力"。特殊能力是表现在某些专业活动中的能力，它只适用于某种狭窄的活动范围。例如，节奏感受能力、色彩鉴别能力、计算能力、飞行能力等。

（四）能力的类型和结构

能力的类型多种多样，至少包括记忆能力、理解能力、分析能力、综合能力、口头表达能力、文字表达能力、机械工作能力、环境适应能力、反应能力与应变能力、人际关系能力、组织管理能力、想象能力、创新能力、判断能力等。

每个人所具有的能力都不仅仅一种，而是多方面的。对于一个人来说，在他所具有的多种能力中，总有相对来说较强的能力，也有一般的能力和较差的能力，即每个人的能力都是多种能力以特定的结构结合在一起的。由于不同人的能力结构不同，因而能力在类型上便形成差异。如果进一步分析，每一种能力也有类型的差别。如记忆能力，有的人属于视觉型，即视觉识记效果较好；有的人属于听觉型，即听觉识记效果较好；有的人则属于运动型，即有动作参加时识记效果较好等。

由于能力类型的差异，人们在实践活动中处理和解决问题的方式方法常常各不相同，虽然完成的是相同的任务，但往往是通过不同能力的综合来实现的。例如，两个管理者都很好地完成了管理工作，都表现出了良好的组织能力，但甲可能是通过综合个人的技术能力、人际交往能力和演说能力，从而较好地实施了管理；乙可能是通过综合调查的能力、分析的能力和正确决策的能力，从而圆满地完成了管理任务。

能力倾向测验按内容分为一般能力倾向测验、特殊职业能力测验、创造力测验和心理运动机能测验等。

二、能力测验的实施与评价

人的心理现象同自然界许多其他现象一样，是能够测验的。尽管目前关于能力测定方法的问题尚未很好地解决，但能力测验在因材施教、人才选拔、心智缺陷的早期诊断等方面已发挥了一定的作用，并显示了广阔的应用前景。

能力的测验在我国有着悠久的历史。《孟子·梁惠王》中指出："权，然后知轻重；度，然后知长短。物皆然，心为甚。"孟子认为心与物皆具有一种可测验的特性。三国时代刘劭在《人物志》一书中提出"观其感变以审长度"，意指根据一个人的行为变化便可推测他的一般心理特点。我国古代论述能力问题的这部专著，1937年由美国心理学家施赖奥克译成英文，取名为《人类能力的研究》（*The Study of Human Ability*）。我国著名的七巧板，是一个多世纪前便在我国民间流传的一种智力测验工具，被外国人称为"中国式的迷津"。用七巧板可以组成近百种生物和实物图样。而西方直到1914年才由普肯佛设计出较简单的"七巧板"，它是由五块小板组成的一个长方形机七巧板。

在西方，最早、最著名的智力测验是法国心理学家比纳（A.Binet）和西蒙（T.Simon）为了鉴定低能儿童于1905年编制的一套智力测验量表，称为比纳-西蒙量表（Binet-Simon Scale）。1916年美国斯坦福大学心理学家推孟（L.M.Terman）对这一量表进行了第一次修订，称为斯坦福－比纳量表（Stanford-Binet Scale）。这个智力测验量表曾先后作过三次修订。目前，能力测验在国际上已越来越受到人们的重视并得到广泛的运用。在军事方面，测验法被应用于各兵种的征兵和军事训练中；在企业管理方面，各种能力测验在招工和职业训练中发挥了很大作用。经验证明，能力测验对于因材施教、人才选拔、心智诊断、评定教育质量等均能发挥独特、有效的作用。

（一）一般能力的测验

1. 一般能力的概念

在心理学中，一般能力又称为基本能力，通常是指那些在各种活动中都必须具备的能力。如注意力、观察力、记忆力、思维力、想象力等。一般能力也称为智力或知能。

一般能力（general ability）是指从事任何活动所必需的能力，如观察能力、记忆能力、抽象概括能力、想象能力、创造能力、注意能力等。其中，抽象概括能力是一般能力的核心。

> **技能点：**
> 一般能力测验包括的内容及如何操作

2. 一般能力倾向成套测验

一般能力倾向成套测验（General Aptitude Test Battery，GATB）是美国劳工部就业保险局自1934年起花了10年时间编制而成的。该测验的技术路线分为两个方面：一为工作分析，另一为因素分析。为了进行工作分析，当时动用了大量人力分析了美国2万个企业中7.5万个职务，结果发现这些职务可分为20个职业能力模式，从中选出不可缺少的10种能力倾向。同时，研究人员又对当时应用于选择士兵、招聘雇用等领域的50多种测验进行因素分析，分析归纳确定了9种与职业关系密切并有代表性的能力因素。于是，通过上述两类分析，确定测验与9种能力因素相应的测验为15种，其中11种为纸笔测验，4种为操作测验。GATB适用于初三以上年级的中学生以及成年人，为团体测验，测验时限为

120~130 分钟。下面是一个具体测验的例子：

具体测验要求如下：根据主试演示的样子以及他所说的要点按图 4-2 所示，在每个圈中快速打点。

点不要打在圈外，也不要打在圈上。

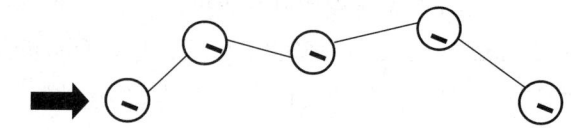

练习：

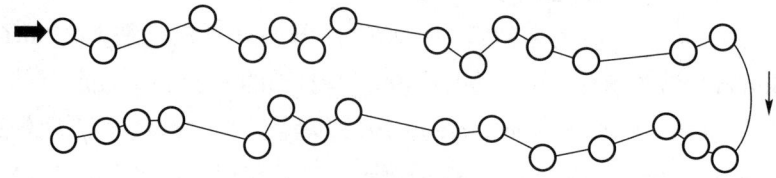

图 4-2 GATB 测验题举例

GATB 测验的 9 种能力倾向因素为：

（1）一般智力。一般智力指掌握基本原理、原则，以及做出推理、判断的能力，它常与学业成绩密切相关，可由词汇、算术推理和空间关系 3 个分测验相结合而得。

（2）言语能力。言语能力指能了解文字的意义，掌握字与字之间关系并能有效使用文字的能力，可由词汇来测验。该测验要求被试从 4 个一组的词汇中找出成对的同义词或反义词。

（3）数理能力。数理能力指能正确而迅速地做加减乘除运算，并能利用算术知识解决实际问题的能力，由计算和算术推理两个测验相结合而得。

（4）空间关系理解力。空间关系理解力指能在心理上将平面图形转换为具有三维空间关系的立体图形，并能从不同角度认识同一物体的能力。该能力由空间关系进行测验，测验项目呈现一个平面图形和四个备选的三维图形，要求被试判断哪一个三维图形是由给出的平面图形折叠而来。

（5）形状知觉能力。形状知觉能力指能觉察到实物或图形的细节，能对图形的外形与明暗上的差异或线条在长宽上的细小差异做正确的比较和辨别的能力，由工具辨认测验和图形配对测验联合测试。

（6）文书知觉能力。文书知觉能力指觉察文字、符号、表格上细微差异，以及能快速校对文字、数目、符号以避免抄写或计算错误的能力，可由文字校对测验来测试。

（7）动作协调能力。动作协调能力指能使手指之间和手眼之间相互协调配合，做出快速且精确的细微动作的能力，可由画记号测验来测试。

（8）手指灵活性。手指灵活性指灵活运用手指、以双手手指快速且精确地分解或组合小物体的能力，可由装配测验和拆卸测验相结合进行测试。

（9）手部灵巧性。手部灵巧性指能灵活运用手肘、手腕，对物体做快速且精确的移动或转动的能力。

GATB 的 9 个因素的得分被转换成平均值为 100、标准差为 20 的标准分数，可绘制成为能力剖面图，从图中可以直观地看到个体内部在 9 种能力因素上表现出来的优劣倾向，又可比较和判断个体相对于一般在职人员在 9 种能力因素上的相对水平，因而对于个体的就业指导、决策以及人事部门的人员甄选和录用具有相当高的辅助价值。

以上 9 种能力中的每一种能力，都要通过一种测验获得。

这种能力倾向测验，可以说是从个人在完成各种职业所必要的能力中，提炼出各种职业对个人所要求的最有特征的 2~3 种，其中纸笔测验可集体进行。记分采用标准分数，将各能力因素的原始分数转换为标准分数后，便可绘制个人能力倾向剖析图，并与职业能力倾向类型相对照，被试者就可以从测验结果中知道能够充分发挥个人能力特性的职业活动领域。

由于不同的能力因素在不同的职业中所显示出来的重要性不同，因此在职业辅导或人员甄选时，除需要了解个人在各方面能力的优劣之外，还必须了解各种职业最需要什么样的能力，以及关于所需要的能力，达到什么程度才能胜任相应工作，这样才能更准确地判断某个人是否适合某种职业。在这种考虑之下，GATB 选用了若干种职业，从相应职业的在职人员中选取代表性样本作为常模团体，建立了若干种职业常模。将个人的 9 种能力因素标准分与某一个别职业常模所要求的能力因素的切割分数相比，可能的评价为高、中、低三种。被评为"高"，表示此人的能力符合且超过该职业的合格员工，成功的可能性很大；被评为"中"，表示此人的能力接近该职业的合格员工，可以胜任；被评为"低"，则表示此人从事该职业的成功可能性较小，需要相当努力才可以胜任，应考虑从事其他更能发挥其能力的职业。

GATB 的美国版常模是依据 4 000 个个案所构成的样本建立的。该样本无论在年龄、性别、教育程度、行业、地理分布上均代表了 40 年代全美国的劳工群。依据对不同职业的工作人员、应征者、受训人员的施测所得的分数形态，可以得到各行各业中关键的性向种类以及最起码的标准分数数值。

为了便于咨询与预测，GATB 将具有同类能力倾向要求的行业归为有限的几个"工作家族"，每个工作家族最重要的三个性向有分界分数，因而得到的职业能力类型（OAPs）到 1977 年为止已有 66 种，涵盖了数千种职业类型。

方俐洛、凌文铨等（2003）对 GATB 进行了修订并建构了一般能力倾向成套测验的中国城市版，使这套测验适合中国的文化特点，既有科学性又有实践性，成为易于操作的 GATB 中国版。该研究以日本劳动省 1983 年版的 GATB 为框架，借鉴非文学性的图形和器械测验，对具有文化因素的五项文字测验采用中国化的内容（如中国成语和古诗），进行了重新编制，使之适合于中国的被试对象。对我国六大地区 13 个城市的 5 094 名初三至高三学生进行测试。删去了预测效果不太明显的两项纸笔测验（T3 形状匹配，T5 工具匹配）和四项器械测验，留下 9 项信度和效度都较好的分测验。

（二）智力的测验

1. 智力概念

智力（intelligence）又称智能或智慧。智力是人们时常运用，也是心理学界普遍关注的概念。我国古代和古希腊一些哲人的著作中均涉及智力问题。如我国古代史书《国语》认为"言智必及事"，韦昭注："能处事物为智。"所谓"能处事物"，大体上相当于现代心理学教科书中所讲的"能顺利地完成活动任务"。

然而，目前心理学界对"智力"一词的界定还是众说纷纭，莫衷一是。但各家对智力的定义大多采自两种取向：一是概念性定义（conceptual definition），只对智力一词作抽象式的或概括性的描述。比如以下说法：智力是个体抽象思维的能力；智力是个体学习的能力；智力是个体适应环境的能力。二是操作性定义（operational definition），指采用具体性、操作性方法或程序来界定智力。比如"智力是根据智力测验所测定的能力"。根据我国较多心理学家的观点，智力是指个体认识方面的各种能力的综合，其中抽象逻辑思维能力是智力的核心。

2. 智力测验

> 技能点：
> 如何测试智力

智力测验有各种类型，如个人智力测验、团体智力测验、特殊人口（如婴幼儿、智力落后者、言语障碍者和身体残疾者等）用的测验以及学习能力测验等。智力测验多数以言语推理测验为主要内容，如对词汇、词的异同及类比等项目进行测验，另外还包括一些测验一般常识、数值推理、记忆以及感知技能与组织技能的项目。目前国际上常用的个人智力测验主要有斯坦福-比纳智力量表、韦克斯勒智力量表和瑞文智力测验。

（1）斯坦福-比纳智力量表。1905 年，法国心理学家比纳和西蒙编制了第一个诊断异常儿童智力的测验，即著名的"比纳-西蒙量表"（Binet-Simon Scale）。该量表包括 30 个项目，从易到难排列，以通过题数的多少作为鉴别智力高低的标准。1908 年和 1911 年作者对量表先后修订了两次，测验项目增加到 59 个，并按年龄分组，从 3 岁到 15 岁。该量表首次采用心理年龄（mental age，MA）即智龄来计算成绩，儿童通过哪个年龄组的项目，便表明他的智力与几岁儿童的平均智力水平相当。

比纳认为，智力是一种判断的能力，创造的能力，适应环境的能力。因而他从复杂任务入手，着重测验判断、理解、推理等高级心理过程，即智力中的普通因素。

美国斯坦福大学教授推孟（L.M.Terman）在 1916 年修订了比纳-西蒙量表，

即斯坦福-比纳智力量表（Stanford-Binet Scale）。该测验有 90 个项目，其最大特点是引入智力商数（intelligence quotient，IQ，简称智商）的概念。所谓智商，就是心理年龄（MA）与实足年龄（chronological age，CA）之比，也称比率智商，作为比较人的聪明程度的相对指标。

1937 年、1960 年推孟对斯坦福-比纳量表曾做过两次修订，1972 年在测验内容不变的情况下，对 1960 年修订本重新做了标准化，常模是从更具代表性的新样本中得到的。1960 年修订本的一个重大改变是以 100 为平均数，16 为标准差的离差智商代替了比率智商，表示的是个人在一定年龄组内所占的相对位置。现在智力测验所指的智商，都是离差智商。1960 年修订后的斯坦福-比纳量表共有 100 多个项目，这些项目被分为 20 个年龄组。2～5 岁儿童每半岁为一组，每组有 6 个正式项目、一个备用项目；6～14 岁每岁为一组，每组也有 6 个正式项目、一个备用项目。此外还有一个普通成人组和 3 个不同水平的优秀成人组的项目。

（2）韦克斯勒智力量表。由美国心理学家 D. 韦克斯勒于 1955 年根据其 1939 年发表的韦克斯勒-拜诺沃智力测验（简称 W-BI）修订而成的智力测验工具，简称 WAIS。由于它适用于 16 岁以上的成人，故称为韦克斯勒成人智力量表。此表于 1981 年再次修订，名为 WAIS-R，它不仅广泛用于英语国家，而且在其他国家也有修订本。中国的修订本名为 WAIS-RC。这一量表虽经多次修订，但其基本原则未变，历次修订都只是更动了分测验中的某些项目。

韦克斯勒成人智力量表包括 11 个分测验，每一分测验评估一种智力要素或能力。这 11 个测验可分为两类，即言语测验和操作测验。前者是评估以言语来表现的能力，如常识、判断能力、概念掌握、抽象概括、注意集中和瞬时记忆等；后者是评估操作能力，如注意分配、精细观察力、视觉-运动技能、计划能力和空间知觉综合能力等。每一分测验又包括若干不同项目，它们按由易到难排列。

以 WAIS-RC 为例，言语测验的项目有：① 常识测验：主要回答 29 个有关自然、地理、历史和文学上的问题；② 理解测验：要求回答 14 个有关理解和判断方面的问题；③ 算术测验：要求回答 14 个心算问题；④ 类同测验：要求概括 13 对词的共同性；⑤ 数字广度测验：要求顺背和倒背一些数目；⑥ 词汇测验：应对 40 个词下定义。

操作测验的项目则包括：① 译码测验：要求为 1～9 诸数字匹配一定符号，共有 90 个无秩序的数字，看被试在 90 秒钟内能译出多少相应的符号；② 图画补缺测验：内有 21 个人或物的图画，每一图缺少一个重要部分，要求指出其中缺少的部分；③ 积木图案测验：规定用 4 或 9 个红白两色立方体，分别按照 10 个图案的要求排好积木；④ 图片排列测验：要求将 8 幅无秩序的图片，按照每幅图片的故事内容排列成有秩序的连环画；⑤ 拼图测验：要求将 4 幅图形的组块分别拼接起来组成完整的图像。每一被试都得接受所有分测验，在一个分测验中连续失败若干次（各分测验均有规定数目）后，便停止此测验而换另一个分测验。这种按能力分别测验的方法是韦氏智力量表的特点之一。

在韦克斯勒成人智力量表中，各项目均有计分标准，从各分测验得到的分数称粗分或原始分。由于每个分测验的项目数不同，所以原始分值也不同，这就需要换算成量表分或标准分，进而计算出言语量表分、操作量表分和全量表分。在量表手册中，还分列了各年龄组的智商换算表。该表是按样本的量表分制成的。它将各年龄组的量表分都转换成一种以 100 为均数，标准差为 15 的智商分布，然后计算每一被试得分的标准分数，并转换为智商（称离差智商）得分。在智商换算表上，可查出被试的言语智商、操作智商和全智商。将几类智商分别计算，是韦氏智力量表的另一特点。

（3）瑞文推理智力测验。瑞文推理智力测验（Raven's Progressive Matrices，RPM），简称瑞文测验，是由英国心理学家瑞文（J.c.Raven）于 1938 年设计的一种非文字智力测验。该测验以智力的二因素理论为基础，主要测验一般因素中的推理能力（eductive），即个体作出理性判断的能力。它可排除或尽量克服知识的影响，努力做到公平，这是比纳量表和韦氏量表所不能代替的。

瑞文测验按其原名可以译为渐进性矩阵图，整个测验一共由 60 个题目组成，按逐步增加难度的顺序分成 A、B、C、D、E 五组，每一组包含 12 个题目，也按逐渐增加难度的方式排列，分别编号为 A_1、A_2、…、A_n；B_1、B_2、…、B_n 等。每个题目由一幅缺少一小部分的大图案和作为选项的 6～8 个小图案组成（A 组和 B 组有 6 个，C 组以后有 8 个），小图案分别标号为 1、2、…、8。

测验要求受试者根据大图案内图形的某种关系去思考、发现，看哪一个小图案添入大图案中缺失的部分最合适，使整个图案形成一个合理完整的整体。图 4-3 为瑞文测验题举例。

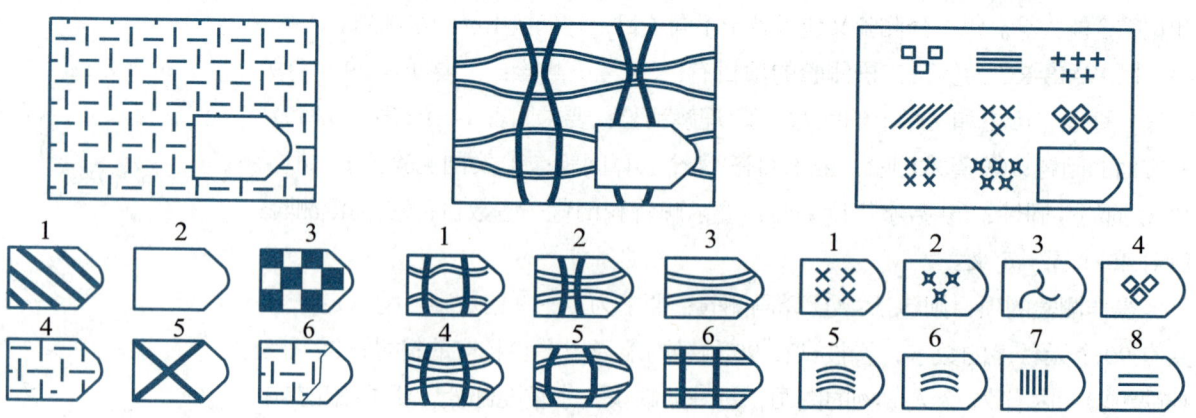

图 4-3　瑞文测验题举例

瑞文测验既可以用于个别测验，也可以用作团体施测，适用于 6 岁儿童至一般成年人。施测很简单，每个受试者发一册量表和一张答卷纸即可，开头说明要求后，受试者即可下去，大约需要 45 分钟。测验结果可以计算出原始分数（满分 60 分），然后确定受试者的智力等级，或者换算成受试者的智商值。

在瑞文测验的基础上，瑞文于 1947 年又编辑出了瑞文彩色推理能力测验（Raven's color progressive matrices，简称 CPM），适用于 5～71 岁的儿童和智力落后的成人。此外还发展出适用于高智力水平者的瑞文高级推量能力测验（advanced progressive matrices，简称 APM）。

（三）职业能力倾向测验

1. **职业能力概念**

职业能力是人们从事某种职业的多种能力的综合。例如：一位教师只具有语言表达能力是不够的，还必须具有对教学的组织和管理能力，对教材的理解和使用能力，对教学问题和教学效果的分析、判断能力等。

如果说职业兴趣能决定一个人的择业方向，以及在该方面所乐于付出努力的程度，那么职业能力则能说明一个人在既定的职业方面是否能够胜任，也能说明一个人在该职业中取得成功的可能性。

2. **职业能力测验**

对日常生活和职业活动的观察和研究都证明，人的职业能力各不相同，有人善于言语交谈，有人善于操作，有人善于理论分析，有人善于事务性工作。每个人都有自己独特的能力结构。社会上的职业也是多种多样的，各种职业对从业者的能力要求亦各不相同，有的需要言语能力，有的需要计算能力，有的需要动手能力。大多数职业需要几种能力的综合。

> **技能点：**
> 如何测验职业能力倾向

职业能力测验是通过一组科学编排的测试题，对一个人的言语能力、数学能力、空间判断能力、观察细节能力、书写能力、运动协调能力、动手能力、社会交往能力和组织管理能力进行的综合测评。职业能力测试是个人进行自我探索，明确自身能力特点的工具，也是企事业单位招聘、选拔、培养各类人才的常用工具。

测试职业能力的目的在于：测验已具备工作经验或受过有关培训的人员在某些职业领域中现有的熟练水平；选拔那些具有从事某项职业的特殊潜能，并且能经过很少或不经特殊培训就能从事某种职业的人才。

行政职业能力测验（administrative aptitude test，简称 AAT）是指专门用于测查与行政职业上的成功有联系的一系列心理潜能的标准化考试。它不同于一般的智力测验，也不同于具体专业知识技能的测验，它主要是通过测试一系列心理潜能，预测应试者在行政职业领域内多种职位上取得成功的可能性。这种考试测验的是一个人在多年生活、学习和实践中通过积累而形成的能力，其性质是一种基本潜在能力的考试。行政职业能力倾向测验是我国公务员录用考试的一个重要组成部分，全国各级各类公务员录用考试均将行政职业能力倾向测验列为必考科目，行政职业能力倾向测验成绩的优劣，将在很大程度上影响到应试者能否进入公务员行列。

行政职业能力倾向测验把数量关系、判断推理、常识判断、言语理解与表达、资料分析这五个方面作为行政职业能力测验的内容，是因为它们是上述能力中最基本、最主要的也是便于实际测查的内容。这五种能力仅体现了对国家公务员最低限度的要求，并不代表行政职业能力的所有方面，能通过行政职业能力测验的只是说明应试者具备了做好行政工作的必要条件。

（1）对语言文字的综合分析能力。对语言文字综合分析能力的考查主要通过言语理解与表达这种题型来实现。该题型的基本构成是给出一段文字资料或者一篇文章，然后根据所给材料设置一定的问题，内容主要是对词和句子一般意思和特定意义的理解，对比较复杂的概念和观点的正确理解，对语句隐含信息的合理推断，在干扰因素较多的情况下，能比较正确地辨明句义、筛选信息等，要求考生具有相对较强的言语分析和理解能力，以及扎实的语法功底和文字处理能力。

（2）对数量关系的理解与计算能力。对应试者数量关系的理解与计算能力的考查是通过数量关系这一题型来实现的。对数量关系的理解和基本的数学运算能力，是人类智力的重要组成部分。在科学技术高度发达的今天，国家公务员进行的是一种高效、科学、规范的信息化管理，因而要求管理者能够对大量的信息进行快速、准确的接受与处理，而这些信息中有很大一部分是用数字来表达或者是与数字相关的。因此，作为国家公务员必须具备数量关系理解能力，能迅速发现数字之间蕴涵的关系，进行准确的数学运算，只有这样，才能胜任其工作。

（3）逻辑判断推理能力。判断推理是测查应试者的一种测验形式。判断推理是人类智力的核心部分，它的强弱反映一个人对事物实质及事物之间联系的认识能力的高低。国家公务员担负着行政管理工作，面临的事物之间的关系和矛盾十分复杂，要处理好这些复杂的关系，必须具备较强的判断推理能力。判断推理能力涉及对图形、词语概念和文字材料的认知理解、比较、组合、演绎、综合判断等能力。

（4）运用基本知识分析判断的基本能力。对这项能力的考查是通过常识判断来实现的，由于公务员职业性质的要求，要求公务员必须具备相对较广的知识范围，否则将不能处理日常中形形色色的人和事，所以在这类试题中，所选素材从古到今，从无机物到人类，从自然界到社会，……，包罗万象，对应试者没有专业上的歧视，而是通过测试比较不同考生知识面的广博程度。对于大多数考生而言，要在短时间内提高常识判断能力是很难的，重要的是平时应注意学习、观察、思考和积累。

（5）资料分析及判断能力。现代社会是信息社会，大量的信息往往通过统计资料来反映，要正确、及时地作出决策，必须能对这些形式上比较抽象的综合信息进行快速的分析与加工，从枯燥的形式中找出需要的"关键点"，只有如此，方能有的放矢地制订方案。作为一名公务员，资料分析和判断能力的强弱将直接关系到工作的开展和工作的效果。

（四）特殊能力测验

1. 特殊能力测验的概念

特殊能力是指人们从事特殊职业或专业需要的能力。特殊能力测验是指对那些不包括在一般智力测验中的较为特殊和专门能力，如机械能力、运动能力、音乐能力、艺术能力等的测验。这种测验并不是测验一个人经过训练后所具有的技能，而是为了估计一个人是否具有经培训胜任某种工作的能力。特殊能力倾向测验通常作为职业选择和咨询的辅助工具，大多应用于对工业、军事等方面的人员选拔。

> 技能点：
> 特殊能力测验的技巧和步骤

2. 文书能力测验

文书能力测验的特点是强调知觉速度和动作的敏捷性。但在实际的文书工作中，除了需要这两种能力以外，言语和数字能力也很重要。因此许多文书能力测验包括与智力测验类似的题目以及测验知觉速度和准确性的题目。

（1）明尼苏达文书测验。明尼苏达文书测验（Minnesota clerical test）由安得鲁和帕特森编制。测验主要用于选拔职员、检验员和其他要求知觉和操纵符号能力的职业人员。测验分两部分：数字比较和姓名比较，要求被试检查几百对数字和几百对姓名的匹配正误。

测验以正确题数减去错误题数记分，其重测信度为 0.70～0.89，测验分数与教师和上级评定有中等相关。

（2）一般文书测验。一般文书测验（general clerical test）是由美国某心理公司发明的一种综合的文书能力测验，测验包括九个部分，按三种不同的能力分三组记分。这三种能力是：① 文书速度和准确性。由校对和字母排列两个分测验组成，目的在于测验一般的文书才能；② 数字能力。由简单计算、指出错误、算术推理三个分测验组成，旨在测验被试的算术潜能；③ 言语流畅性。由拼字、阅读理解、字词和文法三个分测验组成，目的在于测验语文的流利能力。

测验时间约为 50 分钟，测验结果除总分外，还有三个组的分数。

3. 机械能力测验

机械能力测验是最早和最经常用于工业或军事测验中的特殊能力倾向测验。有证据表明，存在着一种不明显的机械能力的一般因素，但大多数机械能力测验的测验能力很广泛，例如视-动协调因素、知觉及空间关系能力、机械推理和机械知识等。组成分测验的各种机械能力彼此的相关性都较低，但不同的机械能力分测验和总分之间具有较高的正相关。

在机械能力测验上存在性别差异，男性通常在空间和机械理解题上得分高，而女性在手部灵巧度与知觉辨别测验上较好，且这种差异与年龄成正比，这可能有文化因素的作用。

（1）贝内特机械理解测验（Bennet mechanical comprehension Test，简称 BMCT）。美国心理学家贝内特编制的机械能力测验。内容主要涉及日常生活情境中对机械原理的了解，可用于军事与民用方面。项目由包含机械原理的图画和问题组成，提供了不同的教育程度和背景的常模，有 S 和 T 两种对等的形式，适用于对高中生、工程学校的申请者、从事工业和机械工作的雇员与求职者进行测试。图 4-4 为 BMCT 举例。

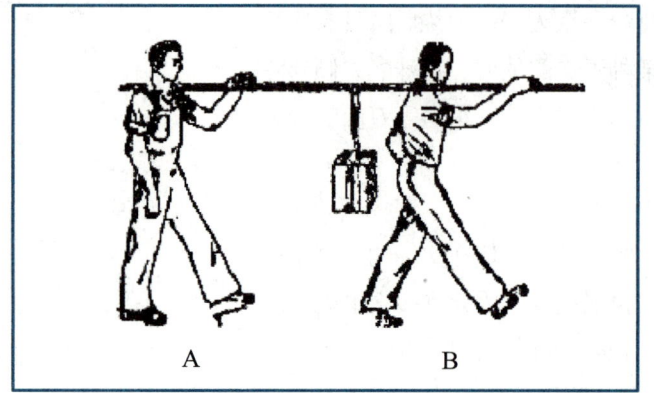 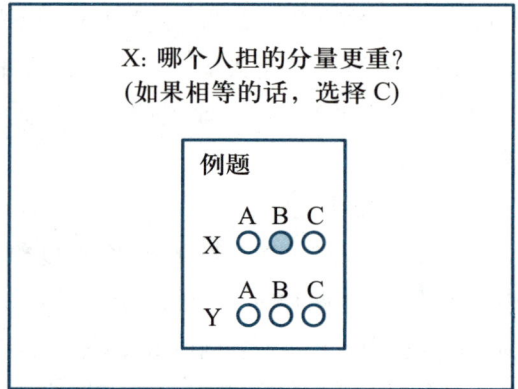

图 4-4　贝内特机械理解测验举例

（2）麦夸里机械能力测验（MacQuarrie test for mechanical ability）。麦夸里机械能力测验是一种测试候选人运动能力的性向测验。包括以下几个项目：① 循轨。在若干条垂直线的很狭窄的断裂空间画一条线。② 敲击。尽快在纸上和圆圈里打上点。③ 模画。模画简单的图样。④ 定位。在一个缩小的图形中定出具体的点。⑤ 定块。在一个图样中确定有多少块。⑥ 追视。在迷津中追视各线条。

（3）明尼苏达空间关系测验（Minnesota spatial relation tests）。该测验用来测验候选人把握空间关系的能力。所用材料为 ABCD 四块木板，每块木板上挖有 58 个形状不同大小各异的空洞，另有同样数量的木块，其大小和形状与木板上的空洞一一对应，可分别放置空洞中。AB 两个板上的空洞除位置不同外，其形状和大小是一样的，因此合用一组木块；同理，CD 两板也合用一组木块。测验时，要求应试者将一板木块放置另一板的空洞内，评分方法以时间和正确率为标准，该测验适用于各种机械工种、修理工种、设计师和工程师等。

（4）明尼苏达书面形状测验（Minnesota paper formboard test）。由里克特（R. Likirt）和夸沙（W. H. Quasha）修订，为明尼苏达空间关系测验的笔试形式。题目采用多重选择形式，每题包括一个分解几何图案题和五个拼凑成整体的选项图案，要求被试在五个选项图案中选择一个图案，正好可以将分解图案拼凑成整体的形状。研究表明，在测三维空间的立体视觉和操作能力时，这个测验是有效和有用的工具之一，在预测工厂工作和工程等技术课程成绩、上级评定，以及在检验、包装、机械操作等工业职业的实际成就方面很有用处。

4. 艺术能力测验

艺术情趣在不同个体、不同文化和不同年龄之间存在着很大的差异，因此艺术能力的判断标准是很难确定的。虽然在寻找可靠标准和使用测验、预测方面存在着许多问题，但从20世纪20年代起仍有许多音乐能力和美术能力的测验产生。

（1）音乐能力测验。主要包括音乐能力倾向测验和西肖尔音乐才能测验。

① 音乐能力倾向测验（musical aptitude profile，简称MAP）。由戈登（E. Cordon）编制，是测验音乐能力倾向的标准测验之一。测验包括7个元素：旋律、和声、节拍、速度、短句、平衡、风格，完成测验需要3.5小时。用录音机播放，包括250个原版的小提琴和大提琴短曲选段，不要求被试有音乐知识或任何音乐方面的经历。测验三种基本音乐因素：音乐表达、听知觉和音乐情感动觉。有三个分测验：T测验——音调形象（旋律、和声）；R测验——节奏形象（速度、节拍）；S测验——音乐感受（短句、平衡、风格等）。前两个分测验都有正确答案，要求被试比较两个测验相同或相异；后一个分测验采用多重记分，要求被试回答两个录音带的音乐哪个更具韵味。

② 西肖尔音乐才能测验（seashore measures of musical talents）。20世纪20—30年代，艾奥瓦大学的西肖尔（Carl Seashore）及其同事对音乐能力进行了开创性的研究，从而产生了最早也是最为突出的音乐能力测验。与后来发展出的音乐测验比较，西肖尔测验的刺激材料主要是一系列音乐调式或音符刺激，而后来的测验多采用有意义的音乐选段。该测验的刺激由唱片或磁带呈现，每一项目共有两个音或两个音阶，测验被试音乐能力的六个要素是：辨别音调的高低，指出第二音是否高于第一音；辨别音强的高低，指出第二音是否强于第一音；辨别节拍，比较每一对音的节拍是否不同；辨别时间的长短，指出每对音中的第二音是否长于第一音；辨别音色或音质，指出每对音中两个音质是同是异；音调的记忆，连续将三五个音演奏两次，当第二次演奏时，改变了其中的一个音，被试须记下改变的是第几个音。

每一项目的音阶差别开始时显著，随后越来越细微，没有音乐才能的人，仅能区分显著的差别，不能区分细微的差别。这个测验偏重于听知觉方面。唱片共有两套，分别用于测验专攻音乐和非专攻音乐的人。测验成绩不以总分计算，而以6种能力的剖析图作为取舍的根据。该测验适用于小学生到成人，每个测验约需10分钟。西肖尔测验中的音高辨别测验也用作某些军事及民用职业的听觉筛选测验。

（2）美术能力测验。梅尔（N.C.Meier）经过长期的研究，分析出构成美术能力的要素有以下6种。① 手艺技巧：眼、手的动作协调良好。② 坚定的意志：注意力集中，精力充沛，坚决完成有目的的工作，一直到他的作品达到完美的目标为止。③ 美术的智力：具有一般智力与美术的基本智力。④ 敏锐的知觉：敏锐精细的观察力。普通人看见一棵树，他只看到一个物体的形象；美术家看到同一棵树，他看到的是一首诗或一幅画，或一个美的物体。⑤ 创作性的想象：具有由经验发展到创作出一件"美的特征的作品"的能力。⑥ 美的判断：辨认客观情境中的统一、和谐等审美的能力。

在进行各种艺术创作的过程中，这6种要素的重要程度不一定相同，但都是对艺术行为作进一步研究的基础。

美的判断含有理解与价值判断，美术活动往往包括鉴赏、批评、表现等方面的活动。一个具有较高艺术评鉴能力的个体并不意味着他一定会创造出较好的作品。因此，有必要区分出艺术鉴赏力和艺术创造力的测验。

① 梅尔艺术鉴赏测验（Meier art judgement test）。测验学生的审美能力，而不是测验学生的艺术技巧的表现能力。分为艺术判断和审美知觉两个分测验。

艺术判断测验包括100对不着色的图画，内容有风景、静物、木刻、东方画、壁画等。每对图画中的一幅是名画的复制品，另一幅是模拟名画，但在技巧或结构方面稍加修改，比原作差。让被试在两者之中挑出他认为较好的一幅。这些图画的好坏标准是根据25位艺术专家的意见决定的。其中有些较难判断，其得分比其他的高。被试选择正确的图画所获得的分数即为其成绩。图4-5为艺术判断测验举例。审美知觉测验包括50道题目，每题为一件艺术作品的四种形式，每一种形式相对于另外三种在比例、整体性、形状、设计及其他特征上有所不同，要求被试按其优劣排出等级。目前，还未见关于这一测验用途的报告。

② 格雷夫斯图案判断测验（Graves design Judgement test）。由被试对美学基本原则的认识和反应来判断其美术能力，包括美术欣赏能力和美术创作能力。格氏认为美学的基本原则包括调和、主题、变化、平衡、连贯、对称、比例、韵律共8项。测验由90套二维和三维空间的抽象图案组成，每题包括2～3个同一图案的变式，让被试选出他认为最好的那个。图有线条的、平面的或立体的，每题只有一个图形符合格氏上述的8项美学基本原则，其他图形则违反一个或数个原则。图形的编选尽量避免

图4-5 艺术判断测验举例

说明：上面两图中，其一为名画原本，另一为修改后在艺术上较差者，让被试选择出原本

个人主观的看法或感情因素，只注重相当纯粹的审美上的选择。

除了以上介绍的特殊能力测验外，比较常用的还有测验操作能力的柏杜插板、克劳福德灵活性测验、奥康纳测验，测验军事能力的美国陆军甲种、乙种测验，另有数学能力测验、运动能力测验、飞行能力测验等。

任务 4　职业兴趣测验的实施和评价

重点与难点：
常用的职业兴趣和霍兰德职业兴趣测验的实施和评价表

引　例

　　2013 年 4 月，查林所在的公司召开部门经理会议，再次讨论困扰公司已久的顾客对一线员工的投诉问题。总经理要求人力资源部门也介入调查，并在一个月内找出答案——是员工的素质问题？还是领导方法问题？或者是管理制度的问题？

　　这个让部门经理们束手无策的问题，对刚上任不到 3 个月的查林确实是一个不小的挑战。查林经过初步调查，有一个奇怪的感觉：公司销售部、售后服务部、咨询部共 300 多名一线员工中，得到上级主管好评的，大部分的顾客评分都较低；相反，顾客评分较高的一线员工，大部分的上级主管评分都较低。为什么上司喜爱的员工却受到客户的抱怨呢？

　　查林的公司原来实行的是主管考评的绩效管理制度。对直接服务顾客的一线员工，公司同时也一直在进行顾客满意度的跟踪调查：针对每个员工，公司每个月联系 25 位顾客，请他们就所接受服务的质量打分，调查持续了 12 个月，每个员工得到了 300 位顾客的评分。

　　通过认真分析这些数据，人力资源部门发现，上级主管考评与顾客评分之间实际上并无明显联系。正当查林感到茫然无措时，通过人力资源管理咨询公司，他接触到了"职业性向理论"。这个由美国著名职业指导专家霍兰德提出的理论，其主要观点是：每个人的性格和天赋决定了其职业性向。霍兰德把人的职业性向和所有职业都归为六种类型：现实型、研究型、艺术型、社会型、经营型和传统型。

　　以往，该理论主要应用于招聘，人们在选择工作时，经常做职业性向测试来帮助了解自己适合做什么类型的工作。查林尝试着把这种理论应用到绩效管理中。在咨询公司帮助下，采用职业性向测试工具（直觉测试）和性格测试工具对每个员工进行测试，再一对一地面谈，以掌握每个人的"霍兰德密码"和性格特点。

　　调查结果显示，得到顾客较高评分的 121 位员工中，社会型的员工占 96%，经营型的员工占 89%；而得到上级主管较高评分的 130 位员工中，传统型的员工占 98%。这个结果说明：社会型的员工和经营型的员工容易受到顾客的好评，而传统型的员工则容易受到上级主管的好评。按照霍兰德的职业性向理论不难理解：社会型的人有自己的主见和特长，喜欢从事为他人服务的工作。经营型的人善交际、口才好，能影响他人。而传统型的人尊重权威、

引 例

> 习惯接受他人指挥和领导、工作踏实、忠诚可靠，上级主管当然喜欢。
>
> 同时，查林还发现另一个有趣的现象：这 300 多名员工分别是由两个经理招聘录用的：李经理挑选的员工中，研究型占 99%、传统型占 82%、社会型占 56%；张经理挑选的员工中，社会型占 93%、传统型占 68%、研究型占 16%。而李经理本人是研究型的，张经理本人是社会型的。很明显，负责招聘的主管人员倾向于聘用与自己同类型的人。
>
> **分析**：应把职业性向（社会型或创业型）作为招聘服务顾客的一线员工的标准。同时，将招聘程序改为：首先通过人力资源中心测试，挑选出社会型或创业型的候选人。人力资源部将这些候选人推荐给部门经理，再由部门经理确定最后的人选。进行以上改革后，2013 年下半年，该公司社会型和创业型的一线员工的比例增加了 26%，平均顾客评分大大提高。
>
> 通过这个案例，我们知道只有劳动者找到了适宜的职业，其才能与积极性才能得以发挥。

一、职业兴趣概述

（一）职业兴趣的概念

兴趣测验的研究可以追溯到 20 世纪初，桑代克于 1912 年对兴趣和能力的关系进行了探讨。1915 年詹穆士发展了一个关于兴趣的问卷，标志着兴趣测验系统研究的开始。1927 年，斯特朗编制了斯特朗职业兴趣调查表，是最早的职业兴趣测验。库德又在 1939 年发表了库德爱好调查表。

职业兴趣测试（vocational interest tests）是心理测试的一种方法，它可以表明一个人最感兴趣的并最可能从中得到满足的工作是什么，该测试将个人兴趣与那些在某项工作中较成功的员工的兴趣进行比较，用于了解一个人的兴趣方向以及兴趣序列。

（二）职业兴趣测验的影响因素

职业兴趣是以一定的素质为前提，在生涯实践过程中逐渐发生和发展起来的。它的形成与人的个性、自身能力、实践活动、客观环境和所处的历史条件有着密切的关系，因此，职业规划对兴趣的探讨不能孤立进行，应当结合个人、家庭、社会的因素来考虑。了解这些因素，有利于我们深入认识自己，进行职业规划。

1. 个人需要和个性

不管人的兴趣是什么，都是以需要为前提和基础的，人们需要什么也就会对什么产生兴趣。由于人们的需要包括生理需要和社会需要（或称物质需要和精神需要），因此人的兴趣也同样表现在这两个方面。人的生理需要或物质需要一般来说是暂时的，容易满足。例如，人对某一种食物、衣服感兴趣，吃饱了、穿上了也就满足了。人的社会需要或精神需要却是持久的、稳定的、不断增长的。例如，人际交往、对文学和艺术的兴趣、对社会生活的参与是长期的、终生的，并且不断发展变化的。兴趣是在需要的基础上产生的，也是在需要的基础上发展的。

有的人品味较高，有的人品味较低，品味的高低会受一个人个性特征的影响。例如，一个积极向上的人，热心公益，乐于助人，对高尚的事物有兴趣；反之，一个消极卑劣的人，好逸恶劳、自私自利，对庸俗的事物有兴趣。

2. 个人认识和情感

兴趣和个人的认识与情感联系密切。如果一个人对某项事物没有认识，也就不会产生情感，因而也就不会对它发生兴趣。同样，如果一个人缺乏某种职业知识，或者根本不了解这种职业，那么他就不可能对这种职业感兴趣，在职业规划时想不到该类职业。相反，认识越深刻，情感越丰富，兴趣也就越深厚。

例如，邮票既有收藏价值，又有观赏价值。集邮既能丰富知识，又能陶冶情操。集邮者收藏的邮票越多、越丰富，就越投入，情感越专注，越有兴趣，于是就发展成为一种爱好，并有可能影响他的职业选择。

3. 家庭环境

家庭作为最基本的社会单元，对每个人的心理发展都产生着重要的影响，因此个人职业心理发展具有很强的社会化特征，家庭环境的熏陶对其职业兴趣的形成具有十分明显的导向作用。大多数人从幼年起就在家庭的环境中感受其父母的职业活动，随着年龄的增长，逐步形成自己对职业价值的认识。个人在选择职业时，不可避免地带有家庭教育的印迹。家庭因素对职业取向的影响，主要体现在择业趋同性与协商性等方面。

一般情况下，个人对于家庭成员特别是长辈的职业比较熟悉，在职业规划和职业选择上会产生一定的趋同性影响，同时受家庭群体职业活动的影响，个人的生涯决策或多或少产生于家庭成员共同协商的基础上。另外兴趣有时也受遗传的影响，父母的兴趣会对孩子有直接的影响。

4. 受教育程度

个人自身接受教育的程度是影响其职业兴趣的重要因素。任何一种社会职业从客观上对从业人员都有知识与技能等方面的要求，而个人本人的知识与技能水平的高低在很大程度上取决于其受教育的程度。一般意义上，个人学历层次越高，接受职业培训范围越广，其职业取向领域就越宽。

5. 社会因素

一方面，社会舆论对个人职业兴趣的影响主要体现在政府政策导向、传统文化、社会时尚等方面。政府就业政策的宣传是主导的影响因素，传统的就业观念和就业模式也往往制约着个人的职业选择，而社会时尚职业则始终是个人特别是青年人追求的目标。如当前计算机技术和旅游事业都得到较大的发展，对这两个职业有兴趣的人也增加得很快。

另一方面，兴趣和爱好是受社会性制约的，不同环境、不同职业、不同文化层次的人，兴趣和爱好都不一样。

6. 职业需求

职业需求是一定时期内用人单位可提供的不同职业岗位对从业人员的总需求量，它是影响个人职业兴趣的客观因素。职业需求越多、类别越广，个人选择职业的余地就越大。职业需求对个人的职业兴趣具有一定的导向性，在一定条件下，它可强化个人的职业选择，或抑制个人不切实际的职业取向，也可引导个人产生新的职业取向。

最后，年龄的变化和时代的变化也会对人的兴趣产生直接影响。就年龄方面来说，少儿时期往往对图画、歌舞感兴趣，青年时期对文学、艺术感兴趣，成年时期往往对某种职业、某种工作感兴趣。它反映了一个人兴趣的中心随着年龄的增长、知识的积累在转移。就时代来讲，不同的时代、不同的物质和文化条件，也会对人兴趣的变化产生很大的影响。

以上因素对每个人的影响都不同，需要在职业规划中予以考虑。

二、常用的职业兴趣量表

（一）斯特朗-坎贝尔职业兴趣测验（SCII）

技能点：
斯特朗-坎贝尔职业兴趣测验（SCII）的构成及操作技巧

职业兴趣在国外进行了大量的研究，其中斯坦福大学的"斯特朗职业兴趣调查表"（strong vocational insterest blank，SVIB，1946）颇为著名。他的方法是先编制涉及各种职业、学校科目、娱乐活动及人的类型的问卷，然后结合评定能力和特征的量表对两组被试进行施测，一组代表专门从事某种工作的标准职业者，另一组代表一般人。将两组被试反应不同的项目放在一起，构成特定的职业量表。SVIB用来测量个人兴趣和特定职业领域的人相比兴趣的相似性，是采用经验法编制的量表。但是20世纪60年代增加了基本兴趣量表（BIS），用来确定类似于库德量表的具有一定概括性的职业领域；20世纪70年代增加了一般职业条目（GOT）用来确定霍兰德的6种职业类型。

斯特朗去世后，明尼苏达大学的坎贝尔（D.P.Campbell）主持了对该量表的修订工作，在斯特朗工作的基础上制定了"一般兴趣量表"（basic interest scales），分别在1966年和1969年发表了两个版本。以上两项测验被合并修订为"斯特朗-坎贝尔职业兴趣测验"（Strong-Campbell Interest Inventory，SCII，1974）。

SCII的1985年最新版本共包括325个项目，构成264个量表，其中包括6个一般职业主题量表（GOT），23个基本兴趣量表（BIS），207个职业量表（OS），2个特殊量表（SS），26个管理指标量表。在实测过程中，要求被试对每个项目给出"喜欢"、"无所谓"或"不喜欢"的反应。

（二）库德职业兴趣调查表（KOIS）

库德编制量表的方式与斯特朗不同，他对一群大学生施测描述各种活动的短语，从被试的反应中确定句子种类，最后编制出涉及 10 个兴趣范围的分量表。这 10 个兴趣范围分别是说服型、文秘型、机械型、服务型、计算型、科研型、户外型、艺术型、文学型、音乐型。基本思想是：把所有职业分成 10 个兴趣领域，然后确定与之相应的 10 个质性量表，受测者的结果按这 10 个量表计分，通过得分高低决定主要的兴趣领域。

> **技能点：**
> 库德职业兴趣调查表（KOIS）的构成及操作技巧

1934 年编制的库德个人偏好记录表在 1966 年被改为库德职业兴趣调查表（KOIS）。1985 年版的 KOIS 包括 100 组"三合一"项目，每题由三个描述有关活动的句子组成，每个句子隶属于不同的量表，要求被试必须指出最喜欢的和最不喜欢的活动。职业兴趣评估按百分等级顺序排列，男女常模分开。

目前用于商业途径的三种库德调查表是：库德一般兴趣调查表（Kuder general survey）、库德职业兴趣调查表（Kuder occupational interest survey）、库德职业调查（Kuder career search）。

（三）霍兰德职业兴趣测验

霍兰德于 20 世纪 50 年代开始职业兴趣的测量研究。1959 年，霍兰德在长期职业指导和咨询实践的基础上首次提出了自己的职业兴趣理论，他认为"职业兴趣就是人格的体现"，人倾向于选择与自己的人格特点相匹配的环境，他们在这种环境下比在与自己的人格特点不匹配的环境下更快乐、更满意，工作效率更高。霍兰德认为，在我们的社会中，绝大部分人都可以被归结到 6 种不同的类型之中：艺术型、传统型、经营型、研究型、现实型和社会型，每个人都属于一种类型或几种类型的组合。

以职业人格理论为依据，霍兰德编制了职业偏好量表（vocational preference inventory，VPI），量表由 160 个职业条目构成。如前所述，他把职业兴趣分为六个方面，与六种人格相对应，有六种环境模式。根据受测者对 160 个职业条目反应的得分高低在职业分类量表中查找职业，最终的职业兴趣既可以是大的职业兴趣领域，也可以是具体的职业。

自我导向探查表（self-directed search，SDS）是在 VPI 的基础上发展而成的量表。它包括一份评估手册和一个职业搜索表，前者用于帮助使用者深入评估自己的兴趣，后者方便使用者搜索所有适合自己的职业。VPI 和 SDS 都是以霍兰德的理论构想为基础的，可以对职业兴趣的个体差异做出有效评估。

（四）杰克逊职业兴趣调查表（JVIS）

杰克逊（D.N.Jackson）在一个大型研究项目的基础上编制了杰克逊职业兴趣调查表（Jackson Vocational Interest Survey，JVIS），包括 289 对有关工作活动的备选陈述句。JVIS 适用于高中以上受测者，需要 45～60 分钟完成。初始计分针对 34 个基本兴趣量表，分别代表 26 个工作角色和 8 个工作风格维度。JVIS

的另一种计分方式是针对 10 个职业主题（表达、逻辑、调查、实践、武断、社会、帮助、常规、经营和交流）。

职业资格与技能同步训练

一、单项选择题

1. 心理测验按功能划分，不包括（   ）。
   A. 能力测验　　　　B. 团体测验　　　　C. 成就测验　　　　D. 人格测验
2. 心理测验在计分过程中，应做到（   ）。
   A. 开放性　　　　　B. 保密性　　　　　C. 标准化　　　　　D. 主观化
3. 人格在希腊语中指的是（   ）。
   A. 脸谱　　　　　　B. 面具　　　　　　C. 个性　　　　　　D. 品格
4. 以下不属于弗洛伊德的人格构成理论的是（   ）。
   A. 小我　　　　　　B. 自我　　　　　　C. 本我　　　　　　D. 超我
5. 能力是（   ）。
   A. 知识　　　　　　B. 智力　　　　　　C. 技能　　　　　　D. 个性心理特征
6. GATB 是（   ）。
   A. 卡特尔 16 种人格测验　　　　　　　B. 艾森克人格问卷
   C. 一般能力倾向成套测验　　　　　　　D. 霍兰德职业兴趣测验
7. 职业兴趣的研究始于（   ）。
   A. 1912 年　　　　B. 1915 年　　　　C. 1927 年　　　　D. 1939 年

二、填空题

1. 心理测验的主要方法有_____、量表法、_____及仪器法。
2. 心理测验的用途有_____和_____。
3. 卡特尔认为"根源特质"是人类_____、_____的人格特征。
4. 能力测验在国外已广泛应用于_____和_____的工作领域。
5. 目前，国际上常见的智力测验有斯坦福-比纳智力量表、_____和_____。
6. 影响职业兴趣的因素有_____、_____、_____、_____、_____和_____。

综合实训

实训目标：
通过职业性格的测试操作，让学生掌握心理测验的一般过程及技能。

实训资料：
以下是 2 位被试在 16PF 上的测试得分。

A 号被试							
乐群性	7	聪慧性	7	稳定性	7		
支配性	7	兴奋性	4	责任性	5		
敢为性	6	敏感性	4	怀疑性	5		
幻想性	8	世故性	5	忧虑性	5		
开放性	7	独立性	7	自律性	6		
紧张性	3						

续表

B 号被试					
乐群性	3	聪慧性	7	稳定性	7
支配性	4	兴奋性	6	责任性	6
敢为性	8	敏感性	6	怀疑性	4
幻想性	6	世故性	8	忧虑性	9
开放性	9	独立性	8	自律性	3
紧张性	4				

实训要求：

绘制 A、B 两位被试的 16PF 人格剖析图。

学习评价

▲ 职业核心能力测评表

（在□中打√，A 表示通过，B 表示基本通过，C 表示未通过）

职业核心能力	评价标准	自测结果
自我学习	1. 能进行时间管理 2. 能选择适合自己的学习和工作方式 3. 能随时修订计划并进行意外处理 4. 能将已经学到的东西用于新的工作任务	□A　□B　□C □A　□B　□C □A　□B　□C □A　□B　□C
信息处理	1. 能根据不同需要去搜寻、获取并选择信息 2. 能筛选信息，并进行信息分类 3. 能使用多媒体等手段展示信息	□A　□B　□C □A　□B　□C □A　□B　□C
数字应用	1. 能从不同信息源获取相关信息 2. 能依据所给的数据信息，作简单计算 3. 能用适当的方法展示数据信息和计算结果	□A　□B　□C □A　□B　□C □A　□B　□C
与人交流	1. 能把握交流的主题、时机和方式 2. 能理解对方谈话的内容，准确表达自己的观点 3. 能获取信息并反馈信息	□A　□B　□C □A　□B　□C □A　□B　□C
与人合作	1. 能挖掘合作资源，明确自己在合作中能够起到的作用 2. 能同合作者进行有效沟通，理解个性差异及文化差异	□A　□B　□C □A　□B　□C
解决问题	1. 能说明何时出现问题并指出其主要特征 2. 能作出解决问题的计划并组织实施计划 3. 能对解决问题的方法适时作出总结和修改	□A　□B　□C □A　□B　□C □A　□B　□C
革新创新	1. 能发现事物的不足并提出新的需要 2. 能创新性地提出改进事物的意见和具体方法 3. 能从多种方案中选择最佳方案，在现有条件下实施	□A　□B　□C □A　□B　□C □A　□B　□C
学生签字：	教师签字：	年　　月　　日

▲ 专业能力测评表

（在□中打√，A 表示掌握，B 表示基本掌握，C 表示未掌握）

业务能力	评价指标	自测结果	要求
心理测验程序	1. 心理测验的概念 2. 心理测验的分类 3. 心理测验的方法 4. 心理测验的一般流程	□A □B □C □A □B □C □A □B □C □A □B □C	能正确理解心理测验的概念和分类，掌握使用心理测验的方法，以及心理测验的操作流程
人格测验	1. 人格测验的理论 2. 人格测验实施与评价的一般流程和方法	□A □B □C □A □B □C	能正确理解人格测验理论，掌握人格测验实施与评价的一般流程和方法
能力测验	1. 能力测验的分类 2. 每种能力测验的实施程序	□A □B □C □A □B □C	能正确区分每种能力测验，并正确实施每种能力测验
职业兴趣测验	1. 常用的职业兴趣量表 2. 霍兰德职业兴趣测试的实施	□A □B □C □A □B □C	能够正确区别常用的职业兴趣量表；掌握霍兰德职业兴趣测试的实施技巧

教师评语：

成绩		教师签字	

项目五
面试实施与评价

本章知识点

面试　结构化面试

本章技能点

面试场地布置　面试操作步骤

职业核心能力

自我学习　信息处理　数字应用　与人交流　与人合作　解决问题　革新创新

知识导图

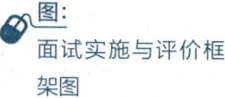
图:
面试实施与评价框架图

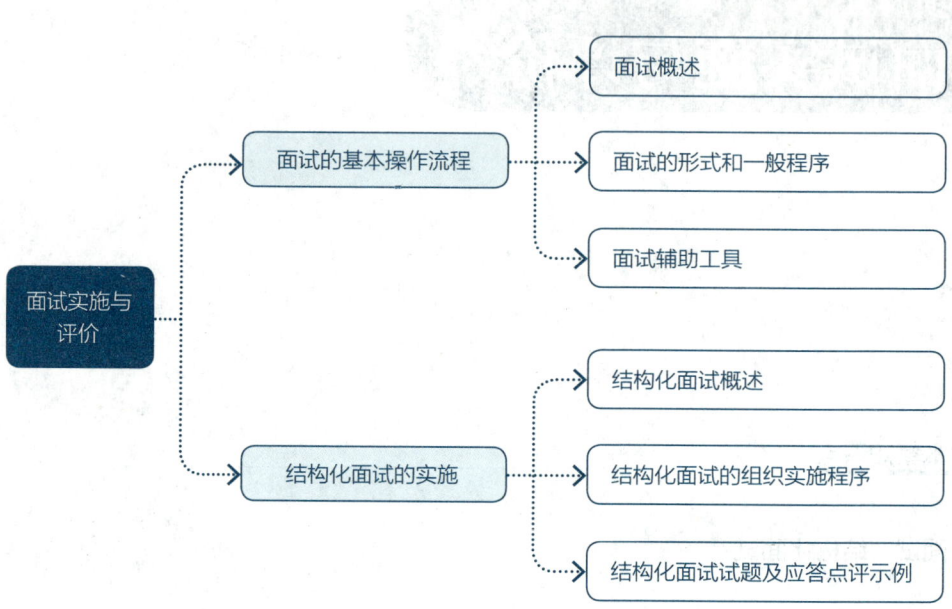

任务 1　面试的基本操作流程

重点与难点：
面试的一般程序和面试的辅助工具

引　例

> 某公司研发部的小林正在忙着自己手头的工作，人事部突然来电话，叫他到公司小会议室参与技术人员的招聘面试工作。由于小林事先对此事一无所知，所以在面试过程中，他总是不断翻阅应聘人员的资料，低头专注于阅读简历，然后提出相应的问题，之后又忙于下一名应聘者的情况。就这样一上午过去了，6 名应聘者的面试结束了，小林的任务也完成了。这是一次混乱无序的面试，是一次不成功的面试，首先面试人员不够专业，准备有欠充分，这样的面试不仅在小林所属的公司存在，相信在其他的公司也有类似的情况。那么，我们应该如何做才能避免这样的事情发生，保证我们的招聘质量呢？
>
> **分析**：本案例中，面试不成功主要是因为人事部门缺乏相应的准备：组织工作没有做好，准备工作没做足，结果就只能是失败。小林作为面试考官，在接到工作任务后，应与人事部协作，做相应的准备工作：明确岗位职责、人员需求特点，了解应聘者资料，确定面试的事项、范围，并列出提纲。

一、面试概述

面试是一种面试人与求职者相互交流信息的、有目的的会谈。具体地说，面试是一种经过组织者精心设计，在特定场景下，以考官对考生的面对面交谈与观察为主要手段，由表及里测评考生的知识、能力、经验等有关素质的一种考试活动。面试与笔试相比，具有以下几个作用。

（一）面试的作用

1. 可以考察到笔试人员甄选手段难以考察到的内容

笔试是以文字为媒介，考察一个人的知识水平素质能力，但很多素质特征很难通过文字表现出来。比如一个人的仪表风度、口才、反应的敏捷性等。有些素质特征虽然可以通过文字形式来表达，但因为应试者的掩饰行为或其他原因没能表达，但却可以通过面试来考察。例如，对某些隐情，应试者往往不愿表露，对这些不愿表露的东西，在文字性的笔试、问卷等测试中，可以做到天衣无缝，但在面对面、眼对眼的面试中，就很难做到了，因为我们的身体不容易撒谎。

2. 可以综合考察应试者的知识、能力、工作经验及其他素质特征

面试是主考官和应试者之间的一种双向沟通活动，但面试的主动权还是控制在主考官手里，面试测评时主考官要专即专，要广即广，要深即深，要浅即浅，具有很大的弹性和灵活性。笔试和心理测验等在这方面均不如面试。

3. 可以弥补笔试的失误，并有效地避免高分低能者和冒名顶替者

有人在笔试过程中没发挥好，如果仅以笔试成绩作为录用依据，那么这些人就没有机会被录用了。如果再辅之以面试形式，就会给这些人再次表现的机会。沈阳市在一次干部录用考试中发现，有些人虽然笔试成绩不算很高，但在面试中对答如流，表现极佳，显示出了很大的发展潜力，从而成为理想人选。笔试还存在一定的局限性，笔试中难免有高分低能者甚至冒名顶替者。在一些省市的干部录用考试中，有些人笔试成绩很高，但面试时却言语木讷，对所提问题的回答观点幼稚、没有深度；有的则只能背书本知识，分析问题和解决问题的能力很差。

4. 面试可以测评应试者的多方面素质

从理论上讲，面试只要精心设计、时间充足、手段得当，可以准确地测评出应试者的任何素质。如果说心理测验中的许多问卷是测评应试者的智力、心理、品德等的有效手段，那么把这些心理测验中的问题以口头问答的形式表现出来，往往会收到与笔试不同的效果。由于信息量利用的高频率，其测评质量会更高。如果在面试中引入无领导小组讨论、角色扮演、管理游戏等情景模拟的人员甄选手段，还可考察应试者的组织能力、领导能力等；如果引入工作演示的方法，还可直接考察一些应试者的实际工作能力。甚至，就应试者的身体状况，通过面试也可获取大量信息。

（二）面试的特点

与求职资格审查、笔试、工作演示、试用等人员甄选方式相比，面试具有以下几个方面的显著特点。

1. 面试以谈话和观察为主要手段

谈话是面试过程中的一个非常重要的手段。在面试过程中，主考官通过向应试者提出各种问题；应试者要对这些问题进行回答，主考官能否正确地把握提问技巧十分重要。他不仅可以直接、有针对性地了解应试者某一方面的情况或素质，而且对于驾驭面试进程，营造良好的面试心理氛围，都有重要的影响。比如针对应试者的特长，提出一些启发性问题，使应试者进一步思索，展示其才华；当应试者的回答文不对题时，可利用提问调整话题；当应试者讲完后，可以通过短暂的沉思或补充性的追问，形成一个"缓冲区"。这对于振奋应试者的谈吐，引发新的思路，转移话题都有益处。

观察是面试过程中的另一个主要手段。在面试中，要求主考官善于运用自己的感官，特别是视觉，观察应试者的非语言行为。它不仅要求主考官在面试中要善于观察应试者的非语言行为，而且要能指明应试者的行为类型，进而借助于人的表象层面推断其深层心理。对应试者非语言行为的观察，主要有面部表情的观察和身体语言的观察。国外一项研究表明，在求职面试中，从应试者面部表情中获得的信息量可达 50% 以上。面试过程中，应试者的面部表情会有许多变化，主考官必须能观察到这种表情的变化，并能判断其心理。例如，

应试者面部涨得通红、鼻尖出汗，目光不敢与主考官对视，便反映其自信心不足，心情紧张。应试者的目光久久盯着地面或盯着自己的双脚，默不作声，反映其内心的矛盾或正在思考。当主考官提出某一难以回答或窘迫的问题时，应试者可能目光暗淡，双眉紧皱，带着明显的焦急或压抑的神色。

总之，主考官可以借助对应试者面部表情的观察与分析，判断应试者的自信心、反应力、思维的敏捷性、性格特征、情绪、态度等素质特征。在面试过程中，除面部表情外，身体、四肢等在信息交流过程中也发挥着重要作用。

2. 面试是一个双向沟通的过程

面试是主考官和应试者之间的一种双向沟通过程。在面试过程中，应试者并不是完全处于被动状态。主考官可以通过观察和谈话来评价应试者，应试者也可以通过主考官的行为来判断主考官的价值判断标准、态度偏好、对自己面试表现的满意度等，进而调节自己在面试中的行为表现。同时，应试者也可借此机会了解包括自己应聘的单位、职位等的情况，以此决定自己是否可以接受这一工作等。所以面试不仅是主考官对应试者的一种考察，也是主客体之间的一种沟通、情感交流和能力的较量。主考官应通过面试，从应试者身上获取尽可能多的有价值信息。应试者也应抓住面试机会，获取那些关于应聘单位及职位、自己关心的信息。

3. 面试内容灵活

面试内容对于不同的应试者来说是相对变化的、灵活的，具体表现在以下几个方面。第一，面试内容因应试者的个人经历、背景等情况的不同而无法固定。例如，两位应试者同时应聘档案管理岗位，一位有多年从事档案工作的经历，一位是应届档案管理专业的大学本科毕业生。在面试中对前者应侧重于询问其多年来从事档案管理方面的实践经验，对后者则应侧重了解其对该专业基础知识掌握的情况以及在校学习期间的情况。第二，面试内容因工作岗位不同而无法固定。不同工作岗位，其工作内容、职责范围、任职资格条件等都有所不同，例如国家技术监督局的有关技术监督岗位和国家人事部的考录岗位，无论其工作性质、工作对象，还是任职资格条件，都有很大的差别。因此，其面试的内容和形式都有所不同，面试题目及考察角度都应各有侧重。第三，面试内容因应试者在面试过程中的面试表现不同而无法固定。面试的题目一般应事先拟定，以供提问时参照。但并不意味着必须按事先拟定好的题目逐一提问，毫无变化，而要根据应试者回答问题的情况，来决定下一个问题问什么？怎么问？如果应试者回答问题时引出与拟定的题目不同的问题，主考官还可顺势追问，而不必拘泥于预定的题目。总之，从主考官角度看，面试内容既要事先拟定，以便提问时有的放矢，又要因人因"事"（岗位）而异，灵活掌握；既能让应试者充分展示自己的才华，又不能完全让应试者海阔天空地自由发挥，最好是在半控制、半开放的情况下灵活把握面试内容。

4. 面试交流的直接互动性

与笔试、心理测验等人员甄选方式不同，面试中应试者的语言及行为表现，与主考官的评判是直接相连的，中间没有任何中介形式。面试中主考官与应试者的接触、交谈、观察也是相互的，是面对面进行的。主客体之间的信息交流与反馈也是相互作用的。而笔试、心理测验中，一般对命题人、评分人严加保密，不让应试者知道。面试的这种直接性提高了主考官与应试者间相互沟通的效果与面试的真实性。

（三）面试的趋势

随着人力资源管理在中国越来越被重视，面试工作也在不断发展和变化中。对近些年来面试实践的分析表明，面试出现了新的发展趋势：形式丰富化、程序结构化、提问更加弹性化、面试结果标准化、面试考官内行化、面试测评内容更加全面化。面试的测评内容已不仅限于仪表举止、口头表达、知识面等，现已发展到对思维能力、反应能力、心理素质、求职动机、进取精神、身体素质等全方位的测评。且由一般素质为测评依据发展到主要以拟录用职位要求为依据，包括一般素质与特殊素质在内的综合测评。

二、面试的形式和一般程序

（一）面试的形式

面试有很多形式，依据面试的内容与要求，大致可以分为以下几种：

1. 问题式

由招聘者按照事先拟订的提纲对求职者进行发问，请予回答。其目的在于观察求职者在特殊环境中的表现，考核其知识与业务，判断其解决问题的能力，从而获得有关求职者的第一手资料。

2. 压力式

由招聘者有意识地对求职者施加压力，就某一问题或某一事件作一连串的发问，详细、具体且追根问底，直至求职者无以对答。此方式主要观察求职者在特殊压力下的反应、思维敏捷程度及应变能力。

3. 随意式

即招聘者与求职者海阔天空、漫无边际地进行交谈，气氛轻松活跃，无拘无束，招聘者与求职者自由发表言论，各抒己见。此方式的目的为：于闲聊中观察应试者谈吐、举止、知识、能力、气质和风度，对其做全方位的综合素质考察。

4. 情景式

由招聘者事先设定一个情景，提出一个问题或一项计划，请求职者进入角色模拟完成，其目的在于考核其分析问题、解决问题的能力。

5. 综合式

招聘者通过多种方式考察求职者的综合能力和素质，如用外语与其交谈，要求即时作文，或即兴演讲，或要求写一段文字，甚至操作一下计算机等，以考察其外语水平、文字能力、书法及口才表达等各方面的能力。

以上是根据面试种类所做的大致划分，在实际面试过程中，招聘者可能采取一种或同时采取几种面试方式，也可能就某一方面的问题对求职者进行更广泛、更深刻即深层次的考察，其目的在于能够选拔出优秀的应聘者。

（二）面试的一般程序

面试是一种经过组织者精心设计，在特定场景下，以考官对考生面对面交谈与观察为主要手段，由表及里测评考生的知识、能力、经验等有关素质的一种考试活动。为了使面试更加有效，就应按照一定的程序来进行。面试的一般程序包括三个方面：准备阶段、实施阶段和总结阶段。

技能点：
面试程序

1. 准备阶段
（1）制订面试指南。
（2）准备面试问题。
（3）评估方式确定。
（4）培训面试考官。

2. 实施阶段
（1）关系建立。这个阶段一般提出的问题是封闭性的。
（2）导入阶段。这个阶段一般提出的问题是开放性的。
（3）核心阶段。这个阶段一般提出的问题是行为性的。
（4）确认阶段。这个阶段一般提出的问题是开放性的。
（5）结束阶段。这个阶段一般提出的问题是开放性、行为性的。

图：
面试一般程序图

3. 总结阶段
（1）综合面试结果。
（2）面试结果的反馈。
（3）面试结果的存档。

三、面试辅助工具

面试关系到公司能否招到合适的人才，要保证面试的科学性和合理性，必须开发严谨科学的面试辅助工具来帮助面试工作的展开，来确保面试效率和效果。常用的一些面试辅助工具包括面谈构成表、招聘人员登记表、应聘人员复试表、面谈记录表和面试测评表等。

技能点：
如何使用面试辅助工具

（1）面谈构成表如表 5-1 所示。

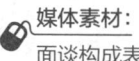
媒体素材：
面谈构成表

表 5-1　面谈构成表

姓名 _____　　　　申请职位 _____

1. 工作兴趣
   你认为这一职位涉及哪些方面的工作？
   你为什么想做这份工作？
   你为什么认为你能胜任这方面的工作？
   你对待遇有什么要求？
   你怎么知道我们公司的？

2. 目前的工作状况
   如果可能，你什么时候可以到我们公司上班？
   你在什么单位工作？工作职务是什么？

3. 工作经历
   目前或最后一个工作的职务（名称）。
   你的工作任务是什么？
   在该公司工作期间你一直是从事同一种工作吗？是或不是？
   如果不是，请说明你曾从事过哪些不同的工作、时间多久及各自的主要任务。
   你最初的薪水是多少？现在的薪水是多少？
   你为什么要辞去那份工作？

4. 教育背景
   你认为你所受的哪些教育或培训将帮助你胜任你申请的工作？
   对你受过的所有正规教育进行说明。

5. 工作以外的活动（业余活动）
   工作以外你做些什么？

6. 个人问题
   你愿意出差吗？
   你最大限度的出差时间可以保证多少？
   你能加班吗？
   你周末可以上班吗？

7. 自我评估
   你认为你最大的优点是什么？
   你认为你最大的缺点是什么？

8. 你希望的薪水是多少？

9. 你为什么要换工作？

10. 你认为你上一个工作的主要工作成绩是什么？

11. 你对你上一个工作满意的地方在哪里，还有哪些不满？

12. 你与你的上、下级及同事的关系怎样？

13. 你认为你有哪些有利的条件来胜任将来的职位？

14. 你对我们公司的印象怎样？包括规模、特点、竞争地位等。

15. 你对申请的职位的最大兴趣是什么？

16. 介绍一下你的家庭情况。

17. 对你的工作有激励作用的因素有哪些？

18. 你更喜欢独自工作还是协作工作？

（2）招聘人员登记表如表 5-2 所示。

表 5-2　招聘人员登记表

媒体素材：招聘人员登记表

姓名		性别		出生年月		照片
学历		婚否		民族		
专业		毕业学校				
健康状况		户籍所在地				
政治面貌		身份证号码				
参加工作时间		有无住房		要求待遇		
联系电话		电子邮件		手机		
联系地址						
现工作所在地						
离职原因						

简历	起止时间	学习/工作单位	专业/职位

家庭情况	姓名	关系	年龄	文化程度	现工作单位

特别提示	1. 本人须承诺保证所填写资料真实有效。 2. 保证遵守公司招聘有关规程和国家有关法规。 3. 请填写好招聘人员登记表，带齐照片、学历、职称证书等有效证件及相关复印件。

（3）应聘人员复试表如表 5-3 所示。

表 5-3　应聘人员复试表

应聘职位	复试人	复试日期
专业知识		
管理工作或看法		
工作积极性及领导能力		
发展能力		

要求待遇		其他	
面试人员意见			

（4）面谈记录表如表 5-4 所示。

表 5-4　面谈记录表

姓名				应征项目		
用表提要	请主持面谈人员在适当的格内划√，无法判断时，请免打√。					
评分项目	配分					
	5	4	3	2	1	
仪容　礼貌　精神 态度　整洁　衣着	极佳	佳	平实	略差	极差	
体格、健康	极佳	佳	普通	稍差	极差	
领悟、反应	特强	优秀	平平	稍慢	极劣	
对其工作各方面及 有关事项的了解	充分了解	很了解	尚了解	部分了解	极少了解	
所具经历与本公司的 配合程度	极配合	配合	尚配合	未尽配合	未能配合	
前来本公司服务的意志	极坚定	坚定	普通	犹疑	极低	
外文能力	区分	极佳	好	平平	略通	不懂
	英文					
	日文					
总评	□拟予试用 □列入考虑 □不予考虑			面谈人： 日期：　　月　　日		

媒体素材：
面谈纪录表

（5）面试测评表如表 5-5 所示。

媒体素材：
面试测评表

表 5-5　面试测评表

要素	观察内容	提问项目	评价要点	权重	得分
礼仪风度	1. 仪容、衣着 2. 行为、举止 3. 敲门、走路、坐姿、站立等的仪态 4. 口语		1. 穿着整齐、得体、无明显失误 2. 沉着、稳重、大方 3. 走路、敲门、坐姿符合礼节 4. 口语文雅、礼貌		
求职动机愿望		1. 你选择本公司的原因 2. 你选择本公司最重视什么 3. 你对本公司的了解 4. 你希望公司如何安排你的工作待遇	1. 是否以企业发展为目标兼顾个人利益 2. 回答完整、全面、适当 3. 有说服力		
表现力、语言表达能力	1. 将自己表达的内容有条理地准确地传给对方 2. 引用实例、遣词准确 3. 语气、发言合乎要求 4. 谈话时的姿态表情合适	1. 请谈谈你自己 2. 谈谈你的优缺点 3. 你的兴趣爱好 4. 据你自我分析，最适合你的工作是什么	1. 谈话前后连续性 2. 主题、语言简洁明了 3. 逻辑清楚 4. 说服力 5. 遣词准确		
社交能力和人际关系		1. 请你介绍你的家庭 2. 你的朋友如何看待你 3. 你希望在什么样的领导下工作 4. 你交朋友最注重什么	1. 自我认识 2. 交往能力		
判断力、情绪稳定性	1. 准确判断面临情况 2. 处理突发事件 3. 迅速回答对方问题 4. 处理难堪问题的反应	1. 假如 A 公司与 B 公司同时录用了你，你将如何…… 2. 公司工作非常艰苦，你将如何对待 3. 你怎么连这种问题都听不懂 4. 你好像不太适合本公司的工作	1. 理解问题的准确性、迅速性 2. 自我判断能力 3. 是逻辑判断还是感情判断 4. 有自己的独到见解		
行动与协调能力、工作经验	1. 对自己认定的事能够坚持进行 2. 工作节奏紧张、有序 3. 集团工作的适用性 4. 组织领导能力 5. 能够更多地从他人的角度解释问题	1. 你从事过何种勤工俭学工作 2. 你参加过何种组织活动 3. 你对某问题有过何种研究 4. 谈谈你的论文写作过程	1. 表现力 2. 考虑对方处境和理解力 3. 实践能力 4. 交往能力		
责任心、纪律性	1. 负责到底的精神 2. 对工作的坚持 3. 令人信服地完成工作 4. 考虑问题全面 5. 对本职务的要求	1. 你对委任的任务完成不了时如何处理 2. 对学校的规章制度的看法是什么	1. 自信力 2. 纪律力 3. 意志力		

续表

要素	观察内容	提问项目	评价要点	权重	得分
个人性格品质	1. 有无不良的性格（过分狂妄和过分自卑） 2. 有无偏激的观点 3. 回答问题的认真、诚实 4. 掩饰性	1. 你认为现在社会中一个人最重要的是什么性格 2. 你能否"受人之托忠人之事"	1. 诚实真诚 2. 人生观 3. 信用		
专业技能学识	1. 对专业知识的了解程度 2. 成绩 3. 对所要从事的工作的认识	1. 你为何选择你的专业 2. 介绍一下自己的成绩和擅长的科目 3. 你有何特长和具备何种资格 4. 谈谈你从事这项工作的优势 5. 你有什么重要工作经验	1. 专业学识是否符合工作要求 2. 有无特殊技能 3. 有无工作经历		
	面试结束后你的评价	经过上述面试，请你对你的面试结果作初步的评价，并说明为什么	1. 综合、全面评定 2. 尽量减少误差影响		
评分人			总分		

重点与难点：
结构化面试的类型，结构化面试的组织与实施，结构化面试如何出题

任务 2　结构化面试的实施

引　例

> 　　小军被 A 公司通知去面试。小军走进 A 公司，被前台工作人员引进面试室。小军毫不犹豫地坐下来，对着主考官点下头，恭敬地露出了自己的微笑。主考官看了一下小军没有反应。小军轻轻地清了下自己的嗓子："您好，贵公司是从事 xx 行业的吧？这可是我一直向往的行业。贵公司招聘的销售经理职位还有空缺吧？"主考官没有回应，只是低下头在纸上写着什么。小军有点不自在了，但只是瞬间。小军先自我介绍一下，"我姓吴，曾在 xx 公司担任区域销售经理……"小军胸有成竹地、流畅地介绍了自己。主考官保持沉默，还是在那里写。"您觉得我可以吗？"主考官还是在那里写，没作声。"要不请先看一下我的简历。"小军从公文包里掏出自己简历。主考官还只是在写。"行不行，您也可以作个评定和答复吧。"主考官继续写。小军再也控制不住了"什么意思，你也太没礼貌了。"主考官抬起头看着小军，没作声。"有什么大不了，此处不留人，自有留人处。"小军刚想走。只见主考官亮出一张纸，上面写着：
>
> 　　1．外表——b+
> 　　2．礼貌——a
> 　　3．表达能力——a
> 　　4．沟通能力——b+
> 　　5．开拓能力——b
> 　　6．忍受能力——c-
>
> 　　a 表示优秀；b 表示良好；c 表示一般；d 表示差。
>
> 　　**分析**：这种面试形式很特别，但是很有效果。从事销售工作，需要能够经受各种压力，而且在各种压力下，应该保持冷静，而不慌张。从事销售工作，耐性很重要，尤其对潜在市场的开发。即使客人对你所推销的不感兴趣或对你不礼貌，你也不能对客人发脾气。因为他可能是你另外一个产品的最大购买者。

一、结构化面试概述

（一）结构化面试的内涵

所谓结构化面试，是指把面试的内容、形式、程序、评分标准及结果的合成与分析等构成要素，按统一制定的标准和要求进行的面试。尽管结构化面试也是通过考官与应考者之间的交流来进行的，但从形式到内容，它都突出了标准化和结构化的特点。比如，结构化面试要求面试题目对报考相同职位的所有应考者都相同；面试考官的数量要在2人以上；典型的结构化面试还要求在对拟任职位进行工作分析的基础上编制面试题目。正因为如此，结构化面试的实施过程更为规范，面试结果也更为客观、公平、有效。

人们对传统面试的一个不满就是：考官的提问太随意，想问什么就问什么；同时评价也缺少客观依据，想怎么评就怎么评。正因为如此，传统面试的应用效果不理想，面试结果通常也很难令人信服。而结构化面试正是在克服传统的非结构化面试上述缺陷的基础上产生的。企业在对员工进行面试的时候，一方面应保证选拔标准必须基于对职位申请者所需岗位胜任特征水平进行评估，另一方面必须采用系统化、结构化的方法来评价受测者在这些胜任特征上的行为表现水平，以便确保选拔的公平性和科学性。而结构化面试两方面兼顾，因此便成为当今最受青睐的面试方法。特别是在公务员录用面试中，为了确保选拔工作的客观公正，国家专门规定必须采用严格的结构化面试形式。

（二）结构化面试的特点

中国科学院研究员时勘教授将结构化面试（Structured Interviewing）的概念定义为：根据特定职位的胜任特征要求，遵循固定的程序，采用专门的题库、评价标准和评价方法，通过考官小组与应考者面对面的言语交流等方式，评价应考者是否符合招聘岗位要求的人才测评方法。

由于吸收了标准化测验的优点，也融合了传统的经验型面试的优点，结构化面试的测验结果比较准确和可靠。

1. 根据工作分析的结构设计面试问题

在结构化面试中，测评要素并不是随意确定的，而是在系统的工作分析基础上由专家研究确定的。面试的目的是要将对职位更合适的应考者选拔出来，如果没有对职位要求的工作分析，那么就无法确定与拟任职位的要求密切相关的录用标准，也就无法达到面试的最佳效果。所以，以工作分析为基础确定测评要素是结构化面试的重要特点。这种面试方法需要进行深入的工作分析，以明确在工作中哪些事例体现良好的绩效，哪些事例反映了较差的绩效，由执行人员对这些具体事例进行评价，并建立题库。结构化面试测评的要素涉及知识、能力、品质、动机、气质等，尤其是有关职责和技能方面的具体问题，更能够保证筛选的成功率。

2. 向所有的应聘者采取相同的测试流程

在结构化面试中，不仅面试题目对报考同一职位的所有应考者相同，而且面试的指导语、面试时间、面试问题的呈现顺序、面试的实施条件都应是相同的。这就使得所有的应考者在几乎完全相同的条件下接受面试，保证面试过程的公正、公平。

提问的顺序结构通常有：① 由简易到复杂的提问，逐渐加深问题的难度，使候选人在心理上逐步适应面试环境，以充分展示自己。② 由一般到专业内容的提问。

3. 面试评价有规范的、可操作的评价标准

从行为学角度设计一套系统化的具体标尺，每个问题都有确定的评分标准，针对每一个问题的评分标准，建立系统化的评分程序，能够保证评分一致性，提高结构有效性。

针对每一个测评要素，结构化面试有规范的、可操作的评价标准。突出表现在每个要素都有严格的操作定义和面试中的观察要点，并且规定了每个评分等级（如优秀、良好、一般、较差）所对应的行为评价标准，从而使每位考官对应考者的评价有统一的标准尺度。评价标准中还规定了各测评要素的权重，使考官知道什么要素是主要的、关键的，什么要素是次要的、附属的。应考者的面试成绩最终是经过科学方法统计出来的（即对每个要素去掉众多考官评分中的最高分和最低分，然后得出算术平均分，再根据权重合成总分）。

结构化面试不同于传统的面试，它更加注重根据工作分析得出的与工作相关的特征，面试人员知道应该提出哪些问题和为什么要提出这些问题，避免了犯主观上的归因错误，每个应聘者都得到更客观的评价，降低了出现偏见和不公平的可能性，因而能够可靠、有效地在最短的时间内选聘到真正能够满足工作要求的应聘者。

4. 考官的组成有结构

在结构化面试中，考官的人数必须在 2 人以上，通常有 5～7 名考官。考官的组成一般也不是随意决定的，而是根据拟任职位的需要按专业、职务，甚至年龄、性别按一定的比例进行科学配置，其中有一名是主考官，一般由他负责向应考者提问并把握整个面试的总过程。

总而言之，结构化面试具有试题固定、程序严谨、评分统一等特点。从实践来看，结构化面试的测量效度、信度都比较高，比较适合规模较大，组织、规范性较强的录用面试，因此，结构化面试已经成为目前录用面试的基本方法。

（三）结构化面试的类型

1. 行为描述性面试

行为描述（BD，behavior description）面试，是一种特殊的结构化面试，与一般的结构化面试的区别在于，它采用的面试问题都是基于关键胜任特征的

> 技能点：
> 行为描述面试法的内涵及如何操作

行为性问题。

行为描述面试法是基于行为的连贯性原理发展起来的。

媒体素材：
行为面试法试题示例

面试官通过求职者对自己行为的描述来了解两方面的信息：一是求职者过去的工作经历，判断他选择本组织发展的原因，预测他未来在本组织中发展的行为模式；二是了解他对特定行为所采取的行为模式，并将其行为模式与空缺职位所期望的行为模式进行比较分析。面试过程中，面试官往往要求求职者对其某一行为的过程进行描述，如面试官会提问"你能否谈谈你过去的工作经历与离职的原因""请谈谈你昨天向你们公司总经理辞职的经过"等。

在提问过程中，行为描述性面试所提的问题经常与应聘者过去的工作内容和绩效有关，而且提问的方式更具有诱导性。例如，对于与同事的冲突或摩擦，"你与你同事有过摩擦吗？举例说明"的提问显然不如"告诉我，与你工作中接触最少的同事的情况，包括问题是如何出现的，以及你们之间关系最紧张的情况"更能激起应聘者真实的回答。

行为描述面试可以从以下几个方面来进行：

（1）收集过去行为的事例，判断行为答复。要了解应聘者是否能真的像他们所描述的那样去做，最好的方法就是收集过去行为的一些事例。应聘者曾经做过的一些事例要比他们告诉你"经常做、总是做、能够做、将会做、可能做或应该做"更为重要。通常应聘者给出的非行为性（理论性）的回答频率偏高，他们给出的观点，往往并不一定是他们真正曾经做过的事例。面试官应综合应聘者实际描述的和曾经做过的事例来做出正确的判断。

（2）提出行为性的问题。行为性的问题通常这样提出："请谈谈你在……时遇到的情况，你是怎样处理的？""你是否遇到过……的情形？请谈谈其中一例。"

以评价销售能力为例：请描述一个在过去一年中你做的最大一笔订单的情况，你是怎样完成的？为什么你认为你可以做销售这一行？你能接受我们给你订出的销售目标的挑战吗？

（3）利用标准化的评定尺度。在采用行为描述面试法时，各个面试官可能会用不同的行为标准对求职者进行评定，为了保证评定结果的信度和效度，进行面试前必须制定一个标准的评定尺度。

2. 情境性面试

情境性面试源于动机理论中的目标设置理论，主要用来考察面试者的未来行为会在很大程度上受其目标或行为意向的影响。情境性面试的目的是给面试者设置一系列工作中可能会遇到的事情，并询问"在这种情况下你会怎样做"，以此来鉴别求职者与工作相关的行为意向。进行情境性面试的第一步也是进行工作分析，通过对关键事件分析任务所需的胜任特征而得出面试者能否胜任未来的工作。由于必须有关键事件，所以情境性面试不适用于变动比较大的工作和过去承担人员比较少的工作的情况。

情景性面试是根据面试内容进行的分类，是结构化面试的一种特殊形式，它的面试题目主要由一系列假设的场景构成，通过评价求职者在这些情景下的反应情况，对求职者进行评价。情景面试中的问题是在工作分析的基础上制订的，由一组主管人员确定问题的可接受答案，并对回答进行评定。

情景面试应用于人才选拔是基于心理学家库尔特·勒温的著名公式：$B=f(P×E)$。这个公式的意思是：一个人的行为（Behavior）是其人格或个性（Personality）与其当时所处情景或环境（Environment）的函数。即候选者面试时的表现是由他们自身的素质和当时面对的情景共同决定的。如果考官能够恰当地选择情景并保证情景对不同候选者的一致性，那么，不仅可以诱发候选者的相应行为，而且能够说明候选者行为的不同是由其素质不同所致。

二、结构化面试的组织实施程序

结构化面试的组织实施程序主要包括建立面试官队伍、选择和布置面试考场、面试的具体操作实施等三大环节。

（一）选择并培训面试官

目前常见的有三种面试官组织形式：一种是由人事部门负责组织，面试官队伍由人事部门工作人员和有关专家组成；另一种是由人事部门和用人部门联合组成，面试官由两家分别按一定的比例指派；还有一种是用人部门自行组织，面试官由该部门选派。无论采取哪种组织方式，面试官都是主角。面试前必须对面试官进行全员培训，提高他们的操作水平。

关于面试官的选取，应根据我们前面提到的结构化面试对面试官的要求进行严格挑选，要选那些德才兼备的人进入面试官队伍中。如果面试官并非德才兼备，我们就很难保证通过面试得到德才兼备的候选人。同时，对面试官的培训也是不可或缺的，研究和实践都证明，经过培训的面试官小组不论是评分的信度还是评分的质量都明显比没有经过培训的面试官小组要高。另外，结构化面试的规范性和程序性要求很高，在面试实施前必须对他们进行集中培训。

（二）选择和布置面试考场

面试的具体组织实施工作很烦琐，包括面试考场的选择和布置、候考室和考务用品的配备、应聘者的面试通知与联系、事先抽签决定面试顺序等。这些工作看起来很不起眼，但任何一项工作没做好，都有可能影响面试的顺利实施。

对面试考场的基本要求有四条：一是考场所在位置的环境必须无干扰，安静；二是考场面积应适中，一般以 15～40 平方米为宜；三是温度、采光度适宜，建议招聘官背对光线，应聘者面对光线，以观察对方表情；四是每个独立的面试考场，除主考场外，还应根据应聘者的多少设立若干候考室，候考室的选择应与主考场保持一定的距离，以免相互影响。

面试考场的布置也是很有学问的，就面试官与应聘者的位置安排来说，通常就有如下几种模式：

① 一种圆桌会议的形式：多个面试官面对一位应聘者。
② 一对一的形式：面试官与应聘者成一定的角度而坐。
③ 一对一的形式：面试官与应聘者相对而坐，距离较近。
④ 一对一的形式：面试官与应聘者相对而坐，距离较远。
⑤ 一对一的形式：面试官与应聘者坐在桌子的同一侧。

> **媒体素材：**
> 面试考场布置的几种模式

上述面试官与应聘者不同的位置安排，其产生的面试效果不同。那么究竟采用哪一种位置好呢？在面试中，如果采用③这样的形式，面试官与应聘者面对面而坐，双方距离较近，目光直视，容易给对方造成心理压力，使得应聘者觉得自己好像在法庭上接受审判，使其紧张不安，以致无法发挥其正常的水平。当然，在想特意考察应聘者的压力承受能力时可采用此形式。像④这样的形式，双方距离太远，不利于交流，同时，空间距离过大也增加了人们之间的心理距离，不利于双方更好地进行合作。如果采用⑤这样的形式，面试官与应聘者坐在桌子的同一侧，心理距离较近，也不容易造成心理压力，但这样面试官的位置显得有些卑微，也显得不够庄重，而且不利于面试官对应聘者的表情、姿势进行观察。采用①这样的形式，排列成圆桌形，应聘者不会觉得心理压力太大，同时气氛也较为严肃。采用②这样的形式，面试官与应聘者成一定的角度而坐，避免目光过于直射，可以缓和心理紧张，避免心理冲突，同时也有利于对应聘者进行观察。因此，通常情况下最好采用①、②这两种位置安排来进行面试。

（三）面试的具体操作实施

如前所述，规范化的操作实施过程是结构化面试的重要特点之一。一般来说，结构化面试的具体操作实施步骤如下：

> **技能点：**
> 面试操作步骤

（1）对进入面试的应聘者讲解本次面试的整体计划安排、注意事项。比如，应聘者在面试前不能与已面试过的应聘者进行交流，否则就相当于泄题，因为同一职位的应聘者的面试试题很可能完全相同。鉴于此，应聘者在候考室等待面试时，不许使用手机，也不允许在外面随便走动。

（2）以抽签的方式确定应聘者的面试顺序，并依次登记考号、姓名。在面试中，形式上的公平与内容上的公平同样重要，甚至形式上的公平会更令人关注，因为形式的公平与否是人们容易看到的。正因为如此，许多用人部门很注意这个问题，面试顺序往往由应聘者本人在面试开始前抽签决定，以确保面试的公正性和公平性。

（3）面试开始时，由监考人员依次带领应聘者进入考场，并通知下一名应聘者做准备。

（4）每次面试1人，面试程序为：首先由主面试官宣读面试指导语；然后由主面试官或其他面试官按事先的分工依据面试题本请应聘者按要求回答有关问题；根据应聘者的回答情况，其他面试官可以进行适度的提问；各位面试官独立在评分表上按不同的要素给应聘者打分。

（5）给每位应聘者提出的问题一般以6～7个为宜，每个应聘者的面试时间通常控制在30分钟左右。

（6）面试结束，主面试官宣布应聘者退席。由考务人员收集每位面试官手中的面试评分表交给记分员，记分员在监督员的监督下统计面试成绩，并填入应聘者结构化面试成绩汇总表。

（7）记分员、监督员、主面试官依次在面试成绩汇总表上签字，结构化面试结束。

（四）结构化面试的注意事项

结构化面试法不同于传统的面试法，它由一系列连续向某个职位的求职者提出的与工作相关的问题构成：

1. 结构化面试前的准备时间比传统面试要长，有许多工作需要筹备

（1）考试场地的布置安排。这可以反映企业文化，体现组织的管理水平，给应聘者以企业的初步印象，也会影响到应聘者对企业的接受程度。

（2）面试前，材料要准备充分。包括应聘者的个人资料、结构化问题表、面试评分表、面试程序表。

（3）面试时间的合理确定。要使面试人员既能够充分获取应聘者的真实信息，又不至于过于增加面试成本。一般来讲，每个应试者都会有些应对面试的心理准备，而他们的心理警觉期为20～30分钟，如果超过这个时间段，人的心理警惕度会降低，因此，面试时间较长对发现问题比较有利。每人每次的面试时间可安排在连续40分钟以上，如果可能的话，公司可安排几轮面试。

（4）面试人员的协作分工。参与面试的人员包括：人力资源部的人员、用人部门的人员，有时还需要有顾问专家的加入。人力资源部的人员负责对工作、学习经历、薪资、福利、求职动机等一般事项考察；用人部门的人员负责对技能、知识、工作经验等专业业务方面考察；顾问专家则针对特殊项目进行考察。

2. 结构化面试过程中，有效信息的获取、传递

面试人员可适度诱导应聘者提供与工作相关的信息。面试人员在提问时，应对求职者的回答采取开明接受的态度，定期地发出信号，点头、微笑等以表明对求职者的谈话很感兴趣。面试人员还应控制面试的进度，确保在合理的时间内回答问题。在有必要了解具体情况时，可让求职者作出详细的描述。

面试人员应提供关于组织和工作的恰当信息，一般在求职者的必要信息已被全部收集后进行，这包含着积极的和消极的信息。面试人员应诚实地回答求职者所提及的关于组织和工作的任何问题，这将有助于选聘过程的双向选择。

3. 面试成绩的评定及统计

面试结束后，可通过最终评分法或一问一评法对成绩加以评定，可以采用按预定标准将得分简单相加以得出分数，或按反映每个属性的相对重要性（在工作分析中具体规定了每个属性的相对重要性）对得分进行加权求和以得出分数，也可以按照面试人员的权威程序对得分进行加权求和以得出分数。

在按照工作所需要的每一属性来评价求职者时，不仅要比较总体的得分，而且还应关注属性是否具有可补偿性。也就是说，有时某类属性的高分可以补偿另一类属性的低分；有时某一方面的熟练精通并不能弥补另一方面的不足，如：缺乏与人和谐共处的能力，足可以取消候选人的申请资格，而不管其他能力的状况如何。

4. 对面试人员进行必要的培训

许多研究者认为，一个称职的面试人员是通过经验的积累而产生的。但是，在有经验的面试人员之间，对面试结果也常常会出现争议，尤其是传统的非结构化面试，突出表现了对面试结果的不一致性和主观性，而对面试人员进行培训是减少偏差的有效途径。

对面试人员的培训重点应放在：改善受训人员的提问技巧、面试的组织、提供的支持、建立和谐的相互关系、倾听的技巧以及掌握相关资料的能力，各种实践手段、讨论、演示、反馈能力的培训。经过培训后，可以把这些差异限制在最低的程度，从而提高面试的可靠性和有效性。鼓励面试人员遵循最优化的程序，以使偏见和误差出现的可能性降到最小。

5. 结构化面试的效果评估及改进

结构化面试结束后，还需对选拔效果进行评估。对所选聘的人进行一段时间的跟踪，以测评面试中的结果与实际的业绩是否具有较高的一致性。通过这种评估，可以发现我们所定的评价指标是不是合适，现存的评价方法是不是可靠和准确，进而改进评价标准，完善评价方法。

三、结构化面试试题及应答点评示例

问题1 你为什么觉得自己能够在这个职位上取得成就？

分析：这是一个相当宽泛的问题，它给求职者提供了一个机会，可以让求职者表明自己的热情和挑战欲。对这个问题的回答将为面试人在判断求职者是否对这个职位有足够的动力和自信心方面提供关键信息。

技能点：
结构化面试如何出题

错误回答：我不知道。我擅长做很多事情。如果我能得到并且决定接受这份工作，我确信自己可以把它做得相当好，因为我过去一直都很成功。

评论：尽管表面上听起来这种回答可以接受，但是它在几个方面都有欠缺。首先，这种语言很无力。像"擅长做很多事情"以及"相当好"之类的话，都无法反映你的进取心，而如果不能表现出足够的进取心，你就很难进入最好的企业。另外，将过去做过的所有事情同这个职位联系起来，这意味着求职者对这一特定职位没有足够的成就欲望和真正的热情。

例题：
结构化面试试题

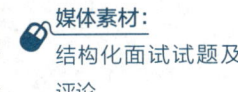
媒体素材：
结构化面试试题及评论

正确回答：从我的经历来看，这是我的职业生涯中最适合我的一份工作。几

年来，我一直在研究这个领域并且关注贵公司，一直希望能有这样的面试机会。我拥有必备的技能（简单讲述一个故事来加以说明），我非常适合这一职位，也确实能做好这份工作。

评论：这是一个很有说服力的回答，因为它可以告诉面试人，这个求职者拥有足够的技能和知识来完成这项工作。他所讲的故事表明了自己的技能，也验证了他最初的陈述。最后，求职者表示了"做好这份工作"的愿望，这证明了他具备对这份工作的热情和进取心。

问题2 你最大的长处和弱点分别是什么？这些长处和弱点对你在企业的业绩会有什么样的影响？

分析：这个问题的最大陷阱在于，第一个问题实际上是两个问题，而且还要加上一个后续问题。这两个问题的陷阱并不在于你是否能认真地看待自己的长处，也不在于你是否能正确认识自己的弱点。记住，你的回答不仅是向面试人说明你的优势和劣势，也能在总体上表现你的价值观和对自身价值的看法。

错误回答：从长处来说，我实在找不出什么突出的方面，我认为我的技能是非常广泛的。至于弱点，我想，如果某个项目时间拖得太久，我可能会感到厌倦。

评论：这种回答的最大问题在于，求职者实际上是拒绝回答问题的第一部分。对第二部分的回答暗示了求职者可能缺乏热情。另外，基于对这一问题前两个部分的回答，求职者对后面的问题很难再做出令人满意的回答。

正确回答：从长处来说，我相信我最大的优点是我有一个高度理性的头脑，能够从混乱中整理出头绪来。我最大的弱点是，对那些没有秩序感的人，可能缺乏足够的耐心。我相信我的组织才能可以帮助企业更快地实现目标，而且有时候，我处理复杂问题的能力也能影响我的同事。

评论：这个回答做到了"一箭三雕"。首先，它确实表明了求职者的最大长处。其次，它所表达的弱点实际上很容易被理解为长处。最后，它指出了这个求职者的长处和弱点对企业和其他员工的好处。

问题3 是否有教授或者专家曾经让你处于尴尬境地，还让你感到不自信？在这种情况下，你是怎样回应的？

分析：这个问题考查的是求职者在陌生领域工作的能力。通过这个问题，面试人可以了解到，当所给的任务超过自己目前的能力水平时，求职者解决问题的意愿和能力。

错误回答：我相信质疑权威是很重要的，但我们不可能在学校里学到一切知识。很多人以为自己知道所有问题的答案，可实际上他们并不了解真实世界里发生的一切。你知道，那些都是象牙塔里的东西。

评论：这种回答的最大问题在于，求职者把问题的焦点从自己身上转移了。严肃的面试人并不关心你对高等教育的观点。他们想知道的是，当出现问题中给出的情况时，你将怎样处理。这种回答的另一个弊端是，它会使面试人对你是否愿意服从领导产生怀疑。

正确回答：在我当学生的这几年中，我尽自己所能多学习知识，经常选择一些熟悉的课程，因此往往会受到教授的质疑。不管什么时候，当我觉得自己对这个科目知之甚少时，我就尝试预见一些问题，为回答问题做些准备。当我被难住时，我总是尽可能地做出科学合理的猜测，承认我不知道的东西，并且从不懂的地方开始学习。（如果可能，可以举出一个例子说明……）

评论：这种回答的最大好处在于，它清楚地表明求职者会积极面对艰难处境。它也显示了求职者有雄心和明确的态度，知道怎样处理离奇和模糊的问题。

问题4 你是否曾经得到过低于自己预期的成绩？如果得到过，你是怎样处理这件事情的？

分析：通过对这个问题的回答除了可以揭示求职者的热情和进取心外，还可以揭示求职者是否愿意为某一事业奋斗，是否愿意为追求公平而奋斗。

错误回答：记得有一次，我觉得应该得B但却得了C，我去找辅导员，他给我看了我在每个项目上的得分情况——我处在C级的边缘但很明显是C。我很高兴能核实一下而不是接受既定的分数值。

评论：这个问题开始时回答得很好，但最后却不尽如人意。从最初的情况看，求职者似乎愿意追查到底。但是后来很显然，他（她）没有试图做出改变。

正确回答：我曾经和一个研究地球科学的教授有过一段令人记忆犹新的经历。这个人一向以偏袒理科生而出名，而我偏偏又不是理科生。在我们班上，所有的非理科生都感到，他对我们的知识基础有着非常不切实际的期望。由于他的偏见，这些非理科生大多都表现不好。尽管我表现还算不错，但我还是和其他学生一道向系领导发出了一份声明，建议校方审查他的教学方式。

评论：这种回答能够表明，这名求职者有能力克服困难处境，而且能够脱颖而出并居于领先地位。这样的回答还可以表明，这名求职者高度重视公平感。同时也表明了求职者十分关心集体利益。

问题5 出于工作晋升的考虑，你打算继续深造吗？

分析：这是一个简单的问题，它可以用来衡量你的雄心，也可以判断企业对你的重视程度是否会影响你对自己未来的重视程度。

错误回答：我不知道。我已获得了管理学学士学位，我认为自己已经受到了很好的教育。我觉得实际工作经验比在学校里学到的东西更有价值。

评论：尽管求职者试图通过这种回答反映其积极的一面，而且这样回答从某种程度上也可以间接地讨好面试人（面试人就是"实际工作"的一部分），但是，它根本没有反映出求职者追求上进的意愿。因此，根据求职者所表达的信息，如果碰上一个乐观的面试者，他（她）会认为你缺乏雄心，如果碰上一个悲观的面试者，他（她）可能会认为你很自负。

正确回答：作为一名大学生，我学到了很多知识。如果有合适的机会，我当然会考虑继续深造。但是，我会认真考虑这件事情，我觉得很多人回学校学习是很盲目的。如果我发现自己所做的工作确实有价值，而且也需要获得更多的教育才能在这一领域做得出色，我当然会毫不犹豫地去学习。

评论：这种回答显示了求职者的雄心、热情以及动力。同时也表明，求职者具有与众不同的头脑，而且对重大职业决策非常认真。

问题6 你曾经参加过哪些竞争活动？这些活动值得吗？

分析：通过调查你经历过的实际竞争场景，可以反映你对竞争环境的适应程度，也可以反映你的自信心。当竞争成为关键因素时，正是讨论小组活动或企业业务的一个绝好机会。

错误回答：从本质上说，我是一个竞争性很强的人。我认为，在所有我做过的事情中，我实际上都采取了一种竞争性的态度。毕竟，只有这样你才能在竞争激烈的企业界生存，对吧？

评论：这样的求职者阅读了太多关于鲨鱼和汉斯之类的故事，他这样回答让人感觉在企业界不是你死就是我活。尽管企业界是高度竞争的，但是企业中的人憎恨别人把自己看成是凶猛的梭子鱼。

正确回答：我喜欢小组运动，我一直都尽我所能参加这些活动。我过去经常打篮球，现在有时候也打。同小组一起工作、为实现共同目标而努力、在竞争中争取胜利……这些事情确实非常令人兴奋。

评论：这种回答表明，求职者能够正确看待竞争。这意味着他（她）能够利用竞争力量在竞争中取胜，而不会毁掉同事的工作成果。

问题7 你怎样影响其他人接受你的看法？

分析：你的回答将告诉面试人，首先，你对影响别人有什么看法。其次，你影响别人的能力究竟有多大。

错误回答：一般情况下，这取决于这种想法的价值。如果这是一个好想法而且我所交往的人是通情达理的，那么，一般情况下，让别人接受我的想法不会太难。

评论：这种回答的问题在于，它并没有解决实际问题。这个问题实质上问的是你怎样对待那些不赞同你的看法的人。这个回答表明，你愿意在一种和谐的工作环境中工作，不喜欢不和谐的工作氛围。

正确回答：这是多年来我一直非常努力探索的一个领域。对于好的想法，甚至是伟大的想法，人们有时并不接受。我现在认识到这样一个事实，那就是你表达想法的方式同想法本身一样重要。当我试图影响别人时，我一般会假设自己处在他们的位置上，让自己从他们的角度来看待问题。然后我就能够以一种更可能成功的方式向他们陈述我的想法。

评论：首先，这个回答表明，你理解人际沟通的复杂性，知道使别人改变看法具有一定的难度。其次，这个回答还表明，你知道影响别人时运用策略很重要，而且也能够采用合理的方式说服别人。最后，这个回答还表明，你知道在沟通困难的情况下，沟通方式和沟通内容一样重要。

问题8 在做口头表达方面你有哪些经验？你怎样评价自己的口头表达能力？

分析：这个问题旨在测评你的公共演讲能力，同时也可以了解你对演讲能力的自我评价。

错误回答：我认为每个人都会在做演讲时感到紧张，我可以做口头表达，但是说实话，人们并不总是愿意倾听。我认为，有时候给人们发放纸面信息再回答他们的问题，这样做会更好一些。

评论：这种回答清楚地表明，你这方面的能力很欠缺，它不仅说明你不喜欢口头表达，同时也意味着你不愿提高自己的口头表达技能。

正确回答：我认识到，如果大多数人都害怕做公共演讲，那么在克服自己的恐惧并掌握口头陈述技能之后，我就能够在竞争中更胜一筹。因此我抓住所有的机会做演讲，而且我发现，做的演讲越多，就越对演讲感到轻松自如——当然也做得更好。

评论：这是一个很好的回答。因为它具体说明了你在这方面的能力，而且也表明你正在继续努力提高自己的演讲技能。通过承认口头陈述很复杂，求职者同时表明了自己的诚实和正直。

问题9 你怎样比较自己的口头技能和写作技能？

分析：这是一个"暗藏杀机"的问题。无论什么时候，只要被问及对两种事情做比较的问题，你就一定要小心。这样的问题通常是想让你说出自己的弱点。

错误回答：(任何表明自己的某一技能比另一技能好的回答。)

评论：你中圈套了。

正确回答：从现在的情形看，企业越来越重视职员的能力，希望他们在口头表达和书面表达方面都能够做到清晰、明确。我总是利用机会提高自己的口头沟通和书面表达技能。我认为，这两种技能都是极为重要的，任何想要在企业界取得成功的人，这两种技能都应该具备。

评论：这种回答避开了陷阱，避免被别人认为自己在某一方面薄弱。同时，也可以表明，你理解高效沟通技能的重要性。更重要的是，它可以使面试人确信，在一般技能方面你拥有坚实的基础，而这些技能是无论什么企业都需要的。

问题10 在写专业论文时你最不喜欢哪些方面？

分析：这个问题可以判断你是否愿意开展研究工作，是否愿意发现信息并找到困难问题的解决办法。

错误回答：我最担心的就是进行一个自己不感兴趣的研究课题。如果我对研究课题感兴趣，我不介意开展研究工作。但很多时候，研究所得的成果并不能在实际中得到应用。

评论：尽管很多读者可能会同意这种回答，但它却不能让面试人感到满意。

很多工作任务都是单调和烦琐的,听到求职者表示不喜欢枯燥的事情,这会让人感到很不舒服。

正确回答:如果我认真工作的话,我会发现某一题目有无穷多的信息。我认为最难的工作就是判定什么时候才能获得足够的信息可以开始动笔写论文。

评论:这种回答表明,求职者理解研究的意义并愿意从事研究工作。它还表明求职者能够深入调查,也表明求职者能够胜任书面论文的写作。

职业资格与技能同步训练

一、单项选择题

1. 以下不属于面试的特点是( )。
   A. 面试以谈话和观察为主要手段　　B. 面试是一个单向沟通的过程
   C. 面试内容灵活　　D. 面试交流的直接互动性

2. 由招聘者按照事先拟订的提纲对求职者进行发问,请求职者予以回答。其目的在于观察求职者在特殊环境中的表现,考核其知识与业务,判断其解决问题的能力,从而获得有关求职者的第一手资料。这种面试属于( )。
   A. 压力式　　B. 随意式
   C. 问题式　　D. 情景式

3. 招聘者与求职者海阔天空、漫无边际地进行交谈,气氛轻松活跃,无拘无束,招聘者与求职者自由发表言论,各抒己见。此方式的目的为:于闲聊中观察应试者谈吐、举止、知识、能力、气质和风度,对其做全方位的综合素质考察。这是指面试的( )形式。
   A. 压力式　　B. 随意式
   C. 问题式　　D. 情景式

4. 面试是一种经过组织者精心设计,在特定场景下,以考官对考生的面对面交谈与观察为主要手段的考试活动。为了使面试更加有效,那么就要按照一定的程序来进行。以下不属于面试一般程序的是( )。
   A. 开始阶段　　B. 准备阶段
   C. 实施阶段　　D. 总结阶段

5. 把面试的内容、形式、程序、评分标准及结果的合成与分析等构成要素,按统一制定的标准和要求进行的面试是指( )。
   A. 结构化面试　　B. 非结构化面试
   C. 半结构化面试　　D. 混合式面试

6. "请谈谈你在……时遇到的情况,你是怎样处理的"这样的面试问题属于( )。
   A. 行为描述面试　　B. 情境性面试
   C. 半结构化面试　　D. 混合式面试

7. 面试的目的是给面试者设置一系列工作中可能会遇到的事情,并询问"在这种情况下你会怎么做",以此来鉴别求职者与工作相关的行为意向。这是指( )的目的。
   A. 行为描述面试　　B. 情境性面试
   C. 半结构化面试　　D. 混合式面试

8. 情景面试应用于人才选拔是基于某心理学家的著名公式:$B=f(P \times E)$。这个公式的意思是:一个人的行为(Behavior)是其人格或个性(Personality)与其当时所处情景或环境(Environment)的函数。这个心理学家是( )。
   A. 勒温　　B. 冯特
   C. 梅奥　　D. 卡特尔

二、多项选择题
1. 面试是一种面试人与求职者相互交流信息的有目的的会谈，面试的作用有（　　）。
A. 可以考察到笔试人员甄选手段难以考察到的内容
B. 可以综合考察应试者的知识、能力、工作经验及其他素质特征
C. 可以弥补笔试的失误，并有效地避免高分低能者和冒名顶替者
D. 面试可以测评应试者的多方面素质
2. 面试的形式有（　　）。
A. 压力式　　　　　　　　　　B. 随意式
C. 综合式　　　　　　　　　　D. 情景式
3. 面试准备阶段需要做的事情有（　　）。
A. 制定面试指南　　　　　　　B. 准备面试问题
C. 评估方式确定　　　　　　　D. 做好总结准备
4. 以下属于结构化面试组织实施程序的是（　　）。
A. 建立面试官队伍　　　　　　B. 准备面试表
C. 选择和布置面试考场　　　　D. 面试的具体操作实施
5. 面试准备阶段需要做的事情有（　　）。
A. 考场所在位置的环境必须无干扰
B. 考场面积应适中
C. 使温度、采光度适宜，建议招聘官背对光线
D. 设置每个独立的面试考场

综合实训

实训目标：

让学生掌握面试的技巧。

实训资料：

宝洁的面试分两轮。第一轮为初试，一位面试经理对一个求职者面试，一般都用中文进行。面试人通常是有一定经验并受过专门面试技能培训的公司部门高级经理。一般这个经理是被面试者所报部门的经理，面试时间为 30～45 分钟。

通过第一轮面试的学生，宝洁公司将出资请应聘学生来广州宝洁中国公司总部参加第二轮面试，也是最后一轮面试。为了表示宝洁对应聘学生的诚意，除免费往返机票外，面试全过程在广州最好的酒店或宝洁中国总部进行。第二轮面试大约需要 60 分钟，面试官至少是 3 人，为确保招聘到的人才真正是用人单位（部门）所需要和经过亲自审核的，复试都是由各部门高层经理亲自面试。如果面试官是外方经理，宝洁还会提供翻译。

宝洁的面试过程主要可以分为以下 4 大部分：

第一，相互介绍并创造轻松交流气氛，为面试的实质阶段进行铺垫。

第二，交流信息。这是面试中的核心部分。一般面试人会按照既定的 8 个问题提问，要求每一位应试者能够对他们所提出的问题作出一个实例的分析，而实例必须是过去亲自经历过的。这 8 个题由宝洁公司的高级人力资源专家设计，无论面试者如实或编造回答，都能反映面试者某一方面的能力。宝洁希望得到每个问题回答的细节，高度的细节要求让个别应聘者感到不能适应，没有丰富实践经验的应聘者很难很好地回答这些问题。

第三，讨论的问题逐步减少或合适的时间一到，面试就引向结尾。此时面试官会给应聘者一定时间，由应聘者向主考人员提几个自己关心的问题。

第四，面试评价。面试结束后，面试人立即整理记录，并根据求职者回答问题的情况及总体印象进行评定。

实训要求：
（1）请描述宝洁公司的面试流程。
（2）评价宝洁公司面试设计的优缺点。

学习评价

▲ 职业核心能力测评表

（在□中打√，A 表示通过，B 表示基本通过，C 表示未通过）

职业核心能力	评价标准	自测结果
自我学习	1. 能进行时间管理 2. 能选择适合自己的学习和工作方式 3. 能随时修订计划并进行意外处理 4. 能将已经学到的东西用于新的工作任务	□A □B □C □A □B □C □A □B □C □A □B □C
信息处理	1. 能根据不同的需要去搜寻、获取并选择信息 2. 能筛选信息，并进行信息分类 3. 能使用多媒体等手段展示信息	□A □B □C □A □B □C □A □B □C
数字应用	1. 能从不同信息源获取相关信息 2. 能依据所给的数据信息，作简单计算 3. 能用适当的方法展示数据信息和计算结果	□A □B □C □A □B □C □A □B □C
与人交流	1. 能把握交流的主题、时机和方式 2. 能理解对方谈话的内容，准确表达自己的观点 3. 能获取信息并反馈信息	□A □B □C □A □B □C □A □B □C
与人合作	1. 能挖掘合作资源，明确自己在合作中能够起到的作用 2. 能同合作者进行有效沟通，理解个性差异及文化差异	□A □B □C □A □B □C
解决问题	1. 能说明何时出现问题并指出其主要特征 2. 能作出解决问题的计划并组织实施计划 3. 能对解决问题的方法适时作出总结和修改	□A □B □C □A □B □C □A □B □C
革新创新	1. 能发现事物的不足并提出新的需要 2. 能创新性地提出改进事物的意见和具体方法 3. 能从多种方案中选择最佳方案，并在现有条件下实施	□A □B □C □A □B □C □A □B □C
学生签字：	教师签字：	年　月　日

▲专业能力测评表

（在□中打√，A 表示掌握，B 表示基本掌握，C 表示未掌握）

业务能力	评价指标	自测结果	要求
面试操作程序	1. 面试形式 2. 面试阶段	□A □B □C □A □B □C	能正确理解面试的形式；能熟悉面试阶段；能掌握每个阶段的操作技能
面试辅助工具设计	1. 面试辅助工具类型 2. 面试辅助工具设计技能	□A □B □C □A □B □C	能熟悉面试辅助工具的类型；能掌握面试辅助工具的设计和运用

续表

业务能力	评价指标	自测结果	要求
结构化面试操作流程	1. 选择和培训面试官 2. 布置面试考场 3. 面试实施	□A □B □C □A □B □C □A □B □C	能够熟悉每个环节要做哪些事情以及掌握每个环节的实施技能
教师评语：			
成绩		教师签字	

项目六
评价中心操作

本章知识点

评价中心　无领导小组讨论　公文筐测验　角色扮演测验

本章技能点

无领导小组讨论测验的设计　无领导小组讨论的实施与操作　公文筐测验的设计　确定测评要素　公文筐测验的实施与操作　角色扮演的实施与操作

职业核心能力

自我学习　信息处理　数字应用　与人交流　与人合作　解决问题　革新创新

知识导图

图:
评价中心操作框架图

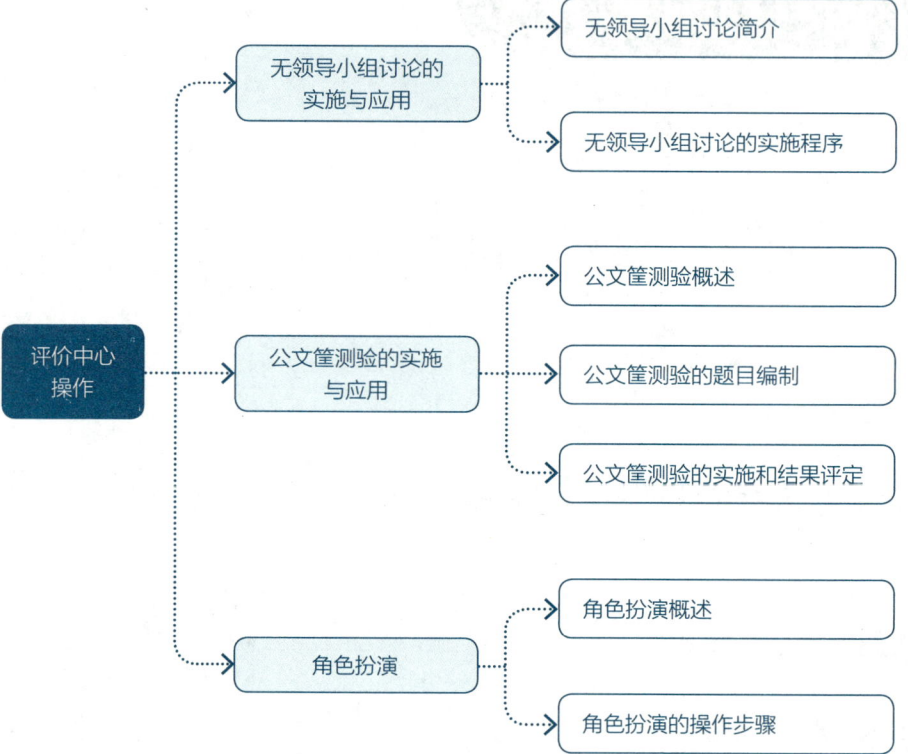

任务 1　无领导小组讨论的实施与应用

重点与难点：
无领导小组讨论的类型，无领导小组讨论的实施程序

引　例

飞达公司是一家中等规模的汽车配件生产集团。最近由于总经理临近退休，董事会决定从该公司的几个重要部门的经理中挑选接班人，并提出了三个候选人：赵强、王亚虎和刘国强。这三位候选人都是在本公司工作多年，经验丰富，并接受过工作转换轮训的有发展前途的高级职员。就业务而言，三个人都很称职，但三个人的领导风格有所不同。

赵强对他本部门的生产非常满意。他总是强调对生产过程和质量控制的必要性，坚持下属人员必须很好地理解生产指令，迅速准确、完整地执行。当遇到小问题时，赵强喜欢放手交给下属去处理。当问题严重时，他则委派几个得力的下属去解决。通常他只是大致规定下属人员的工作范围和完成期限，他认为这样才能发挥员工的积极性，获得更好的合作。赵强认为对下属采取敬而远之的态度是经理最好的行为方式，亲密关系只会松懈纪律。他不主张公开批评或表扬员工，相信每个员工都心中有数。赵强认为他的上司对他们现在的工作非常满意。赵强说管理中的最大问题是下级不愿意承担责任。他认为，他的下属可以把工作做得更好，如果他们尽力去做的话。他还表示不理解他的下属如何能与前任——一个没有多少能力的经理相处。

王亚虎认为应该尊重每一位员工。他同意管理者有义务和责任去满足员工需要的看法。他常为下属员工做一些小事：帮助员工的孩子上重点学校，亲自参加员工的婚礼，同员工一起去郊游等。他还给一些员工送展览会的参观券，作为对员工工作的肯定。王亚虎每天都要到一趟工作现场，与员工们交谈，共进午餐。他从不愿意为难别人，他还认为赵强管理方式过于严厉，赵强的下属也许不那么满意，只不过在忍耐。王亚虎还注意到管理中存在的不足，不过他认为大多是由于生产压力造成的。他想以一个友好、粗线条的管理方式对待员工。他也承认本部门的生产效率不如其他部门，但他相信他的下属会因他的开明领导而努力地工作。

刘国强认为作为一个好的管理者，应该去做重要的工作，而不能把时间花在与员工握手交谈上。他相信如果为了将来的提薪与晋职而对员工的工作进行严格考核，那么他们会更多地考虑自己的工作，自然地会把工作做得更好。他主张，一旦给员工分派了工作，就应该让他以自己的方式去做，可以取消工作检查。他相信大多数员工知道自己应该怎样做好工作。如果说有什么问题的话，那就是本部门与其他部门的职责分工不清，有些不属于他们的

引 例

> 任务也安排在他的部门，但他一直没有提出过异议。他认为这样做会使其他部门产生反感。他希望主管叫他去办公室谈谈工作上的问题。
>
> 　　要求被测试人分别以推举候选人的董事身份，参加讨论，决定总经理的最终人选。应试者须知：
>
> （1）应试者接到"讨论题"后，用5分钟时间拟写讨论提纲；
>
> （2）按照考号的顺序每人限3分钟阐述自己的基本观点；
>
> （3）依次发言结束后，应试者用30分钟时间进行自由交叉辩论。在辩论过程中，应试者可更改自己原始的观点，但对新观点必须明确说明；
>
> （4）辩论结束后，应试者将拟写的发言提纲交给主考官，应试者退场。
>
> 　　从写提纲到辩论结束，共用了40分钟。无领导小组讨论结束了，但是对被测试人的评价不一致。大家得出的结论各异。
>
> **分析**：出现评价人员意见不一致的原因是因为人力资源部同用人部门没有确定评分要素及权重，譬如说，这次测评要素是六大要素：言谈举止得体、发言主动生动、论点准确、综合分析与论证说理能力、提纲挈领、组织与领导能力。要列出来并进行说明。同时要确定每个要素的权重。言谈举止得体（5%）；发言主动生动（15%）；论点准确（15%）；综合分析与论证说理能力（15%）；提纲挈领（20%）；组织、领导能力（30%）。这样就比较好评价了，就不会出现案例中的那种情况。

一、无领导小组讨论简介

（一）无领导小组讨论的含义

无领导小组讨论（Leaderless Group Discussion，简称LGD），区别于结构化面试这种"逐一面试"形式，是人才评价中经常使用的一种测评技术。

无领导小组讨论是评价中心技术中应用频率比较高的情境模拟测试方法。从理论的角度理解，无领导小组讨论是指运用松散群体讨论的方法，快速诱发被试者的特定行为，通过对被试者行为的定性描述、定量分析以及人际间比较来判断被试者素质特点的测试方式。

从操作的角度理解，无领导小组讨论是给所有被试者一个共同的讨论题目，让其在规定的时间内自由开展讨论活动，要求小组成员要就讨论的问题形成最终的一致性意见。考官通过被试者在讨论过程中表现的语言和行为进行评价。无领导小组讨论的信度随着小组人数增加而有所提高，其效度系数一般为 0.15～0.85，总体来说，无领导小组讨论对于管理者领导组织技能的评价很有效。

无领导小组讨论的时间一般为60分钟，如果这种方式用于培训项目，还要考虑在测试结束以后考官对小组成员进行反馈的时间，反馈时间没有统一的规定，受被试者人数的影响，针对小组成员的集体反馈大约为 30 分钟。无领导小组讨论属于团体测试项目，每组被试者的人数为 5~7 人。

（二）无领导小组讨论的发展

无领导小组讨论起源于第一次世界大战，德国的军事心理学家用圆桌讨论方式来挑选间谍，由于效果较好，后来在军队中得到广泛的使用。二战期间，美国战略情报局用无领导小组讨论选拔优秀的情报人员，英国陆军部采用无领导小组讨论评选军官。由于在军队中的成功运用，二战结束后，"军转民"，该方法被运用到企事业人才的选拔实践中，得到了推广和流传，同时取得了非常理想的效果。

无领导小组讨论技术是西方人力资源领域流行的经典技术之一，是一种既"短平快"，又可以考察到应聘者真实行为表现的人才测评方法，被广泛应用于人员招聘、晋升、考核等环节。经过多年的应用和改进，其测量学指标和实际效果越来越得到业界的认可。从 20 世纪 90 年代开始，世界 500 强企业中有 80% 的企业在高级人才招聘或职务竞争上使用无领导小组讨论的面试方式。

对于我国的人力资源工作者来说，无领导小组讨论技术也并不陌生，特别是近年来随着国内对人力资源管理技术重视程度的提高，该技术越来越被广泛地应用在企业的面试中。国内的毕博管理咨询公司、联想集团、中美大都会保险公司等国内国际一流大公司都曾采用无领导小组讨论的面试方式来招募精英。这一测评方式已成为国内名校经济管理学院选拔 MBA 学生的一个必备环节。2008 年的奥运志愿者选拔上也采用了无领导小组讨论的形式。

（三）无领导小组讨论的功能

无领导小组讨论可以通过对具体事件的分析来考察应聘者的主动性、沟通能力、演绎思维、归纳思维、团队合作、自信等素质因素，同时具有区分、评定和预测三大功能。

（1）区分功能。在一定程度上区分出应聘者能力、素质上的相对差异。

（2）评定功能。能在一定程度上评价、鉴别应聘者某些方面的能力、素质和水平是否达到了规定的标准。

（3）预测功能。能在一定程度上预测应聘者的能力倾向和发展潜力，预测应聘者在未来岗位上的表现、成功的可能性和成就。

（四）无领导小组讨论的特点

任何测试方法由于其测试形式的特点都有比较鲜明的特点，无领导小组讨论能够为所有被试者提供公平展现的平台，考官不仅能够观察到被试者完成任务的过程，还能观察到被试者之间的相互作用。但不同的小组对相同题目的表现缺乏一致，造成无领导小组讨论不能进行组间评价。作为一种有效的测评工具，无领导小组讨论技术有着明显的优点和缺点。

1. 无领导小组讨论的优点

（1）可测试出笔试和单一面试所不能测查出的能力和素质。笔试只限于书面作答，测查的是应聘者对知识的拥有量，主要评价的是应聘者的记忆能力，对人的观察是间接的，应聘者的很多特点在笔试中不能反映出来；结构化面试是一个应聘者面对几个考官，独立分析、回答问题，考官对应聘者的测试相对静态、平面，主要评价应聘者"如何说"，并且受题目难度、考官情绪等因素的影响，容易造成考核偏差，无法细致深入考察应聘同一职位的应试者之间具体能力的差异。而无领导小组讨论具有生动的人际互动效应，通过被评价者之间的交叉讨论、频繁互动，能看到许多纸笔测验乃至单一面试所不能测查到的能力或素质，考官不仅能评价应聘者"如何说"，还能评价应聘者"如何做"，能够运用自己的感官，对应聘者外部行为进行观察，评价应聘者在特定环境下的环境适应能力、非语言沟通能力、解决实际问题和困难的能力等。

（2）具有真实诱发效应，可依据应试者的行为特征来对其进行更加全面、合理的评价。事物只有在运动中才能显露其特点和本质。同样，被评价者只有在活动中才能表现其内在素质。无领导小组讨论具有真实诱发效应，即讨论中的快速反应和随机反应，有利于诱发被评价者真实的行为模式，大大减少了行为的伪饰性。无领导小组讨论作为人员素质测评的一种方法，从属于情景模拟测验，现在流行的素质理论"冰山模型"或"洋葱模型"告诉我们，人的素质从里到外大致可以划分为内在素质（态度、动机、价值观等）、知识和技能、外在行为三部分，其中内在素质只能通过外在行为来衡量。心理学理论告诉我们，一个人的内心世界总是会表现在他的外显行为中，当一个人表现出某种行为时，认知者会感受到，而一旦感受到，就会不由自主地产生某种情感反应，然后根据自己的知识经验能力要素和个性特征进行回应。这些知识经验能力要素和个性特征包括对法律、法规、政策的理解和运用能力，包括对拟讨论题目的理解能力、发言提纲的写作能力、逻辑思维能力、语言说服能力、应变能力、组织协调能力，包括动机特征、自信心、独立性、灵活性、决断性、创新性、情绪的稳定性等，同时也包括个人的气质风度、个人素养等外在的表现形式特征。

（3）可使应试者有平等的发挥机会，通过观察应试者之间的相互作用快速显现出个体的差异。无领导小组讨论的最大特点就是讨论过程中并不指定小组的领导者或主持人，所以讨论中各个成员处于平等的地位，这就从规则上保证了面试者讨论的自由性，使面试者在讨论时心理上无拘无束，畅所欲言，可以发表自己的见解，也可以就别人的观点进行补充，通过相互间的交流沟通，碰撞出思想的火花，从而使讨论进行的更加激烈。它最突出的特点就是具有生动的人际互动性，应聘者需要在与他人的沟通和互动中表现自己，在相互作用的过程中，被评价者的特点会得到更加淋漓尽致的表现，同时也给评价者提供了在与其他被评价者进行对照比较背景下对某个被评价者进行评价的机会，从而使评价更加全面、合理。

（4）能对竞争同一岗位的应试者的表现进行同时比较（横向对比），考查更加全面客观。无领导小组讨论把所有面试者置于相同的环境，就同一个问题观察不同面试者的综合素质,各位面试者互为参照物,克服了人的记忆力、印象在时空上的滞后性与以往性,弥补了结构化面试无法进行横向比较的不足。从面试者角度而言,在同一时间里展现自己多方面的素质,在临场发挥的情况下难以掩饰自己的特点,特别是设置一些与工作相关的典型情景,面试者更能身临其境,容易接受这种方法,并能表现出真实的能力水平,便于面试官对其作出客观、准确的评价。

(5)无领导小组讨论面试能够拓宽应聘者的思想,激发其个人潜能。有的应聘者在独自面对众多考官时,会表现出思维混乱、无所适从、语无伦次的紧张状态,抑制了其素质能力的表现发挥。参加无领导小组讨论面试,应聘者能够在互动的情境中,逐渐放松神经,当受到其他应聘者的启发、纠正和支持时,能看到自己的不足,认真进行思考,领会到解决问题的方法,言语流畅地加以表达,激发其个人的潜能。

(6)节省时间,提高面试的效率。传统面试是一种单独面试,面试程序根据面试人数的多少进行周而复始的重复,容易造成面试考官审美疲劳、精力不济,影响评价的客观真实。无领导小组讨论在同一时间里对所有的面试者进行考查,比起其他评价方法要节省时间,减少重复工作量。在一定程度上,减少了题目纰漏的可能性,节省了人力、物力,提高了面试效率。

(7)应用范围广。无领导小组讨论应用范围广,不仅广泛应用于各层级人员的选拔过程(比如用于校园招聘),更适用于高级管理人员的选拔过程;既可用于选拔企业单位的管理人员,也可用于选拔事业单位的领导干部,还可以对组织的在职管理人员进行测评诊断。不仅能应用于非技术领域、技术领域,还能应用于管理领域和其他专业领域。

2. 无领导小组讨论的缺点

(1)基于同一个背景材料下的各个不同小组讨论的气氛和基调可能完全不同。无领导小组讨论面试基于同一个背景材料,各个不同小组讨论的气氛和基调可能完全不同。有的小组气氛比较活跃、比较有挑战性,而有的小组气氛则比较平静,节奏比较缓慢,甚至显得死气沉沉。一个被评价者的表现会过多地依赖于同一小组中其他被评价者的表现,比如,一个很健谈的人遇到一些比他更活跃的人物时,反而会让人觉得他是比较寡言的,而一个说服力不是很强的人在一个其他人更不具有说服力的群体中,反而会显得说服能力很强。这说明无领导小组讨论的小组之间缺乏横向比较性。

(2)对测试题目的要求较高,题目的质量直接影响了对被评价者评价的全面性与准确性。测试题目是无领导小组讨论小组内人与人之间发生相互作用、引导个体表现特定行为的诱导因素。因此,不同内容的题目对人们的兴趣和参与热情、对群体的气氛、对个体行为的表现方式与行为强度有着重要的影响。因此,能否选择合适的讨论题目对于无领导小组讨论的全局具有非常重要的作用。要使无领导小组讨论测评取得成功,必须选择合适的话题,拟定恰当的讨论题目。此外，题目涉及的重点在于运用什么题型，通过什么内容激发和考察这些要素，可以用什么方法来保证"给被评价者足够的表现空间"这个总原则能够得到很好的体现。这个原则必须贯穿整个题目设计的始终，所有工作都只是为了使被评价者能够更完全地表现自己的"本来面目"。因此，要想设计一个良好的题目并不是一件容易的事情。

（3）对面试官的评分技术要求较高，因此要求面试官需接受专门的培训。面试官的知识水平在很大程度上关系到面试的成功与否。没有经验的面试官在无领导小组讨论过程中只观察不同应试者的发言内容，其实这是观察的一个误区。这种面试官常常在考察他人的过程中不知不觉地让自己变成了应试者，脱离了考察他人的角色。一旦某个应试者和自己观点一致就立刻给予较高的认同，给分也高。如此一来，面试官只考察了应试者的洞察力和语言表达能力，完全没有观察到不同应试者的其他能力。因此，有经验的面试官必须兼顾应试者讨论的内容和互动过程两个方面，且更加注重观察整个讨论的过程。

无领导小组讨论这种评价方式对评价者的评分技术要求比较高，而且评价标准相对不易掌握，所以评价者必须接受专门的系统培训，深入理解无领导的观察方式、评分方法以及各个评分维度的含义。从规范的角度讲，最好还要进行模拟观察和评分练习。另外，实际操作中，对应试者的评价易受面试官各方面因素的影响，特别是主观意见的影响（如偏见和误解）。有的考官受晕轮效应、首因效应等因素影响给应聘者打分有失客观，结果导致不同的测评人给出的评分结果差距较大。甚至考官在小组讨论过程中还相互交流看法，失去了评分的独立性，操作过程不够规范，难以保证整个小组讨论的效果。

（4）存在应试者做戏、表演或伪装的可能性。无领导小组讨论虽具有真实诱发效应，有利于诱发被评价者真实的行为模式，但是应试者仍有可能做出故意迎合测评目的的行为表现。比如一个人在平时的生活、工作中不是一个善于沟通的人，但是他会在测评过程中清楚并有效地阐述问题，调整说话风格，以符合听众和主题，并能够设身处地为他人着想，关注并尊重他人的想法、感受和权益。再比如，一个人在平时的生活、工作中不是一个主动的人，但是他会在测评过程中积极主动发言，并帮助组员补充说明。另外，应试者的经验，尤其是曾有过的无领导小组讨论的经验可能会影响其他能力的真正表现，因为对讨论题目的熟悉程度以及对无领导小组讨论操作流程的了解会影响应试者的表现，从而使其存在伪装的可能性。

（五）无领导小组讨论的类型

讨论的类型有很多种，可以就观点、问题或具体计划进行讨论。无领导小组讨论的类型根据讨论的情境、角色、目标等因素大体可以分为四类：

1. 有情境与无情境的讨论

有情境的无领导小组讨论就是让被试者根据题目中给出的组织背景和任务要

> 技能点：
> 分清无领导小组讨论的类型

求进行讨论。情境信息告诉被试者面对的组织状况及面临的问题，要求被试者定向完成讨论任务。例如，下面这道题目就是典型的有情境的讨论：

假如你是某企业的人力资源经理，"十一"长假经本部门大多数人提议决定去沙漠徒步旅行5天，你当然也一同前往。除你之外还有7位男性，4位女性，其中有3个美国人、1个德国人和1个日本人，平时用英语进行沟通。在旅行中，由于沙漠一直高温，风沙太大，成员已经疲惫不堪，大部分人已经接近中暑。现在你们搞不清自己在哪里，手机也没有信号，你们已经迷路了，而且对沙漠的情况也不了解，不知道还会出现怎样的情况。现在你们共同拥有以下物品：5把遮阳伞、1块手表、1个英汉电子词典、20瓶矿泉水、1个指南针、10袋饼干、2盒清凉油、12副太阳镜、1根粗绳、1张6平方米的挡沙帆布、6个野外双人帐篷、1张地图、少量药品。请选出最重要的5样物品，按重要性排序并说明排序的理由。

上述题目属于有情境的无领导小组讨论，给出的情境信息包括旅行背景的简单介绍、旅行中的问题、需要解决的问题（也就是要求被试者完成的任务）。

无情境的无领导小组讨论就是让被试者就一个开放性问题或两难性问题进行讨论。被试者根据对问题的认识发表观点，并积极向其他被试者说明自己的观点，协调小组中的不同意见，利用自身的影响力说服不同意见者。无情境的小组讨论一般会选择社会的热点、难点问题让被试者进行讨论。

例如：80后一直是被争议的一代人，"80后是否真的像一些人所说，不负责任""是否真的非常自我"……请发表自己的观点，并与其他被试者共同进行讨论，在规定的时间内形成一致性的意见。

2. 有角色与无角色的讨论

根据题目赋予被试者角色的特点，可以分为有角色的小组讨论与无角色的小组讨论。角色在这里的理解就是分配给每个被试者的职务。如果题目规定被试者处于相同的角色则属于无角色，因为大家的角色都是相同的，体现不出由于角色不同造成的任务或目标差异。如果给每个被试者分配不同的角色，目标或任务存在差异，就属于有角色的小组讨论。

无角色的小组讨论例题：

"……如果您作为大赛的评委之一，您需要与其他评委共同讨论A选手和B选手谁能成功晋级，并形成一致性的意见……"

有角色的小组讨论例题：

"……你们作为每个社团联合会的负责人，会怎样为自己的社团争取到活动场地？……"

3. 合作性讨论、竞争性讨论与竞争合作性讨论

在某些无领导小组讨论题目的设计中，所有的被试者要合作完成共同的任务，这类题目叫作合作性的无领导小组讨论。

例如:"你们在沙漠中遇到了困难,作为旅行团中的一员,你必须在10分钟内分析遇到的困难,与其他成员共同讨论这些问题,并共同制定较为详细的解决方案。"

在某些无领导小组讨论题目的设计中,被试者个人的利益或所代表的利益群体之间存在冲突或矛盾,这类题目一般会要求被试者就有限的资源进行争夺。这类题目叫做竞争性的无领导小组讨论。

例如:"……你们作为每个社团联合会的负责人,会怎样为自己的社团争取到活动场地……"

在某些无领导小组讨论题目的设计中,所有被试者之间既有共同目标需要相互合作,又存在相互竞争。这类题目叫做竞争合作性的无领导小组讨论。

例如:"为了尽快在这个小岛上建设基地,请A队成员自由组合成三个小组,三个小组分别负责生活区、生产区、休闲区的规划,我们将对整体规划与每个区的规划进行评估,得分最高的小组进入下面的测试,整体规划得分最高团队每人获得5分……"

4. 工作情境相关与工作情境无关的讨论

在无领导小组讨论的题目设计中设计与被试者现在或未来的工作情境相似的情境,要求被试者处理实际工作可能会出现的关键事件,这类讨论叫做与工作情境相关的讨论。比如让申请人力资源经理职位的被试者根据组织面临的状况共同讨论组织年度培训计划。而某些情况下题目的设计又与被试者实际的情境无关,这类讨论叫作与工作情境无关的讨论。

二、无领导小组讨论的实施程序

要掌握无领导小组讨论的方法,考生必须首先了解这种面试方法的流程。在运用无领导小组讨论时必须遵照严格的实施程序,一个完整的无领导小组讨论通常包含以下五部分:

(一)准备阶段

1. 题目的设计

无领导小组讨论题目的设计非常重要,直接决定了测评能否取得成功。考试机构会根据应试者拟报考职位的特点和所要考查的测评要素,选择适当的题目,必要的时候还会准备一个备份题目,以防意外情况。

(1)确定选题原则。在无领导小组讨论测验中,必须给被评价者充分展示自身的机会,从而使评价者能够对其作出较为准确的评价。根据以上要求,其题目设计必须体现的原则是给被评价者足够的表现空间,这个原则必须贯穿于整个题目设计的始终,题目设计中所做的一切工作都是为了使被评价者能够更完全地表现自己的"本来面目"。无领导小组讨论的难点在于题目设计,题目设计应遵循以下几个原则。

① 高仿真原则。在无领导小组讨论实践中，能够让被试者进行充分讨论的是有情境的讨论题目。被试者能够根据情境提供的信息进行分析、讨论，并且能够反映出多种观点，这有利于被试者尽快进入状态。所以无领导小组讨论题目设计应该遵循高仿真原则，尽可能清晰地再现某个情境。

② 针对性原则。针对性原则是指无领导小组讨论的设计应该根据测试目的确定的测试维度进行设计，不能单纯考虑讨论的场面热闹，而测试出来的被试者的素质与测试目的无关。很多企业用到的题目，特别是在电视节目上开展的讨论活动，单纯追求了形式，忽略了测试的目的，这会使得小组讨论的效度降低。

③ 适宜被试者。前面我们谈到进行面试题目的设计要考虑面试对象的可接受程度，小组讨论的题目设计同样如此。测试对象不同，对测试题目要求不同。要注意根据被试者的知识水平、阅历背景设计题目。比如针对大学生招聘的讨论题目肯定比选拔总经理的题目要简单，题目的信息量要小，题目的背景信息比较简单。所以设计小组讨论题目要考虑与测试对象水平匹配。

④ 结果多元化原则。无领导小组讨论的基本原则就是题目没有固定的答案，每个题目都具有多个结果、多种合理的解释，只有这样才能为被试者之间的充分讨论创造条件。被试者能够进行多种意见的争论，考官才能够对被试者进行全面的观察与评价。每个小组讨论的题目都有多个合理的结果就是题目设计的多元化原则。

⑤ 被试者角色平等。对于需要角色分工的讨论题，题目本身对角色的分工在地位上要平等，不能造成被试者之间有等级差异的感觉。只有角色的平等，才能让被试者发挥自己的才能和潜能，积极地参与到讨论过程中，被试者的积极表现是考官能否对被试者进行客观、准确评价的基础。

（2）选择题目类型。目前，比较流行的无领导小组讨论题目的形式可以分为以下 5 种：资源争夺型问题、开放式问题、两难问题、多项选择问题、操作性问题。

① 资源争夺问题。这类题目的特点就是考官在题目中配置有限的资源，由被试者共同完成资源分配任务，有的资源争夺问题还为被试者分配不同的角色，让被试者以不同的角色参与资源的分配。考官设计题目需要充分考虑资源数量与获取资源对象的矛盾，角色与资源的关系。这类题目适宜测试被试者的计划能力、组织能力、协调能力、分析能力与决策能力。资源争夺的问题属于有情境的小组讨论题目。

例题：
资源争夺问题

媒体素材：
资源争夺问题

例如：国庆 60 周年马上就要到了，学校各个社团纷纷组织活动以庆祝国庆。学校可以举行大型活动的运动场国庆期间的时间基本都被预订完了，只剩下 10 月 8 号下午的时间。学校社团联合会和学校广播电台在这一天下午都预备举行活动。你作为社团联合会/广播电台的负责人，你会怎样为社团争取到活动场地？

例题：
开发性问题

② 开放式问题。开放式问题是没有固定答案的问题，是仁者见仁、智者见智的问题，问题本身就可以有多种合理的解释。考官并不关注被试者最终形成的

媒体素材：
开发性问题

答案的准确性和合理性,而是关注被试者在发表意见的过程中表现出的能力,向其他被试者推销自己观点的能力,协调不同意见的能力,在讨论过程中表现出的说服力与影响力。设计此类题目要充分考虑问题要有多种答案,能够引起被试者充分争论。开放式的问题属于无情境的小组讨论题目。

例如:"贾君鹏,你妈妈喊你回家吃饭"——这条只有标题,打开却几乎没有内容的帖子,毫无征兆地在网络上迅速飙红,短短一天之内,创造了匪夷所思的710万点击量和30余万的回帖数,达到了贴吧的极限!此帖还引发了网友对"贾君鹏"的人肉搜索,更有不少网友加入恶搞队列,组成异常庞大的"贾君鹏家庭"。这个帖子为何会引起广大网友的如此关注,体现了一个怎样的社会现象?请你们共同讨论这项提议,并形成一致性意见。

③ 两难问题。两难问题是要求被试者从两个互相对立,但各有利弊的答案中选择其中的一个,该类问题主要用来测查被试者的分析能力、语言表达能力和应变能力、说服力等。对于考官而言,此类问题编制题目比较方便,而且在评价被试者方面比较有效。但是,此类题目需要注意的是两种备选答案一定要有同等程度的利弊,不能是其中一个答案比另一个答案有很明显的选择优势。

例如:你认为应先成家后立业还是先立业后成家?

④ 多项选择题。多项选择的小组讨论题目有两种形式,一种是让被试者从较多的备选答案中选择几项答案,另外一种是让被试者对多项答案按照自己理解的重要性程度进行排序,后一种形式在人才测评实践中应用比较普遍。

例如:一艘在东海上航行的中国轮船不幸触礁,还有半个小时就要沉没了。船上有16人,可唯一的一只救生小船只能载6人,哪6个人应先上救生船?(船上人员相关资料见表6-1)

> 例题:
> 多项选择问题

> 媒体素材:
> 多项选择问题

表6-1 船上人员相关资料

角色	性别	年龄
船长	男	37
船员	男	36
盲童(音乐天才)	男	17
某公司经理	男	34
副省长(博士)	男	42
省委副书记	女	42
省委副书记的儿子(研究生、数学尖子)	男	24
某保险公司销售员(白族)	女	20
生物学家(获国家重大科技进步奖)	女	51
生物学家的女儿(弱智)	女	14
公安人员	女	25

续表

角色	性别	年龄
某外企外方总经理（白种人）	男	38
罪犯（孕妇）	女	25
医生	男	38
护士（同性恋者）	女	25
因抢救他人而负伤的重病人（昏迷）	女	25

⑤ 操作性问题。操作性问题与管理培训领域的"沙盘模拟"比较类似，考官要求被试者根据一定的规则和考官提供的道具完成具体任务。此类问题主要考察被试者的计划组织、合作能力、协调能力、角色意识等指标。操作性问题与其他问题的差异是，操作性问题要求被试者不但要"想"还要"做"，其情境模拟的特点更加直观。

例如：在这个小岛上建设基地，请大家共同组成一个设计与实施小组，负责生活区、生产区、休闲区的规划和实施，并利用我们提供的模型完成建设的过程。整个过程的时间为 60 分钟，大家必须在规定的时间内完成任务。

开放式问题和操作性问题不易引起被评价者之间的争辩。两难问题对出题的要求过高，考查的要素相对简略，而且过程不容易控制。在一般的甄选过程中，特别是甄选组织的中高层管理人员时，更多的时候是考虑使用多项选择问题和资源争夺问题。这两类问题在实践过程中有相通之处，一般来说，相同的材料可以变成这两种题型中的任何一种。当然，这两种题型对题目编制的要求比较高，这就使 LGD 题目设计研究更有意义。特别是资源争夺型问题，一定要保证案例或者角色之间的均衡性，这一点尤为重要。

（3）写出初稿。在理清原则之后，需要根据这些原则开发题目。无领导小组讨论题目设计非常需要团队合作。一般说来，经过几次讨论之后，不仅相互之间可以启发思路，而且比较容易形成一致的目标，达到很好的效果。并且要尽可能地占有资料，通过互联网、图书馆等找一些可以利用的资料，根据讨论出来的原则收集资料。

（4）向专家咨询。在初步写出设计方案之后，进行试题之前，应该把方案提请有关专家进行初审，这样做的好处是尽量消除题目设计中的常识性错误，减少试测的次数。可以向心理学家或者测评专家或者是部门领导咨询，通过咨询确定案例与话题是否与实际工作联系；案例与话题是否均衡（资源争夺型问题）；案例与话题是否适合考察需要考察的素质；案例与话题是否存在常识性错误；案例与话题是否还有需要完善的地方；是否有更好的建议（案例、话题、考查方式等）。

（5）试测。实践是检验真理的唯一标准，初稿送请专家审阅之后，还需要进行一个关键步骤——试测，试测的效果直接关系到题目设计的成败。一项设计无论在理论上如何完美，在没有经过实践之前，都不能够说是成功的。试测应该注意的问题就是选择合适的试测对象，他们中的一部分人以后可能会成为甄选的对象。当然，在条件有限的情况下，大学毕业生和 MBA 培训班的学员也是较好的选择。

（6）收集反馈意见。试测的反馈意见包含三个部分：参与者的意见、评分者的意见和统计分析的结果（主要是评分者一致性信度和预测效度）。其中参与者的意见是案例修改和完善的重要依据。评分者的意见可以用来完善评分表和评分要素，也可以在一定程度上作为案例修改的依据。统计分析主要是决定试测的效果，如果难度合适，统计分析的结果达到了预想的水平，就可以形成终稿。

（7）再次试测。这一步骤和收集反馈意见是紧密相连的，如果试测效果满意，就不需要再次试测；如果测验效果不满意，表现为案例需要大改，统计分析不能达到预想效果等，就需要根据反映出来的情况，重新修订题目，再进行试测。这个过程可能要循环几次，直至试测效果满意，得以定稿。

2. 题本的构成

题本既是考生展开讨论的依据，也可以起到指导和控制考官的作用，从而做到面试公平。一套标准的无领导小组讨论面试题本应该包括题签、指导语、命题思路和评分参考四个部分。

（1）题签。给出背景材料、考生的身份和任务、注意事项等内容，为考官和应试者所共有。目的是向考生交代考试目标、程序、注意事项，使考生对自己的任务和考试过程有个准确把握。

（2）指导语。包括主考官控制整个考试的标准化表述，是事前根据命题者对考试的预测和设计，提前为主考官设计的，以便于对考生实施统一控制。

指导语一般如下：

大家好！首先祝贺大家顺利通过了笔试，欢迎参加今天的面试。我们将采取无领导小组讨论的考试形式，包括个人陈述、自由讨论、总结陈词三个阶段，在整个考试过程中，除了时间的提醒外，考官不会发言，请考生按照提本上的考试要求进行作答。好，请翻开桌上的题本，计时开始。

（3）命题思路。指命题的出发点和命题者对面试的主题构思，对考官准确把握试题，理解命题者的构想十分重要，特别是无领导小组讨论技术，由于其程序控制并非试题所能表达的，因而对考官更为重要。

（4）评分参考。指对测评目标在小组讨论中的表现形式的概括性描述，给考官评价以参考。

3. 材料的准备

在开始无领导小组讨论测试之前还要进行资料准备工作。准备的资料包括：讨论题目、评分表、考官的记录纸、被试者的草稿纸。如果是"背对背"的小组讨论，还要准备《编号与姓名对照表》。测试过程中每个被试者与考官都要讨论题目。因为考官要对每个被试者进行评价,考官人数与被试者人数相乘得出评分表的数量。同时还要为考官与被试者准备足量的草稿纸。

4. 考官的分组

通常每组考官5至7人,其中一个被指定为主考官。每个小组的考官,应由用人部门的领导、考试机构的人员及相关的专家组成。考官分组时还会考虑一个小组内考官的年龄、性别、专业知识结构等方面的差异。所有的考官都要求对待聘职位的工作内容和工作要求非常清楚,具备国家及地方公务员考试认可的资格,并受过相应的培训。培训内容包括题目的内容、实施程序、指导语、时间限制、评价维度和评分标准等。如果条件不允许,也可由该小组的考官在测试前抽时间一起熟悉这些方面的内容。

5. 应试者的安排

(1)对应试者分组。原则上每组6人,但特殊情况下可在4至12人范围内进行组合。值得注意的是,尽量将报考同一部门、同一职位或相近职位的应试者安排在同一组;将同一背景或背景相似的应试者排在一组。

(2)排出应试者的时间表。对于不同的应试者小组的情况,分别排出每个小组的时间表,以方便工作人员和应试者做好准备工作。

6. 考试现场的布置

无领导小组讨论的场地布置是场地准备的关键。有专家认为情景模拟技术属于广义的面试的范畴,因此对场地的要求可以参照面试场地的环境要求。小组讨论与面试在场地布置方面存在差异。小组讨论的现场布置要能够充分便于被试者进行交流,便于考官对被试者进行观察,并且尽量减少由于考官的存在对被试者产生影响。关于小组讨论的现场布置有三种观点:标准化布置、传统布置与实践布置。

(1)标准化布置方式。标准化布置方式是实验室研究采用的布置方式。此种方式的特点在于能够将外界对被试者的干扰减到最低,考官坐在观察室内透过单向玻璃对被试者进行观察,被试者能够在"自然情境"中进行充分的表现。不会因为考官的存在影响被试者正常发挥。摄像机将讨论的过程全程摄制下来,一旦考官在后期评价当中出现意见分歧,可以再次调取录像资料进行取证。这种布置方式与其他方式最突出的特点在于可以创造"自然的情境",但成本较高。

(2)传统布置方式。这种方式存在比较明显的缺陷。情境模拟测验强调由多位考官对被试者进行共同观察与评价,而这种方式是由一位考官对坐在对面的被试者进行观察、评价,而不去观察其他的被试者,这就造成了两个被试者由一位考官进行评价的情况,破坏了考官共同评价的基本原则。众所周知,即使测评方法的标准化程度,也要通过考官对评价标准的把握,和考官对被试者的观察结果来形成对被试者的评价意见。只要经过考官的加工都或多或少地体现考官的个人臆断。这种布置方法不利于考官对一个被试者的各项测试维度形成统一的评价意见。从场地布置的原则来看，这种方式对被试者的影响比较大，考官无法对自己两侧的被试者进行观察。基于以上原因，不推荐使用此种布置方式。

（3）实践布置方式。实践布置方式是我们在企业中实施无领导小组讨论测试经常采用的方式。此种方式的特点在于经济实用，考官对被试者的观察比较方便，缺点是考官的直观观察可能会影响被试者的行为表现。如何解决这个问题呢？我们的建议是在无领导小组讨论的指导语当中向被试者说明"你们可以忽略考官的存在，所有的事项由你们自行决定，与考官无关，大家可以把考官当作背景来处理。"

（二）开始阶段

1. 检查准备情况

考务人员会提前 10 分钟进入考场，检查考场的准备情况，包括场地是否符合要求，所需材料是否准备齐全等。

2. 应试者入场

进场测评开始前 5 分钟，考务人员在确认应试者信息无误后，带领应试者进入测评场地，请其随机就座。也可能是由考务人员采用抽签的方式确定考生的顺序，列队进入考场，按次序就座。

3. 主考官宣布考试规则和纪律

应试者落座后，主考官向应试者简单介绍应试者在本次面试中所要做的事情，然后向应试者宣布纪律，主要是要求应试者之间不相互商议、交头接耳等。

4. 向应试者发放材料，宣读指导语

向应试者发放材料，包含该次讨论的题目、草稿纸、笔等，供草拟讨论提纲用。主考官宣读指导语，介绍小组讨论的任务及规则要求；考务人员根据主考官示意，给测评对象发放讨论背景材料。

5. 应试者准备

主考官宣布讨论正式开始并计时，每个应试者拿到讨论的题目后可以用 5~10 分钟时间进行独立阅读、思考，并列出发言提纲，为自己下一阶段的表现做好准备。

（三）实施阶段

1. 个人陈述环节

一般无领导小组讨论题目都要求被试者在阅读题目以后，根据自己的分析或理解发表个人意见。对个人发表意见的时间有严格的限制，如果被试者个人发言的时间超时，考官会适当提醒或强调讨论规则。个人发表意见的阶段是让被试者各自发表意见，为集体讨论的阶段奠定基础。通过各自的发言，被试者之间能够快速地发现相互间意见的共同点与争议点。在集体讨论的阶段共同点可以忽略，而重点讨论争议点。有专家认为个人发表意见的阶段可以取消。基于以上观点，我们认为这个阶段能够让被试者之间求同存异，能够发挥加快讨论进程的作用，

不仅应该保留，而且要求应该更加明确。

个人发表意见的阶段中存在后面发言的人会借鉴前面的人的观点、思想或结论的问题。考官如果依据个人发言的内容质量对被试者的某些指标进行评价的话可能会有失公允。我们的经验是在个人发表意见的阶段最好以语言表达能力等能够反映个人语言能力、影响力的指标为评价重点。因为这些是指标不是被试者能够在短时间内可以改变的。

该环节一般大约 20 分钟，考生可以自由安排发言次序或者按照抽签顺序依次发言，每人的发言时间不得超过 3 分钟或者 5 分钟。考官不参加考生的讨论或回答应试者的问题，以免给应试者暗示。

2. **自由讨论环节**

集体讨论的阶段是无领导小组讨论的核心阶段。通过个人发言阶段，被试者之间已经基本掌握了各自的观点，这些观点有一致的内容，也有需要统一的方面。集体讨论的最终目的是被试者之间能够形成一致性意见。考官在集体讨论阶段需要重点观察每个人对讨论的主动性、人与人之间的相互作用、沟通的技巧与有效性、不同观点的协调性、领导出现的过程、一致性意见形成过程中各自所起的作用，当然这些观察要点一定是测试维度中已经明确列明的。

很多情况下，缺乏经验的考官会不由自主地参与到被试者讨论的过程中，虽然没有语言的表现，但通过这类考官的表情我们就能发现，他已经沉浸在不同观点的品评之中了。这是非常危险的，考官应该作为一个事实的发现者，而不是话题的参与者。考官在被试者讨论的过程中要充分履行观察、记录与评价的职责，考官需要发现的是他所看到的每个被试者真实、客观的行为表现和有效语言。

所有考生发言结束后，进入自由讨论环节，40～60 分钟，该环节考生就讨论材料展开自由讨论。应试者如何发言、发言的次序和次数等都是应试者自己的事，自行进行。考官不干预讨论过程，并观察并对照评分表中所列条目仔细考察考生在讨论中的表现，进行记录。

3. **总结陈词环节**

主考官宣布时间到，请应试者停止讨论。当应试者讨论达到预定的时间时，不论讨论到了哪一个阶段，都应立即停止。

自由讨论结束后，应试者自荐或推荐一名代表向考官简要汇报整个讨论的过程及讨论所取得的结果，时间大约为 5 分钟。

4. **附加环节**

随着无领导小组讨论这种面试模式的发展，在最后一个环节也可能出现追加其他问题的情形。部分题目要求考官对应试者的汇报进行质疑，应试者可根据情况进行简单的答辩。有的会以提问的方式进行追问，有的还要求应试者选出表现最佳和最差的考生："你认为在这次无领导小组讨论中表现最好（差）的一位小组成员是谁？""如果我们小组成员中要淘汰一位，你选择谁？""谈谈你在这次无领导小组讨论中的表现。"实际上考生回答此类问题对自己的成绩不会有实质的影响，坚持原则实事求是即可。有些还会以答记者问的形式，让每位考官分别扮演记者，就所给材料向剩下的考生提问，并指定一人回答。

5. 结束

主考官宣布小组讨论活动结束，考务人员引导考生离开测评现场。

（四）评价阶段

（1）考官对自己的记录进行整理。应试者退场后，所有考官对自己的记录进行简单的整理，对每个应试者的评价理出一个思路。

（2）考官间评议。在各考官进行最后的评分之前，可以对应试者在讨论过程中的表现进行评议，充分交换意见。通过交换意见，考官可以补充自己观察时的遗漏，对应聘者做出更加全面的评价。若不同考官对同一应聘者产生了较大的分歧，可以进行充分的讨论。所有的评议都应有理有据，从而使所有考官对应试者的评分基本达到一致，确实不能达成一致的，可保留自己的意见。

（3）考官在评分表中进行评分。

（4）各考官分别在评分表中对每个应试者进行评分，最后签上自己的名字。

（5）工作人员收起考官的评分表，并当场进行加密封存。

考官对应试者的评分结束后，由考务人员将评分表收集起来，以便统一汇总分数。为慎重起见，也可以对考官的评分表进行加密封存。

（6）对应试者的分数进行整合。一般情况下，评分表上的不同测评要素之间的权重是不一样的。一个考官仅对每个应试者不同的测评要素进行评分，计分人员要根据不同测评要素之间的权重大小对该应试者的分数进行整合。

（7）统计最终的结果。计分员按体操比赛中去掉一个最高分、一个最低分，然后得出平均分的方式，计算出最后得分，主考官在成绩单上签字。

应试者的最后得分统计出来后，需由现场的所有考官、纪委官员、监察部门官员和公证员进行确认，并在最后的成绩单上签名，然后装入已准备好的信封（写有该应试者的姓名、单位、身份证号码）加密封存，并由主考官、纪委官员、监察部门官员和公证员在加密条上签名，交由公开选拔办公室负责人保存。

（五）总结阶段

在无领导小组讨论结束后，所有考官都要撰写评定报告，内容包括此次讨论的整体情况、所问的问题内容以及此问题的优缺点，主要说明每个应试者的具体表现、自己的建议以及最终录用意见等。

任务 2　公文筐测验的实施与应用

重点与难点：
公文筐测验题目的编制及实施

引　例

某公司在招聘高级管理人员时，使用了公文筐这个测试工具，题目如下。

【文件一】

类别：电话录音
来电人：刘增　国际事业部总监
接受人：李明翔　人力资源部总监
日期：7月8日

李总：您好，我是国际事业部的刘增，去年10月中旬，人力资源部曾要求各部门上报2006年的大学生招聘计划。由于我部业务的特殊性，不仅要求应聘人员具有较高的英语水平，而且要懂一定的专业知识，这类人员在校内招聘的难度很大。此外，由于我们公司薪酬水平较低，即使招聘来也很容易流失，过去几年的流失率高达74%。为此我们国际事业部多次召开会议，并初步达成共识：公司需要制订中长期的人才规划，以吸引并留住优秀人才。但是，到底该如何操作，尚无具体方案。我刚和总裁通过电话，他建议我直接与您沟通，不知您有何意见与想法，请尽快告知。

【文件二】

类别：电话录音
来件人：王睿　劳动关系与安全主管
收件人：李明翔　人力资源部总监
日期：7月9日

李总：您好！我是王睿，有件事情非常紧急，今早7点，我接到郑州交通管理局的电话，6点10分在郑州203国道上发生重大交通事故，我公司销售部的刘向东驾车与一辆货车相撞，刘向东当场死亡，对方司机重伤，目前正在医院抢救，与刘向东同车的还有公司的销售员人员蔡庆华、隋东和王小亮，几人都不同程度受伤，但无生命危险。目前事故责任还不能确定，我准备立刻前往郑州处理相关事务，希望您能尽快和我联系，商量一下应对措施。

【文件三】

类别：电子邮件
来件人：张玲　绩效主管
收件人：李明翔　人力资源部总监
日期：7月7日

引 例

> **李总**：您好！公司今年结束年中的绩效考核后，准备实施基于目标考核的新的绩效考核系统，从上周起要求各部门经理和员工一起制定员工下半年的工作目标，按原定计划，该项工作应在下周三前完成，绩效监督小组对工作进程进行了检查，发现全公司 32 名部门经理仅有 4 名完成了工作，大部分经理尚未开始进行目标设定，当我们希望他们加快进度时，很多部门经理抱怨根本没有时间，觉得和员工共同制订工作目标是表面文章；还有部分部门经理认为这是部门内部的事，监督小组是在干涉他们的工作。目前工作进展很不顺利，请您能给我们一些支持。张玲
>
> **分析**：公文筐测验是一种情境模拟测验，是对实际工作中管理人员掌握和分析资料、处理各种信息，以及做出决策的工作活动的一种抽象和集中。测验在假定情境下实施。测验要求受测人员以管理者的身份，模拟真实生活中的想法，在规定条件下（通常是较紧迫困难的条件，如时间与信息有限，独立无援，初履新任等），对各类公文材料进行处理，形成公文处理报告。通过观察应试者在规定条件下处理过程中的行为表现和书面作答，评估其计划、组织、预测、决策和沟通能力。文件一和文件二可以电话回复，文件三可以电子回复。

一、公文筐测验概述

（一）公文筐测验的概念、功能和适用范围

人才评价工作在整体性人力资源开发工作中尤为重要，只有建立和完善人才评价机制，才能驱动人才的培养、提高和合理配置，促进人才的最佳使用。然而，我国在人才测评方面起步较晚，以往对管理人员的选拔测评工作主要考察受测者的工作经历、工作业绩，有的也尝试使用一般能力测验和个性测验，但对管理能力的评价则一直缺乏有效的工具。随着改革开放的不断深入和现代经济的高速发展，企业对人才的需求也不断提高。企业管理人才是经济建设主战场上的生力军，优秀的企业管理人才是社会的宝贵财富。因此，甄别、评价管理人才已成为现代组织管理的重要任务。公文筐测验，又叫文件筐测验，是测评管理人才的重要工具，它为中、高层管理人员的选拔、考核、培训提供了一项具有较高信度和效度的测评手段，为企业的高层人力资源发展计划提供了科学可靠的信息。

公文筐测验是一种情境模拟测验，是对实际工作中管理人员掌握和分析资料、处理各种信息，以及做出决策的工作活动的一种抽象和集中。测验在假定情境下实施。该情境模拟一个公司所发生的实际业务、管理环境，提供给受测人员的信息包括涉及财务、人事备忘录、市场信息、政府的法令公文、客户关系等十几份甚至更多的材料。这些材料通常是放在公文筐中的，公文筐测验因此而得名。

公文处理测试通过对应试者的计划、授权、预测、决策、沟通等方面能力，特别是针对应试者综合业务信息，审时度势全面把握、运筹自如的素质的考察，来评价其作为高层管理者的综合性管理技能，以及为企业人力资源发展计划提供信息。

（二）公文筐测验的形式和其优缺点

1. 公文筐测验的形式

公文筐测验的形式有如下几种：

（1）所需处理的公文已有正确结论，是已经处理完毕归入档案的材料，用这样的公文让候选人处理，是要检验候选人处理得是否有效、恰当、合乎规范。

（2）所需处理的公文条件已具备，要求筛选人在综合分析的基础上做出决策。

（3）所需处理的公文尚缺少某些条件或信息，看看候选人是否能够发现问题，提出进一步获得信息的要求。

公文处理的测评方法便于操作，效度也很高，因为测试情景与工作情景几乎一致。对于候选人的处理方式的评估，由几名评估员在评分基础上讨论决定。有研究表明，两个评估员对同一候选人公文处理案卷及解释的相关系数高达 0.92，说明具有较高的一致性信度。

2. 公文筐测验的优点

（1）测试方式具有高仿真性的特点。公文筐测验将被试者置于模拟的工作情景中去完成特定的任务，与通常的纸笔测验内容相比，题目内容生动，能充分吸引被试者的答题兴趣。测验中的文件按来源划分，有来自组织内部、外部、上级、下级、供应商与合作伙伴的；按事件特点划分，有日常性工作与突发性事件、常规或特殊任务、紧急状况或一般事件；按任务形式划分，有计划、组织、协调、决策等。按文件形式划分，有请示报告、批示、通知、报表、电子邮件、备忘录等。从测验的文件来看，已经基本涵盖了企业的中高层管理者日常处理的各种文件，这些文件与特定的情境信息构成了一个完整的情境，这个情境充分展现了一个中高层管理者实际的工作情境。对于在很短的时间内全面、准确地掌握管理者的能力、潜能以及个性心理特征的某些关键要素具有不可替代的重要作用，因此公文筐测验具有高度仿真性的特点。

（2）测试形式灵活。公文筐测验题目的设计也可以根据不同的工作特征进行个性化的设计，不同的岗位测试的文件不同，不同文件能够测试出被试者不同的管理能力，具有一定的灵活性。与无领导小组讨论等其他情境模拟测验相比，公文筐提供给被试者的信息、要求完成的任务均以书面的形式来完成和实现，对测试的组织和测试场地的要求最低，既可以进行个体施测，也可以采取团体的方式进行施测，但前提条件是考官必须给所有的被试者宣读标准化的指导语。

（3）文化背景、地域与企业规模的兼容性使公文筐测验具有普遍适应性。

据统计，欧美发达国家在选拔、评价管理人员时最常用的技术就是评价中心，而评价中心中公文筐测验的使用频率高达 80%～95%。公文筐测验效度和信度极高且操作方便，在以往的几十年中各国企业在人才招聘选拔、人才评价和管理人员培训工作中进行了大量的实践探索，公文筐测验出色的信效度表现得到了这些企业的广泛认可，这充分证明了公文筐测验对文化背景、地区与企业规模的兼容性。

（4）开放性的问题。在公文筐测验中，被试者面对的不是封闭性的问题。面对同样的情况，被试者可以从不同的角度做出反应，从而做出各种各样的决策，这说明公文筐测试提供给被试者可以灵活处理的开放性问题。这个特点与其他笔试方式最显著的区别，就是公文筐测验考虑到了被试者在日常工作中接触和处理大量文件的实际特点；另一方面从测验的标准化出发，给每个被试者提供相等的条件和机会，比较公平，不会因为情境的不同或者小组成员的差异等因素而影响测评结果。

（5）具有良好的效度表现。公文筐所采用的文件都是取材于被试者现在或未来的管理活动，这些事件都是被试者经常面对的情况，通过对文件的分析被试者能够预测考官的测试目的，被试者会容易接受这种表面效度高的测评方式。公文筐测验同样具有良好的内容效度。公文筐的测验材料包罗万象，范围广泛，各种与管理风格、管理能力、知识、经验等相关的测试要素：行业知识、专业知识、操作经验以及能力倾向等都可以隐含其中，通过文件处理这种形式对被试者的潜在能力和综合素质进行考察。西方研究者观察了 51 人的工作实际绩效后发现，工作绩效与公文筐测验之间的相关度高达 0.42；还有人发现公文筐测验的绩效与日后三年内的晋升之间的相关度为 0.32。

（6）良好的培训方法。从用途来看，公文筐测验除了能够发现现有人员的管理能力特点、挑选出有潜力的管理人才之外，还可以应用于人才培训。除了能够发现管理人员的实际培训需求意外，还能训练他们的管理能力，使选拔过程成为培训过程的开始，使参加测验的被试者提高其管理技巧、解决组织内部各部门间摩擦的技巧，以及为人力资源计划和组织设计提供信息。西方有研究表明，公文筐测验的结果与培训成功间的相关度达到 0.18~0.36。

3. 公文筐测验的缺点

（1）对公文的编制人员要求很高。编制文件的人员应由测试专家、管理专家和行业专家（实际工作者）三部分组成，三类专家相互配合才能完成公文的编制工作。

（2）花费的精力和费用都比较高。公文处理测试的试题从设计、实施到评分都需要较长时间的研究与筛选，都必须投入相当大的人力、物力和财力才能保证试题的质量，因此成本会很高。

（3）评分难度大。由于不同的组织具有不同的机构、氛围和管理观念，文件处理结果的评价往往受多种因素的影响。在公文处理测试的评分确定过程中，由于专业人员和实际工作者往往存在理解上的差异，所以评价标准一般不会相同。

（4）在缺少人际沟通能力评价的公文处理测试中，由于被评价者是单独作答，因此很难考察他们的人际交往能力。

（三）公文筐测验与评价中心的对比分析

在目前的管理人员评价中，测查管理能力的最有效方法是评价中心技术，尤其在选用管理人员时，评价其是否具备较好的管理能力，这种方法最为常用。有研究表明，评价中心技术的预测效度在现有各种方法中最高。而公文筐测验是评价中心技术的主要工具之一。

> **技能点：**
> 公文筐测验与评价中心的对比

评价中心技术把受评人置于一系列模拟的工作情境中，由企业内部的高级管理人员和外部的心理学家组成评价小组，采用多种评价手段，观察和评价受评人在这些模拟工作活动中的心理与行为，以考察受评人的各项能力或预测其潜能，了解受评者是否胜任某项拟委任的工作以及工作成就的前景，同时，还可以了解其欠缺之处，以确定重点培训的内容和方式。

评价中心技术的主要评价手段包括：诊断性面谈、投射测验、纸笔测验、小组问题解决、无领导小组讨论、角色扮演法以及公文筐测验，其中每一个测验都为总体能力评估提供了唯一的、重要的信息。评价中心技术中最常用、最具特色的是进行情境模拟测验。

公文筐测验是评价中心技术中最主要的活动之一（它在评价中心技术中使用频率最高，达 95%），也是对管理人员潜在能力最主要的测定方法。在国外曾成功地选拔和提升了一大批优秀的管理人员，有着相当高的预测效度。

注意事项：

（1）公文处理测试的适用对象为中、高级管理人员，它可以帮助企业选拔优秀的管理人才或考核现有管理人员。

（2）由于它的测试时间比较长（一般约为2个小时），因此它常作为选拔和考核的最后一环使用。

（3）公文处理测试从业务和技能两个角度对管理人员进行测试。业务角度，公文处理测试的材料涉及财务、人事、行政、市场等多方面业务。它要求应试者具有对多方面管理业务的整体运作能力，包括对人、财、物流程的控制等。技能角度，主要考察应试者的计划、预测、决策和沟通能力。

（4）公文处理测试对评价者的要求较高，它要求评价者了解测试的内核，通晓每份材料之间的内部联系，对每个可能的答案了如指掌。评分前要对评价者进行系统的培训，以保证测评结果的客观和公正。

接下来介绍公文筐测验的取材。在测验材料的设计上，主要围绕管理者的能力取材。管理者（这里特指组织领导者）的管理能力主要来自三个方面：自身素质基础、社会实践体验、所掌握的有关知识。管理能力的水平和发展取决于以上三个方面交互作用和整合的结果，故管理能力是复合性能力。如以偏重知识性的，或经验性的或智力性的具体能力为主要测评内容，则难以保证较好的评价效果。

　　管理者的有关知识，特别是有关的管理技术知识和业务性知识，虽然对现实管理能力有较大的影响，但不作为公文筐测验的主要测评内容。其主要理由是：

　　（1）管理者的知识水平可以通过其他简便有效的办法评价；

　　（2）知识水平在一定程度上易于通过培训、锻炼等形式提高；

　　（3）知识欠缺的弊端一般可以通过其有效的管理活动弥补。

　　管理活动与人的认知思维活动一样复杂，因此，在目前科学发展水平的条件下，有现实意义的是对管理者应具备的基本能力水平进行结构化的测评，它可以为管理人才的评价提供比较有效的客观依据，并加深我们对管理能力本身的认识。

二、公文筐测验的题目编制

　　试题编制是公文筐测验过程中的核心环节，是直接影响测评效果的关键。如果这个环节的工作做得不好，那么测评实施与结果评定等环节也很难保证，公文筐测验的有效性和可靠性就无从谈起。所以，如何设计和编制公文筐测验，这是学习和掌握公文筐测验的关键。掌握充分相关资讯的题目设计小组一般用两至三个工作日即可完成一个重要管理职务的公文筐测验题目设计。公文筐测验的编制过程如下。

（一）确定测评要素

> **技能点：**
> 公文筐测评要素的确定

　　测评要素的确定要依据两个方面来进行：一是通过上面提及的工作分析或胜任力特征分析来澄清拟任岗位的要求。这时通常需要分析岗位的职责与任职要求，可以通过查阅有关职位说明进行。二是与任职者或者其上级领导进行深入细致的访谈，以澄清拟任职位的关键任务指标和胜任力特征。如果可以访谈的任职者数量比较多，还可以采用问卷的方式进行调研。

　　有效的工作分析是公文筐测验的最核心的基础工作，工作分析的关键内容开展得越规范、越全面、越深入、越细致，公文筐测验的题目设计就越容易，测评结果的信、效度也就越高。但仅有系统的工作分析还远远不够，对行为特点、企业内外环境、企业文化和测评目标的分析也是设计测评题目时需要考虑的重要内容。

　　下列因素就是公文筐测验题目设计的主要依据：企业所在行业的特点；企业内部和外部环境状况；企业同行文化和希望建立的新文化；测评的目标：招聘、选拔、评价和培训需求确定等（不同的测评目标对不同测评题目在整个测评中的权重有不同考虑）；管理职务设置的目的和工作职责；管理职务的工作性质与工作方式；管理者工作活动的内容、各项工作活动占全部工作活动时间的比例、各项工作活动的执行权限和执行依据、工作活动结果的预期标准（每一管理者的工作活动都包括人际关系、信息传递和决策制订三大类活动）；管理者每一工作活动的主导业务流程；管理者的工作关系：管理者的直接上级和间接上级、直接下级和间接下级、管理者的同级、管理者的企业内部客户和企业外部客户。管理者可调遣或协调的工作资源，包括人力资源、物力资源、财力资源和信息资源。

（二）编制文件

文件的编制是公文筐测验编制过程中的核心环节，主要有以下三个步骤：

> **技能点：**
> 公文筐文件编制步骤

1. 得到文件素材

文件素材不能凭空杜撰，必须从任职者的实际工作中来。一种比较有效的方法是请一批优秀的任职者或者他们的直接上级召开交流会，运用关键事件法，让他们回想自己印象比较深刻的在工作中处理过的各种事情，并要求他们写出来。一位任职者的回忆常常会引起另外一位任职者的回忆。为了得到任职者的配合，对关键事件的回忆通常从正面事件开始，因为大多数人谈论自己比较成功的事情很容易，这样做能使他们很有信心，从而乐于去回忆。为了不至于使获得的事情太离谱，事先应该将测评要素及其内涵告诉他们，让他们围绕这些要素来回忆。至于征集关键事件的总体数量的多少，要根据需要编制的文件的数量而定，一般要按所需文件数量的两倍到三倍来征集。

通过上述方法，可以确定拟任岗位的素质要求，要素确定的立足点有以下几个。

（1）充分考虑并根据公文筐测验的特点进行取舍。如前所说，公文筐测验方法不一定对所有的测评要素都适合，这就需要根据方法本身的特点进行选择。通过这一步骤，可以确定公文筐测验要测评什么要素，哪些要素可以得到充分测评，各个要素应该占多大的权重等。

（2）公文筐测验对考官的综合素质要求较高。他们不仅要具备管理学和心理学领域的基础知识，了解公文筐测验的理论和实战依据，而且还要对测评对象所任职务的职责权限和任职资格（工作经验、学历、能力、潜能和个性心理特征等）进行过系统研究，能够独立或与他人合作设计测评题目，了解各测评题目之间的内在联系，能够恰如其分地开展考评问询，能够对被测评者进行全面、客观、公正的评价。考官要对每种可能出现的答案及其所代表的意义成竹在胸并与其他考官事先达成共识。在 20 世纪 50—80 年代，公文筐测验的考官是清一色的管理顾问、咨询专家或心理学家，20 世纪 80 年代以后，公文筐测验的考官也开始逐步吸收所在企业的高级管理人员（他们通常是被测评者直接上级的上司）。企业高级管理人员通常对企业管理现状的方方面面感受深刻，通过两周左右的标准化速成培训以及顾问人员的现场指导，他们基本上能够担负起合格考官的工作职责——而这对于企业自身管理团队的建设尤其意义深远。

2. 筛选、加工文件素材

运用关键事件法得到的大量素材，有一些可能不符合要求，比如说有的事件根本就反映不出相应的能力来，这种情况就得看事件能否反映别的测评要素，如果什么都反映不出来，就可以把这个事件淘汰掉；如果能够反映出别的要素，就可以把这个事件归类到相应的要素上。

然后，对剩下的事件进行加工。因为任职者写出来的事件中有的太抽象或者不够完整，这就需要适当地补充完整；有的包含了多个事件，这就需要适当地进行拆分；还有的事件描述得太烦琐，这就需要进一步地精简加工。另外，完全真实的材料可能会过于偏重经验的考察，而忽视潜能的考察，据此选拔出来的人无疑是完全与招聘单位文化气氛相同的人，违背了引入外来人才、给单位输入新鲜血液的本来目的，同时这对单位外部的被试也不公平。

最后，还需要对文件的文字陈述进行加工，力图保证试题的表述清楚，文句简明扼要，表意确切，不致使被试产生误解，但是也不能遗漏一些必要的条件。注意公文筐测验不是阅读理解或者语文能力测验，而是对各种领导和管理能力的测量，因而不能用艰深的词句，否则会影响测验结果的公平性。

3. 编制文件

完成上述工作后，就可以编制文件了。文件的类型主要有三种：批阅类、决策类和完善类。批阅类文件要求被试能够区分轻重缓急和性质，提出处理意见。这类文件是常规性的公务文件，通常只需要按部就班地处理即可。

决策类文件往往是请示、报告、建议之类，阐述的往往是日常工作中遇到的非常规性决策问题，要求被试在综合分析的基础之上提出决策方案或从给定的几种方案中选择最佳方案。

完善类文件是指有缺陷的文件，尚缺少某些条件和信息，如材料的不完善、观点意见不妥当等。这类文件主要用来考察被试是否善于提出问题，获得进一步信息。

文件的签发方式及其行文规定可以忽略，但文件的行文方向（对上与对下，对内与对外等）应该有所区别。文件的形式尽量与拟任职位中实际可能遇到的各种文件一致。

编成的文件应该具有三大特点：① 典型性。文件内容涉及未来工作中最主要的活动，是对多种情况的归纳与概括；② 主题突出。单个文件应该以描述一个主题为核心，尽量避免一个事件的多个方面都是重点；③ 难度要适中。测验的目的在于区分能力不同的被试，因此应该尽量避免测验中的"天花板""地板"效应，使得大家的得分都很高或者都很低而不能区分，通常应该由易到难，形成梯度。

（三）试测与收集答案

公文筐编制结束以后，制定评价标准也是相当关键的。为了使评价标准有针对性和实用性，就需要收集各种答案，即文件的各种处理办法。一个比较有效的做法就是把编好的公文筐让在职的有关人员做答。这些在职人员应该和将来应聘的被试团体具有相似的特征，可以看作来自于同一个样本群体，并且他们所在的岗位，就是被试将来拟任的岗位。人数应该保证在几十个人以上，不能太少，但是时限可以稍微宽松一些，以保证他们能够将所有的文件都处理完。最后根据这些在职人员的结果进行汇总分类，列出表格。

为了验证编制出来的公文筐测验的效度，我们可以将公文筐测验施测于一批优秀的任职者和一批没有管理经验的一般人员。将两个团体作答结果进行比较。假如两个团体的作答结果之间没有显著性的差异，或者一般人员的结果比优秀管理者的结果要好，这就说明编制的公文筐测验可能存在问题，区分度不明显，需要进一步修改。假如优秀管理者的结果明显好于一般人员，则可以接受这份公文筐测验，但要注意强调保密。

（四）制订答案及评分标准

让有经验的高层管理人员或者主管对上述所有的答案用三级量表评定（好、中、差），并进一步确认题目所测试的要素以及答案可能反映出来的被试的能力水平。在此基础上，对所得到的结果进行总结性的统计和组织，即得出了各文件的可能答案表及评分标准。

公文筐测验的结果评定既是重点又是难点，只有对被试的作答进行准确合理的评定，才能有效地发挥公文筐测验的鉴别功能，也才能体现以此方法进行人员选拔时的客观公正。但是，由于公文筐测验作答的开放性，加上测验背景的复杂性，其结果评定很难，这对评价者提出了很高的要求。

1. 评分标准的设计

评分标准的设计是公文筐测验结果评定中的基础环节，公文筐测验的评分标准包含三个方面的内容：一是参考标准，即处理各个问题的较理想的方式；二是等级水平，即各种不同的处理方式所体现能力、素质或资格条件的数量水平或质量等级的量表系统；三是测评规则，即一定等级水平与参考标准之间的对应关系。

技能点：
公文筐评分标准的设计

对于参考标准来说，这是评分标准设计中的关键，因为只有明确了什么样的文件处理方式说明被试者某方面的能力高、什么样的文件处理方式说明被试者某方面的能力差，才可能有效地评价测验结果。确定这些测量要素的测评指标可以采用当前国际上盛行的行为定位法，这种方法不关注被试之间的相互比较，而是有一个行为性的测评基准点，寻求有效的行为表现与无效的行为表现的区别以及不同表现所产生的效果。

参考标准确定以后，评分表的设计就比较简单了。首先要确定量表评定的等级，常用的有5点量表、7点量表、9点量表、10点量表，其特点是将被试的行为表现分成等距的几个等级，比如5点量表可以分成很好、较好、中等、较差、很差5个等级。10点量表通常把行为分成好（1~3分）、中（4~7分）和差（8~10分）3个等级，并对3个等级的行为表现作出具体的描述，然后考官根据被试的具体表现在3个等级内再做细分。

传统的制订参考标准的方法是让有经验的高层管理人员或者主管对上述所有的答案用3级量表评定（好、中、差），同时确认题目所测试的要素以及答案可能反映出来的被试者的能力水平。在此基础上对所得到的结果进行总结性的统计和组织，即得出各文件的可能答案表及参考标准。实践过程中我们发现传统的评价标准存在一定的问题，主要问题是对被试者的公文处理的结果存在区分难度。

参考标准与被试者的实际答案难以对应，考官更多地凭借以往经验进行评价，评价标准的参照作用无法完整地发挥出来。

我们建议测试维度定义能够详细地体现被试者可能的行为表现，将被试者的行为表现与测试维度的评价要点进行对应，在收集答案的过程中将试测人员的各种行为表现进行分解，与测试维度的评价要点进行对应。被试者如果具备了某项测试维度的评价要点规定的行为，通过与评价标准进行比对都能够准确地发现出来。这极大地提高了公文筐测验评价的准确性和客观性，但可能操作过于繁琐。当然这只是初步的探索，更加准确、客观的评价方法还需要业界共同努力，并在实践中发现。这种方法也比较符合国际上经常采用的行为定位法的评价方式。按照关键的行为对被试者的答案进行评价，不注重对被试者之间进行横向比较，而是根据每个行为基准点对被试者答案中的有效行为与无效行为进行区别。

（1）传统的评价标准样例

测试维度：计划能力。

好：能够有条不紊地处理各种公文和信息材料，并根据信息的性质和轻重缓急对信息进行准确的分类处理。在处理问题时，能及时提出切实可行的解决方案，主要表现在能系统地事先安排和分配工作，注意不同信息之间的关系，有效地利用人、财、物和信息资源。

中：分析和处理问题时能够区分事件的轻重缓急，能够看到不同信息间的关系，但解决问题的办法不是很有效，在资源的分配与调用方面也不尽合理。

差：处理各种公文和信息材料时不分轻重缓急，没有觉察到各种事件之间的内在联系。解决问题时没有考虑到时间、成本和资源方面的种种限制，以致提出的问题解决办法不可行。

（2）改良的评价标准案例

测试维度：建立伙伴关系。

分值	行为表现	处理结果
5分	能够根据组织的利益诉求发现适宜的合作对象，与合作对象建立积极的联系，抓住时机促成与合作对象建立正式的合作关系。可以从多赢的角度考虑与伙伴共同发展，而不是只满足自己的目的	选择常青基业，联系负责人争取提前谈判，将情况报张总
4分	能够根据组织的利益诉求发现适宜的合作对象，与合作对象建立积极的联系，抓住时机促成与合作对象建立正式的合作关系	选择常青基业，争取在对手前谈判，为决策争取时间
……	……	……

公文筐测验评分表范例一：

媒体素材：
公文筐测验评分表

测试维度	计划能力	组织能力	预测能力
维度定义	能够有条不紊地处理各种公文和信息材料，并根据信息的性质和轻重缓急对信息进行准确的分类处理。在处理问题时，能及时提出切实可行的解决方案，主要表现在能系统地事先安排和分配工作，注意不同信息之间的关系，有效地利用人、财、物和信息资源	为了组织的利益和实现组织制定的目标，运用一定的方法和技巧，把来自不同地区、不同系统、不同职业、不同文化背景等均不相同的人组织在一个团结向上的集体之中，使大家朝着一个共同的方向和目标去努力、去奋斗	指被试者对模拟工作环境中相互关联的各类因素及总体形势未来发展趋势进行准确判断并预先采取相应措施的能力。对工作环境中各类相关因素及总体形势未来发展的多种可能性及其发生概率的分析论证、各种防范措施的合理性是考证管理者预测能力的关键指标
分值区间	得分		
优（1~3分）			
中（4~7分）			
差（8~10分）			
综合评价			

公文筐测验评分表范例二：

测试维度	文件	分数	关联维度	分数
分析与决策能力	01			
	06			
	（评语）：			

2. 评定标准的把握

让评价者掌握评定标准是公文筐测验结果评定的核心环节。评分表设计得再好，如果评价者对评定标准没有把握好，那么结果评定也是没有可信度的。评价者要把握评定标准，通常需要严格的训练。

首先，要让评价者熟悉测评要素的内涵和拟任岗位的要求。在公文筐测验的评价者中，通常有两类人员，一类是评价专家，另一类是具备拟任岗位工作经验的人（一般是拟任岗位的上级领导及人事组织部门的领导）。评价专家虽然能够很好地把握测评要素的理论界定和评价尺度，但是对具体的岗位可能不是十分了解；而有关领导虽然熟悉岗位特征，但是对测评要素又把握得不是太准确，因此，双方需要密切合作，互相学习，各取所长，提高评价的客观性和有效性。

其次，要加强评价练习。让评价者熟悉测评要素的内涵和拟任岗位的要求并不是一件很容易的事情，需要通过评价实践来巩固。通常可以让多位考官同时对几份公文筐测验的作答情况进行多次评定训练。评分的实施程序一定要注意，一般应该两人以上各自独立评分，然后交流评分结果，如果发现不同评价者的评分结果之间的差异比较大，就得让他们简述自己的评分理由，拿出客观的评分依据，据此对他们进行指导，使他们把握好统一的评分尺度，直到达到预定的标准。

3. 评价结果的内容

在公文筐结果的评定过程中，评分者不要仅仅给出一个简单的分数，最好就各种测评要素给被试写出相应的书面评语。这样做的意义，一方面在于保留公文筐测验中提供的、难以从分数中体现出来的很多宝贵信息；另一方面在于更明确地反映出考官对被试的倾向性意见，同时也能够使得录用决策建立在更为生动具体的评价信息基础之上。关于如何填写公文筐测验的评语，并没有很严格的限定，只要抓住被试的主要特点，用适当的文字描述出来，给予恰当的考核建议即可。如果对公文筐测验的结果仍然存在很多疑点或者判断模糊的地方，可以留待与其他测评方法相互印证。

三、公文筐测验的实施和结果评定

技能点：
公文筐测验的实施步骤

公文筐测验可以集体实施，公文筐测验有一个规范的过程，只有遵循科学的程序，才能保证公文筐测验的实施效果，实施过程分为准备、测评两个阶段。

（一）准备阶段

1. 评价者的选择和培训。

由于公文筐测验有别于传统的能力测试，答案不能完全做到客观标准化，评分会受到评价者的主观判断的影响。为此，需要对评价者进行选择和培训。

（1）评价者的选择。其一，要考虑能力的互补。一般需要懂测评知识和技能的在职人员，同时还需要经验丰富的心理学家，然后加上一般的人员。其二，必须考虑气质互补。不同气质的测评组合在一起，能够消除评分中对某一气质类型候选人的偏爱。其三，要考虑性别的互补。性别互补可以避免评分过程中的性别歧视或性别优势。其四，要考虑年龄的互补。年龄的差别体现经验、精力等的差异和互补。

（2）评价者的培训。培训的内容一般包括如下几项。其一，接受公文筐模拟测试。一次模拟测试可以让评价者了解公文筐测验的内容、答题方式、考试的组织方式。其二，让评价者对模拟测试的结果自己评分或互相评分。在这一过程中也就了解了公文筐的评价内容和评价标准。其三，对评价者进行公文筐测验的总体讲解。使他们对公文筐测验形成一个完整的理性的认识，熟悉测验程序，并熟记指导语。其四，针对具体的公文筐测验答卷和处理过程进行讨论，使评价者的评分达到基本一致，这是培养评价能力的关键时期，需要足够重视。其五，自信心的培养。如果评价者缺乏信心，就会受到被试的怀疑，就会影响测评的结果。

2. 测验环境的安排

在测评实施的过程中必须对测试环境进行控制，测试时务必不要受到外界的干扰。测试室外可以设休息室，准备一些被测试者可以浏览的杂志或播放轻音乐。评价者的状态也会影响被试的测评，因此评价者的语言、行为、表情等要严格控制。

测评材料要准备充分，材料要全要有条理。如果测评材料零乱，则会影响测评的结果。测试的场所要求比较宽敞、安静，每人一桌一椅，互不干扰。为了保密，最好所有被试在同一时间完成。

3. 测验的构成

测验由两部分构成：测评材料和答题册，纸笔方式作答。

（1）测评材料。提供给被试者的材料、信息，是以各种形式出现的，包括信函、备忘录、投诉信、财务报表、市场动态分析报告、政府公函等。

（2）答题册。答题册包含两部分的指导语。第一部分是总指导语，是对测验目的的说明；第二部分是对公文处理情境的描述，主要包括被试的角色、情境中组织的构架、对题目的反应方式以及测试的时间。

（二）测评阶段

1. 相关说明

主试者要对测验要求做一简单介绍，并说明注意事项。然后发放测试指导语和答题纸，并回答被试者的提问。当被试者觉得没有问题后发测试文件。测试指导语是对测试情境、被测试者扮演的角色、被试者任务和测试要求的说明，必须具体、明确。

2. 测验的施测过程

公文筐测验可以有不同的分测验，每一份测验都有严格的时间控制，总时间一般为两个小时。整个测验的过程最好能用摄像机记录下来。可以集体施测，一般以 10 人为宜。

一般过程如下：准备好测验所用的材料：测验材料、答题册、铅笔、橡皮，保证每位被试者能够足够使用；安排被试者入场，并宣布注意事项和测验的指导语，被试者答题；计时，并监督和保证测评规范实施；测验时间到，回收测验材料和答题册，测验结束。

下面是公文筐测验的一个样题。

公文筐测验样题

总指导语：这是一个公文筐测验，它模拟实际的管理情境，请你处理商业信函、文件和管理人员常用的信息。

这个模拟的具体假设情境如下：

例题:
公文筐测验

媒体素材:
公文筐测验

你是一公司的市场部经理。你叫王大勇。

今天的日期是:某年3月6日,星期二。

现在的时间是:上午8时15分。

你刚来到办公室,正独自坐在办公桌前。今天早些时候,公司国际业务部总裁打电话来通知你"公司的总经理已经辞职离开公司"。

这里为你准备了今天需要处理的全部材料,放在专用的文件袋里。

在测验中你需要使用以下工具:一本答题册、文件袋里的材料、铅笔、计算器。

请不要在公文筐中的材料上写任何东西;请在本答题册上回答问题。我们只对答题册上的作答进行计分;笔记或其他纸上的回答将不予考虑。

本测验要求你完成4个部分的内容,每一个部分都有时间限制。

测验1:计划——40分钟

测验2:预测——25分钟

测验3:决策——25分钟

测验4:沟通——25分钟

考试主持人将在适当的时间提醒你开始和结束每一部分。

完成各部分测验所需的指导语在各部分开始时给出。

测验1:计划

指导语:这个测验要求你首先就"公文筐"中的材料所给出的工作做计划,请你用任何你认为合理的方式对这些材料进行分类。在这一部分中你需完成以下三个内容:

首先,根据材料的主要内容对材料进行分类,并对每个类别进行命名。

其次,确定材料或事件的优先级。你必须根据材料的重要性和紧迫性,用下列表示优先级的字母确定材料处理的优先顺序。优先级和字母的对应关系如下:

H=优先(材料极其重要,需立即处理)

M=中等(材料不急不缓,可稍后处理)

L=靠后(材料是平常的,可搁置一段时间)

最后,列出行动提纲。请对每一份材料写出处理意见,并指出它参考了公文筐中的哪些材料(请用材料右上角的编号来代表每一份材料)。请把答案写在随后的四页纸上,我们只对这四页上的内容作评估。你有40分钟的时间来完成这项任务。请记住你现在的身份和今天的具体日期是:瑞克有限公司市场营销部经理;××××年2月8日。若现在有疑问请立即向考试主持人询问,然后等待翻页和开始做测验的指令。

测验 2：预测

指导语： 这个测验要求你运用文件袋内提供的有关信息，针对给定的两个问题分别做出预测。两个问题单独计分，分值相同。对每一个问题你必须：

1. 做出全面的预测（要求作简单解释）。
2. 列出你预测所依据的主要因素或假设。
3. 列出实现预测所需的实施方案。

你的答案应写在随后的两页纸上，我们只对这两页纸上的内容作评估。你有 25 分钟时间来完成这两个问题。若现在有疑问请向考试主持人询问，然后等待翻页和开始做测验的指令。

测验 3：决策

指导语： 这个测验要求你运用文件袋内提供的有关信息，针对给定的两个问题作决策。每个问题单独计分，分值相同。

对每一个问题你必须：

1. 列出可供参考的备选方案，并综合考虑其优劣性。
2. 综合文件袋内的其他材料信息，列出影响你决策的主要因素。
3. 最终选择一种方案作为你的决策，并说明理由。

你的答案应写在随后的两页纸上，我们只对这两页纸上的内容作评估。你有 25 分钟的时间来完成这两个问题。若现在有疑问请向考试主持人询问，然后等待翻页和开始做测验的指令。

测验 4：沟通

指导语： 这个测验要求你针对总经理的辞职起草一份备忘录，列出你计划要采取的行动。它将作为今天晚上会议发言的底稿。请把备忘录写在随后的两页纸上，我们只对这两页纸上的内容作评估。我们将依据以下几点来评估你的备忘录：

1. 范围，即备忘录参考了文件袋中的哪些材料信息。
2. 结构，要求文章结构严谨，内容简明扼要。
3. 语言风格，要求行文流畅，有严密的逻辑性。

你有 25 分钟的时间来完成这项测验。若现在有疑问，请立即向考试主持人询问，并等待翻页和开始做测验的指令。

测验材料样例：

关于增加人事干部编制名额的请示

总经理：

经董事会批准，今后总公司、分公司两级的干部培训工作由人事部门负

> 责。但是，在公司最初确定人事部门人员编制时没有培训工作这项任务。为了做好这项工作，需要给人事部门增加必要的编制名额，建议给人事部增加3人，每个分公司增加1~2人。
>
> 关于人事部增加的3个编制名额，请总经理审批；关于给分公司增加的编制名额，请批转各分公司从现有名额中调剂解决。
>
> 以上请示当否，请批示。
>
> 人事部
××××年1月

3. 评分阶段

（1）组织评分。当测试结束后，就要对测试结果进行评分。评价者可以各自独立评分，然后交流评分结果，对评分差异各自申述理由后，再独立进行第二次评分。最后评分结果进行统计平均，以平均分为最后的结果。

（2）维度定义及评分标准。公文筐测验要测验的能力定位于管理者从事管理活动时正确地处理普遍性的问题，有效地履行主要管理职能所具备的能力。一般考察五个维度：工作条理性、计划能力、预测能力、决策能力、沟通能力。

条理性理论分值区间：0~15分。设计一定的任务情境，要求被试者判断所给材料的优先级。得分高的被试者能有条不紊地处理各种文件和信息材料，能根据信息的性质和轻重缓急对信息进行准确的分类，能注意不同信息间的关系，能有效利用各种信息资源，并有计划地安排工作。

公文筐测验所要测评的能力定位于管理者从事管理活动时正确地处理普遍性的管理问题，有效地履行主要管理职能所具备的能力。考察管理者对多方面管理业务的整体运作能力，包括对人、财、物、信息等多方面的控制、把握。具体来说，要考察以下五个维度：

① 工作条理性。理论分值区间：0~15分。

设计一定的任务情境和角色情境，要求被试者判断所给材料的优先级。

得分高的被试者能有条不紊地处理各种公文和信息材料，能根据信息的性质和轻重缓急对信息进行准确的分类，能注意到不同信息间的关系，能有效利用人、财、物、信息资源，并有计划地安排工作。

② 计划能力。理论分值区间：0~30分。

得分高的被试者能非常有效地提出处理工作的切实可行的方案，主要表现在能系统地事先安排和分配工作，识别问题及注意不同信息间的关系，根据信息的不同性质和紧迫性对工作的细节、策略、方法做出合理的规划。

评价计划时，在某种程度上要关注被试者对其行为未来后果的考虑。例如，考察他们解决问题时是否考虑时间、成本、顾客关系或资源。计划也包括为避免预期的问题所采用的步骤，以及出现这些问题时，他们对问题的操作步骤与方法。

③ 预测能力。理论分值区间：0～16分。

得分高的被试能全面系统地考虑环境中的各种不同相关因素，对各种因素做出恰当的分析，并做出合乎逻辑的预测，同时对预测能提出行之有效的实施方案。该维量包括考察三部分内容：预测的质量、所依据的因素、可行性分析。

评价预测时，要考察被试者为了做出预测而利用公文筐内材料的程度，即是否综合各种因素做出分析。

④ 决策能力。理论分值区间：0～17分。

该维度得分高的被试对复杂的问题能进行审慎的剖析，能灵活地搜索各种解决问题的途径，并做出合理的评估，对各种方案的结果有着清醒的判断，从而提出高质量的决策意见。该维度包括考察三部分内容：决策的质量、实施的方案、影响因素。

评价决策时，要细察决策背后的理性成分，考察被试者是否考虑了短期和长期的后果，是否考虑了各种备选方案的优缺点，假如采取某种行动方案的原因是什么。

⑤ 沟通能力。理论分值区间：0～25分。

要求被试者设计公文，撰写文件或报告，用书面形式有效地表达自己的思想和意见。根据评估内容，考察被试者的思路清晰度、意见连贯性、措辞恰当性及文体相应性。得分高的文章要求语言非常流畅，文体风格与情境相适应，能根据不同信息的重要性来分别处理，结构性很强，考虑问题很全面，能提出有针对性的论点，表现出熟悉业务的各个领域。

报告样例
公文筐测验结果

考号：101

姓名：×××

性别：男

年龄：42

1	2	3	4	5
工作条理性	计划能力	预测能力	决策能力	沟通能力
64.8	86.4	40.4	96.6	70.5

评语：

工作条理性：工作非常有条理，能分清事务的主次，并能据此安排自己的工作步骤，使工作按一定的次序进行，表现出一定的计划性。

计划能力：对工作的处理得当，分析能力较强，能提出有效的处理意见，

> 主要表现在能根据事物的轻重缓急对工作的细节、策略、方法做出较为合理的规划。
>
> 预测能力：能提出较有针对性的预测，对事件的洞察力较好，有时考虑问题稍显片面，不能综合考虑各种影响因素，但对问题尚有一定的预测能力，对预测的实施充满信心。
>
> 决策能力：对复杂的问题能进行审慎的剖析，能灵活地搜索各种解决问题的途径，并做出合理的评估，能对各种方案的结果做出清醒的判断，从而提出高质量的决策意见。
>
> 沟通能力：书面表达方面，语言较流畅，谈起问题来很有针对性，能提出有力的论据，结构性较强，表现出较为熟悉业务的各个领域，并能通盘考虑问题。

（三）评价结果的反馈

为了给人事组织提供人事资料的信息，同时帮助个人发挥自己的优势，改善行为的不足，提高行为绩效，必须科学合理地对测评结果进行反馈。评价结果的反馈对象分为两个方面：一是给被试者的反馈，二是给有关组织的反馈。

1. 反馈给被试者

一般而言，反馈的时间可长可短，视具体情况而定，但切记不要时间太短，只是简单的几句，有损于反馈和测评的效果。

对于那些测评结果比较好的被试者，测评人员应多提醒其注意行为的不足，以求进一步完善；而对于那些测评结果不很理想的人，测评反馈的重点是帮助他们正确地对待结果，并尽可能地帮助找出行为结果的原因，指导如何改进。此外，针对他们存在的潜在优势予以鼓励。

2. 反馈给组织

将测评结果反馈到相关的组织是充分利用测评结果的另一途径。如何利用测评结果应视组织的具体情况而定。组织应该根据反馈的结果，制定出详尽的人员发展计划，真正使测评发挥效益。

把测评结果反馈到组织，要求做到严格的保密。因为在这个环节最易扩散测评结果，从而产生不利的影响。

测评工作要做好，应该遵守以下反馈的原则：及时性原则、准确性原则、建设性原则、保密性原则以及尊重性原则。在反馈结果时，要保持对被试者的人格尊重，这一点很重要。如果不能保证这一点，测评结果就伤害了个人的自尊心，就违背了提高个人工作绩效的最终目的。

任务 3　角色扮演

重点与难点：
角色扮演的操作步骤

引　例

下面是一个 10 分钟的角色扮演实例：

指导语：你将与其他两个人共同合作，而且你们三个角色的行为是相互影响的。请快速阅读关于你所扮演角色的描述，然后认真考虑你怎样扮演这个角色。进入角色前，请不要和其他两个被试者讨论即席表演的事情。请运用想象使表演持续 10 分钟。

1．图书直销员（角色一）

你是个大三的学生，你想多赚点钱自己养活自己，一直不让家里寄钱，这个月内你要尽可能多地卖出手头的图书，否则你将发生经济危机。你刚在党委办公室推销。办公室主任任凭你怎样介绍书的内容，他都不肯买。现在你恰好走进了人事科。

2．人事科主管（角色二）

你是人事科的主管，刚才你已注意到一位年轻人似乎正在隔壁的党委办公室推销书，你现在正急于拟定一个人事考核计划，需要参考有关资料。你想买一些参考资料，但又怕上当受骗，你知道党办主任会走过来的。你一直非常忌讳别人觉得你没有主见。

3．党办主任（角色三）

你认为推销书的大学生不安心读书，想利用推销书的办法多赚些钱，以使自己的生活过得好一点。推销书的人总是想说服别人买他的书，而根本不考虑买书人的意愿与实际用途。因此你对大学生的推销行为感到恼火。你现在注意到这位大学生马上会利用你的同事想买书的心理来推销。你决定去人事科阻挠那个推销员，但你又意识到你的行为过于明显会使人事科长不高兴，认为你的好意是多余的，并产生他无能的感觉。

分析：角色扮演是一种情景模拟活动。本案例的角色扮演参考要点如下：角色一应避免党委办公室的情形再度发生，注意强求意识不要太浓；对人事科主管尽量诚恳有礼貌；防止党办主任的不良干扰。角色二应尽量检查、鉴别书的内容与适合性；尽量在党办主任说话劝阻前作出决定。党办主任一旦开口，你又想买则应表明你的观点，说该书不适合党办是正确的，但对你还是有用的。角色三应装着不是故意来搞乱为难大学生的；委婉表明你的意见；注意不要恼怒大学生与人事科主管。

一、角色扮演概述

(一) 角色扮演的含义

角色扮演是一种情景模拟活动。所谓情景模拟，就是指根据被试者可能担任的职务，编制一套与该职务实际工作相似的测试项目，将被试者安排在模拟的、逼真的工作环境中，要求被试者处理可能出现的各种问题，用多种方法来测评其心理素质、潜在能力的一系列方法。情景模拟假设解决方法往往有一种以上，其中角色扮演法是情景模拟活动应用比较广泛的一种方法，其测评主要是针对被试者的明显行为以及实际的操作，另外还包括两个以上的人物之间相互影响的作用。

总的来说，角色扮演既是要求被试者扮演一个特定的管理角色来观察被试者的多种表现，了解其心理素质和潜在能力的一种测评方法，又是通过情景模拟，要求其扮演指定行为角色，并对行为表现进行评定和反馈，以此来帮助其发展和提高行为技能最有效的一种培训方法。角色扮演的理论是以米德的角色理论和班杜拉的社会学习理论为基础发展起来的。

米德通过对自我的研究发现，自我是通过学习、扮演其他人的角色发展起来的，是他人对自己看法的总和，是各种角色的总和，代表对占有一定社会地位的人所期望的行为。角色扮演是在与他人交往和实际社会生活中，一个人所表现出来的一系列特定行为。在不同场合，人们所扮演的角色是不同的，这就要求人们根据社会环境的变化，适当调整自己所扮演的角色。每个人所扮演的角色是在人际互动中实现的，这就是米德最初的角色扮演理论。

美国心理学家班杜拉的社会学习理论也是角色扮演用于塑造人的行为的理论基础。社会学习理论认为人的社会行为是通过"观察学习"获得的。在观察学习中，具有决定性影响的是环境，如社会文化关系、榜样等客观条件，只要控制这些条件，就可促使儿童的社会行为向社会预期的方向发展。他在实践中证明，在观察学习中，人们不用什么奖励或强化，甚至也不需参加社会实践，只要通过对榜样的观察，就可学到新的行为。这是一种"无偿式学习"，是通过形成一定的行为表象来指导自己的操作和行动的。最著名的是"侵犯实验"。榜样，特别是受人尊敬的人物行为，具有替代性的强化作用。替代强化也是一种认知过程，它包括对榜样的观察和模仿，即观察榜样的行为和行为结果以及理解自己如何运用这种行为。在这种替代强化作用的影响下，尽管没有采取任何直接的动作，也会产生大量的行为结果。这一点受到了大量实验的证实。

因此，有意识地从正面给人以正确、美好、规范的行为刺激，有利于人养成良好的习惯，改变不良的行为的作用。

(二) 角色扮演的功能

1. 测评

通过角色扮演可以在情景模拟中，对受试者的行为进行评价，测评其心理素质以及各种潜在能力。可以测出受试者的性格、气质、兴趣爱好等心理素质，也可测出受试者的社会判断能力、决策能力、领导能力等各种潜在能力。

2. 培训

在日常工作中,每个人都有其特定的工作角色,但是,从培养管理者的角度来看,需要人的角色的多样化,但又不可能满足角色实践的要求。因此,在培训条件下,进行角色实践同样可以达到较好的效果。同时,通过角色培训还可以发现行为上存在的问题,及时对行为做出有效的修正。

换句话说,角色扮演是在培训情境下给予受训者角色实践的机会,使受训者在真实的模拟情境中,体验某种行为的具体实践,帮助他们了解自己,改进提高。通常,角色扮演适用领导行为培训(管理行为、职位培训、工作绩效培训等),会议成效培训(如何开会、会议讨论、会议主持等),沟通、冲突、合作等。此外,还应用于培训某些可操作的能力素质,如推销员业务培训、谈判技巧培训等。

(三)角色扮演的优缺点

1. 角色扮演的优点

作为受试者,可以充分调动其参与的积极性,为了获得较高的评价,受试者一定会充分表现自我,施展自己的才华。作为受训者都知道怎样扮演指定的角色,是明确的有目的的活动。在扮演培训过程中,受训者会抱有浓厚的兴趣,并带有娱乐性功能。

从测评的角度看,角色扮演的形式和内容是丰富多样的,为了达到测评的目的,主试者可以根据需要设计测试主题、场景。在主试者的要求下,受试者的表现也是灵活的,主试者不会把受试者限制在有限的空间里,否则不利于受试者真正水平的发挥。从培训的角度看,实施者可以根据培训需要改变受训者的角色,与此同时,培训内容也可以做出适于角色的调整。在培训时间上没有任何特定的限制,视要求而决定长短。有关人际关系的培训,从培训设计上就已经消除了由于人际交互作用所产生的不利影响。

角色扮演是在模拟状态下进行的,因此受试者或受训者在做出决策行为时可以尽可能地按照自己的意愿完成,也不必考虑在实际工作中决策失误会带来工作绩效的下降或失败等问题,它是一种可反馈的、反复行为。受试者或受训者只要充分扮演好角色就行,没必要为自己的行为担心,因为这只是角色扮演行为,其产生的影响可以控制在一定的范围内,不会造成不良影响,也没必要在意他人对你的看法。

角色扮演过程中,需要角色之间的配合、交流与沟通,因此可以增加角色之间的感情交流,培养人们的沟通、自我表达、相互认知等社会交往能力。尤其是同事之间一起接受培训进行角色扮演时,能够培养员工的集体荣誉感和团队精神。

角色扮演培训为受训者提供了广泛获取多种工作生活经验及锻炼的机会。这一优点是就培训而言的,因为在培训过程中,通过角色扮演,受训者可以相互学习对方的优点，可以模拟现实的工作生活，从而获得实际工作经验，明白本身能力的不足之处，通过培训，各方面能力得到提高。

2. 角色扮演的缺点

如果没有精湛的设计能力，在设计上可能会出现简单化、表面化和虚假人工化等现象。这无疑会对培训效果造成直接影响，使受训者得不到真正的角色锻炼能力提高的机会。同样，在设计测评受试者角色扮演场景时，由于设计不合理，设计的场景与测评的内容不符，就会使受试者摸不着头脑，更谈不上测出受试者的能力水平。

有时受训者由于自身的特点不乐意接受角色扮演的培训形式，而又没有明确的拒绝，其结果是在培训中不能够充分表现出他们自己。而另一种情况是受训者的参与意识不强，角色表现漫不经心，这些都会影响培训的效果。在测评过程中，由于受试者参与意识不强，没有完全进入角色，就不能测出受试者的真实情况。

对某些人来说，在接受角色培训时，表现出刻板的模仿行为和模式化行为，而不是反映他们自身的特征。这样，他们的角色扮演就如同演戏一样，偏离了培训的基本内涵。在测评受试者角色扮演中，如果受试者也表现得刻板或行为模式化，测评就失去其意义。

由于角色扮演时，大多数情况有第三者存在，这些人或是同时接受培训的人，或是评价者，或是参观者，自然的交互影响会产生于受训者和参观者之间，这里的影响是很微妙的，但绝不容忽视。

有些角色扮演活动是以团队合作为宗旨的，在这种情况下可能会出现过度突出个人的情况，这也是角色扮演中很难避免的，因为一旦某个人表现得太富于个性化，将会影响团队整体合作。

二、角色扮演的操作步骤

（一）进行充分的准备工作

（1）事先要作好周密的计划，每个细节都要设计好，不要忙中出错，或乱中出错。

（2）助手事先训练好，讲什么话，做什么反映，都要规范化，在每个被试者面前要做到基本统一。

（3）编制好评分标准，主要看其心理素质和实际能力，而不要看其扮演的角色像不像，是不是有演戏的能力。

（二）实施评价

角色扮演的评价，其实就是一个收集信息、汇总信息、分析信息，最后确定被试者基本心理素质和潜在能力的过程。

角色扮演评价实施过程如图 6-1 所示：

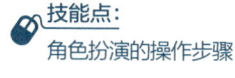
技能点：
角色扮演的操作步骤

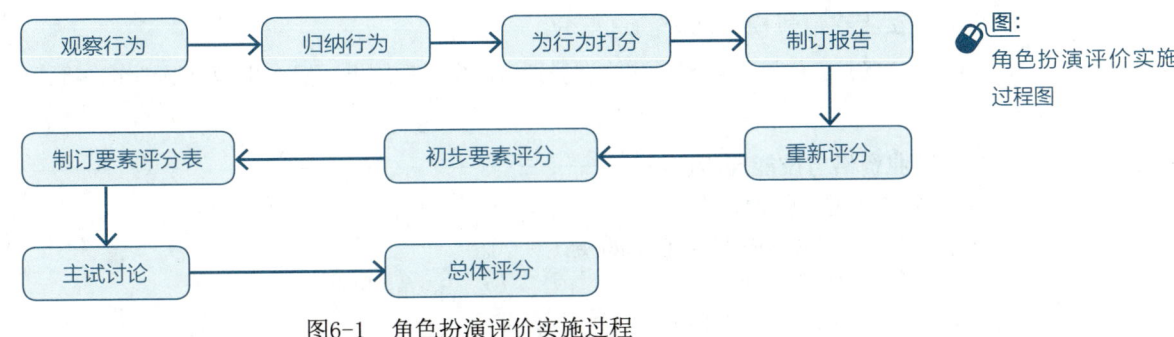

图6-1　角色扮演评价实施过程

（1）观察行为。每一位主试要仔细观察，及时记录一位或两位被试者的行为，记录要客观，记录的内容要详细，不要进行不成熟的评论，主要是进行客观的观察。

（2）归纳行为。观察以后，主试要马上整理观察后的行为结果，并把它纳入角色扮演设计的目标要素之中，如果有些行为和要素没有关系，就应该剔除。

（3）为行为打分。对要素有关的所有行为进行观察、归纳以后，凡事就要根据规定的标准答案对要素进行打分。

（4）制订报告。给行为打分以后，每一位主试都应该汇总所有的信息，形成报告，然后才考虑下一位参加者。每位主试要宣读事先写好的报告，报告对被试者在测评中的行为做一个简单的介绍，包括对要素的评分和有关的各项行为。在报告时其他的主试可以提出问题，进行讨论。

（5）重新评分。每一位主试都报告完毕，大家进行初步的讨论以后，每位主试可以根据讨论的内容、评分的客观标准，以及自己观察到的行为，重新给被试者打分。

（6）初步要素评分。等第一位主试独立重新评分以后，再把所有主试的评分进行简单的平均，确定被试者的得分。

（7）制订要素评分表。一般角色扮演评价的内容分为四个部分。

① 角色的把握性。被试者是否能迅速地判断形势并进入角色情境，按照角色规范的要求采取相应的对策行为。

② 角色的行为表现。包括被试者在角色扮演中所表现出的行为风格、价值观、人际倾向、口头表达能力、思维敏捷性、对突发事件的应变性等。

③ 角色的衣着、仪表与言谈举止是否符合角色及当时的情境要求。

④ 其他内容。包括缓和气氛化解矛盾技巧，达到目的的程度，行为策略的正确性，行为优化程度，情绪控制能力，人际关系技能等。

（8）主试讨论。根据上述内容，主试进行一次讨论，对每一种要素的评分，大家发表意见。

（9）总体评分。通过讨论以后，第一位主试再独立地给该被试者评出一个总体得分，然后公布结果，由小组讨论，直到达成一致意见，这个得分就是该被试者在情景模拟部分的总得分。

备注：如果用角色扮演培训受训者，也可采用上述操作步骤对受训者进行评估。

职业资格与技能同步训练

一、单项选择题

1. 以下不属于评价中心技术的是（　　）。
   A. 公文筐测验　　　　　　　　　　　　B. 角色扮演
   C. 无领导小组讨论测验　　　　D. 面试
2. 以下不属于无领导小组讨论的功能是（　　）。
   A. 区分　　　　　B. 评定　　　　C. 预测　　　　D. 培训
3. 在一定程度上分别出应聘者能力、素质上的相对差异，是无领导小组讨论的（　　）功能。
   A. 区分　　　　　B. 评定　　　　C. 预测　　　　D. 培训
4. 80后，一直是被争议的一代人，"80后是否真的像一些人所说，不负责任""是否真的非常自我"……请发表自己的观点，并与其他被试者共同讨论，在规定的时间内形成一致性的意见，这属于无领导小组讨论的（　　）类型。
   A. 有情境的无领导小组讨论　　　　B. 无情境的无领导小组讨论
   C. 合作性讨论　　　　　　　　　　D. 竞争性讨论
5. 以下不属于无领导小组讨论题目形式的是（　　）。
   A. 开放式问题　　　　　　　　　　B. 两难问题
   C. 操作性问题　　　　　　　　　　D. 多难问题
6. 国庆60周年马上就要到了，学校各个社团纷纷组织活动以庆祝国庆。学校可以举行大型活动的运动场国庆期间的时间基本都被预订完了，只剩下10月8号下午的时间。学校社团联合会和学校广播电台在这一天下午都预备举行活动。你作为社团联合会/广播电台的负责人，你会怎样为社团争取到活动场地？这是属于（　　）无领导小组的讨论题目形式。
   A. 开放式问题　　　　　　　　　　B. 两难问题
   C. 操作性问题　　　　　　　　　　D. 资源争夺问题
7. 以下不属于公文筐文件的编制人员的是（　　）。
   A. 语言专家　　　　　　　　　　　B. 测试专家
   C. 管理专家　　　　　　　　　　　D. 行业专家（实际工作者）
8. 在角色扮演的理论基础中（　　）提出了社会学习理论。
   A. 米德　　　　　B. 泰勒　　　　C. 班杜拉　　　　D. 梅奥

二、多项选择题

1. 以下具有培训功能的是（　　）。
   A. 公文筐测验　　　　　　　　　　B. 无领导小组讨论
   C. 角色扮演　　　　　　　　　　　D. 心理测验
2. 公文筐测验可以考察应试者的（　　）。
   A. 工作条理性　　　　　　　　　　B. 计划能力
   C. 沟通能力　　　　　　　　　　　D. 应变能力
3. 无领导小组讨论题目的形式有（　　）。
   A. 资源争夺问题　　　　　　　　　B. 两难问题
   C. 多项选择问题　　　　　　　　　D. 开放式问题

4. 公文筐的优点有（　　）。
   A. 高仿真性　　　　　　　　　　B. 应用范围广
   C. 对试题编制人员要求很高　　　D. 具有良好的效度表现
5. 角色扮演的功能有（　　）。
   A. 考核　　　　B. 测评　　　　C. 培训　　　　D. 区分

综合实训

实训目标：

掌握公文筐工具的使用技能。

实训资料：

华达公司是一家大型民营上市公司，业务领域涉及水利工程、环保科技和电力自动化等多个领域，其人力资源部下设五个主管岗位，分别是招聘主管、薪酬主管、绩效主管、培训主管和劳动关系与安全主管，每个主管有两三位下属。今天是 2013 年 7 月 9 日，你（李明翔）有机会在以后的 2 个小时里担任该公司人力资源部总监的职务，全面主持公司人力资源管理工作。

现在是上午 8 点，你提前来到办公室，秘书已经将你需要处理的邮件和电话录音整理完毕，放在了文件夹内。文件的顺序是随机排列的，你必须在 2 个小时内处理好这些文件，并做出批示。10 点钟还有一个重要的会议需要你主持，在这 2 小时里，你的秘书会为你推掉所有的杂事，没有任何人来打扰。

【文件一】

类别：电子邮件

来件人：陈欣　培训专员

收件人：李明翔　人力资源部总监

日期：7 月 8 日

李总：您好！公司 4 月份在南非首次承接的 420 工程现已开工，工程部准备委派 6 名高级技术人员到南非提供技术服务。可是，这 6 名技术人员英语水平较差，虽经过为期半年的在岗英语培训，但效果不尽如人意。因此，工程部计划临时安排他们去英语学校参加封闭式培训，培训时间为 2 个月，费用为每人 10 000 元。该计划已经上报人力资源部。可是，昨天工程部来电称，财务部不同意支付培训费用，理由是该培训事先没有计划和预算，资金周转不过来，这几名员工原计划 10 月份赴南非，工程部担心如果不能按期派人提供技术支持，可能会影响合同的执行和公司的声誉。目前，工程部非常焦急，请求您出面协调，敬请尽快回复。

【文件二】

类别：书面请示

来件人：娄奇　招聘主管

收件人：李明翔　人力资源部总监

日期：7 月 7 日

李总：您好！由于业务调整，今年 3 月，公司决定停止化工产品的研发工作，将化工研发小组并入研究方向相似的环保研发小组，并由原环保小组的项目主管全权负责。最近几个月，原化工小组的成员流失严重，我们高薪聘用的几位博士也提出了离职申请，通过和他们的沟通，原化工小组的成员普遍反映无法与原环保小组的成员合作，在工作中受到忽视，重要的研讨会议从来不通知他们，只让他们做一些类似输入数据的简单工作。在上半年的绩效考核中，很多原化工小组的成员觉得受到了排挤，考核结果都不理想。针对此事希望您能给予指示。

【文件三】

类别： 便函
来件人： 章亮　总裁
收件人： 李明翔　人力资源部总监
日期： 7月8日

小李：9号下午你是否有空，我刚刚看过上半年的绩效考评结果，综合过去两年来各部门的运行情况，我觉得有必要对公司的中层干部进行调整。另外，公司明年要上一些大项目，需要有针对性地补充一些管理人员，我想听听你的意见，请准备一下相关资料，并与我联系。章亮

实训要求：

在接下来的2小时中，请你查阅文件筐中的各种信函、电话录音以及 e-mail 等，并用如下的回复表作样例，给出你对每个材料的处理意见。

学习评价

职业核心能力测评表

（在□中打√，A 表示通过，B 表示基本通过，C 表示未通过）

职业核心能力	评价标准	自测结果
自我学习	1. 能进行时间管理 2. 能选择适合自己的学习和工作方式 3. 能随时修订计划并进行意外处理 4. 能将已经学到的东西用于新的工作任务	□A　□B　□C □A　□B　□C □A　□B　□C □A　□B　□C
信息处理	1. 能根据不同需要去搜寻、获取并选择信息 2. 能筛选信息，并进行信息分类 3. 能使用多媒体等手段来展示信息	□A　□B　□C □A　□B　□C □A　□B　□C
数字应用	1. 能从不同信息源获取相关信息 2. 能依据所给的数据信息，作简单计算 3. 能用适当的方法展示数据信息和计算结果	□A　□B　□C □A　□B　□C □A　□B　□C
与人交流	1. 能把握交流的主题、时机和方式 2. 能理解对方谈话的内容，准确表达自己的观点 3. 能获取信息并反馈信息	□A　□B　□C □A　□B　□C □A　□B　□C
与人合作	1. 能挖掘合作资源，明确自己在合作中能够起到的作用 2. 能同合作者进行有效沟通，理解个性差异及文化差异	□A　□B　□C □A　□B　□C
解决问题	1. 能说明何时出现问题并指出其主要特征 2. 能作出解决问题的计划并组织实施计划 3. 能对解决问题的方法适时作出总结和修改	□A　□B　□C □A　□B　□C □A　□B　□C
革新创新	1. 能发现事物的不足并提出新的需要 2. 能创新性地提出改进事物的意见和具体方法 3. 能从多种方案中选择最佳方案，在现有条件下实施	□A　□B　□C □A　□B　□C □A　□B　□C

学生签字：　　　　　　　　教师签字：　　　　　　　　　　　　年　月　日

专业能力测评表

（在□中打√，A 表示掌握，B 表示基本掌握，C 表示未掌握）

业务能力	评价指标	自测结果	要求
无领导小组讨论实测程序	1. 无领导小组讨论题目的设计原则 2. 无领导小组讨论题目的类型 3. 了解无领导小组讨论实施的环节	□A □B □C □A □B □C □A □B □C	能正确理解无领导小组讨论的每个原则、类型以及如何实施
公文筐测验的实施	1. 清楚公文筐文件编制要素构成 2. 了解公文筐文件编制步骤	□A □B □C □A □B □C	能正确实施公文筐测验
角色扮演	1. 了解角色扮演的功能 2. 掌握角色扮演的实施步骤	□A □B □C □A □B □C	能正确理解角色扮演的功能 能正确实施、理解角色扮演
教师评语：			
成绩		教师签字	

项目七
绩效考评

本章知识点

绩效考评　关键绩效考评法（KPI）　目标管理法（MBO）　平衡计分卡（BSC）

本章技能点

绩效考评系统设计　绩效考试组织和实施

职业核心能力

自我学习　信息处理　数字应用　与人交流　与人合作　解决问题

知识导图

图:
绩效考评框架图

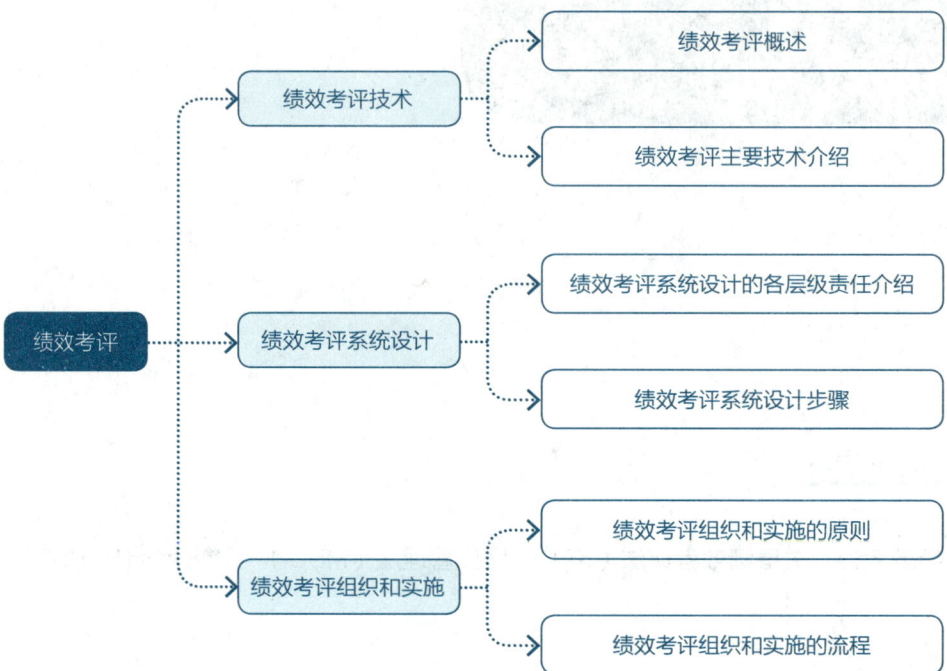

任务 1 绩效考评技术

重点与难点:
绩效考评的目的和绩效考评技术

引 例

东升公司总部会议室内,袁总经理正在认真听取关于上年度公司绩效考核执行情况的汇报,听完后袁总经理陷入了沉思。原因是经过年度考核成绩排序,他发现成绩排在最后的几名却是在公司干活最多的人。

东升公司成立仅四年,为了更好地进行各级人员的评价和激励,公司在引入市场化的用人机制的同时,建立了一套绩效考核制度。用人力资源部经理的话说,是细化传统的德、能、勤、绩几项指标,同时突出工作业绩的一套考核办法。其设计的重点是将德、能、勤、绩几个方面内容细化延展成20项指标,都做了定性的描述,考核时只需将被考核人实际行为与描述相对应,就可按照对应成绩累计相加得出考核成绩。

但是在主管人员填写评估表时,却遇到了困难,因为表中的很多内容,他们感到无法填写。首先是员工的工作业绩,由于事先并没有将员工的业绩目标清楚地确定下来,光有指标,没有标准,在对业绩进行评估时很难判断做到什么程度算是"基本达到本职位的要求",做到什么程度算是"完全达到本职位的工作要求",销售人员尚有一定的销售额标准,其他人员基本上没有什么客观的标准可言,只能凭主管人员的主观印象。对于工作态度方面的评估就更加困难了,由于平常没有记录收集员工工作态度方面的表现,到了年底的时候,主管人员的印象中只有最近一两个月的点滴记忆,前面十个月的工作表现的印象已经十分模糊,这样对工作态度的评估就只能完全凭主观印象了,做事多的人,往往是意见多、错误多,结果考核中出现了一个奇怪的现象:原先工作比较出色和积极的职工,考核成绩却常常排在多数人后面,一些工作并不出色的人和错误很少的人却都排在了前面。

袁总找来设备维修部王经理、财务部李经理了解情况,设备部王经理快人快语道:"我认为本次考核指标需要尽快调整,因为它不能真实地反映我们的实际工作,例如我们设备维修部主要负责公司电力机车设备的维护管理工作,总共只有20个人,却管理着公司总共近60台电力机车,为了确保它们安全无故障地运转,我们的工作必须是100%的完成任务,不能有一次违规和失误,因为任何一次失误都是致命的,也会造成重大损失。但是在考核指标中有'没有全部完成任务'的内容,我们的考核就是合格和不合格之说,不存在分数等级区别。"

财务部李经理紧接着说道:"对于我们财务部门,工作基本上都是按照

引 例

规范和标准来完成的,平常填报表和记账等都要求万无一失,这些如何体现出创新的最好一级标准?如果我们没有这项内容,评估我们是按照最高成绩打分还是按照最低成绩打分?还有一个问题,我认为应该重视,财务工作经常得罪人,让被得罪的人评估我们财务,指标能体现它的公正性吗?"

听完大家的各种反馈,袁总想:难道公司的绩效指标体系本身设计得就有问题?问题到底在哪里?如何设计考核内容指标体系才能适应不同性质岗位的要求?

分析:这是一个普遍存在的问题,用同一把尺子去衡量不同的岗位,其指标的针对性怎么去保证呢?从绩效的概念来看,不管绩效是过程,还是结果,还是过程与结果的统一。绩效都应该是可以理解、可以衡量和可以控制的,一句话,绩效是可以界定的。否则,绩效这一概念对组织就没有任何价值。问题是我们怎样去设计绩效指标和绩效标准,才可以对绩效进行考核和管理。

一、绩效考评概述

(一)绩效及绩效考评的含义

绩效,从字面意思分析,绩效是绩与效的组合。

绩就是业绩,体现企业的利润目标,又包括两部分:目标管理和职责要求。企业要有企业的目标,个人要有个人的目标要求,目标管理能保证企业向着希望的方向前进,实现目标或者超额完成目标可以给予奖励,比如奖金、提成、效益工资等;职责要求就是对员工日常工作的要求,比如业务员除了完成销售目标外,还要做新客户开发、市场分析报告等工作,对这些职责工作也有要求,这个要求的体现形式就是工资。

效就是效率、效果、态度、品行、行为、方法、方式。效是一种行为,体现的是企业的管理成熟度目标。效又包括纪律和品行两方面,纪律包括企业的规章制度、规范等,纪律严明的员工可以得到荣誉和肯定,比如表彰、发奖状/奖杯等;品行指个人的行为,"小用看业绩,大用看品行",只有业绩突出且品行优秀的人员才能够得到晋升和重用。

绩效,从管理学的角度看,是组织期望的结果,是组织为实现其目标而展现在不同层面上的有效输出,它包括个人绩效和组织绩效两个方面。组织绩效的实现应在个人绩效实现的基础上,但是个人绩效的实现并不一定保证组织是有绩效的。如果组织的绩效按一定的逻辑关系被层层分解到每一个工作岗位以及每一个人的时候,只要每一个人达成了组织的要求,组织的绩效就实现了。

（二）绩效考评的目的

绩效考核也称成绩或成果测评，绩效考核是企业为了实现生产经营目的，运用特定的标准和指标，采用科学的方法，对承担生产经营过程及结果的各级管理人员完成指定任务的工作实绩和由此带来的诸多效果做出价值判断的过程。

1. 达成目标

绩效考核本质上是一种过程管理，而不是仅仅对结果的考核。它是将中长期的目标分解成年度、季度、月度指标，不断督促员工实现、完成的过程，有效的绩效考核能帮助企业达成目标。

2. 挖掘问题

绩效考核是一个不断制订计划、执行、改正的 PDCA 循环过程，体现在整个绩效管理环节，包括绩效目标设定、绩效要求达成、绩效实施修正、绩效面谈、绩效改进、再制定目标的循环，这也是一个不断发现问题、改进问题的过程。

3. 分配利益

与利益不挂钩的考核是没有意义的，员工的工资一般都由两个部分组成：固定工资和绩效工资。绩效工资的分配与员工的绩效考核得分息息相关，所以一说起考核，员工的第一反应往往是绩效工资的发放。

4. 促进成长

绩效考核的最终目的并不是单纯地进行利益分配，而是促进企业与员工的共同成长。通过考核发现问题、改进问题，找到差距进行提升，最后达到双赢。绩效考核的应用重点在薪酬和绩效的结合上。薪酬与绩效在人力资源管理中，是两个密不可分的环节。在设定薪酬时，一般已将薪酬分解为固定工资和绩效工资，绩效工资正是通过绩效予以体现，而对员工进行绩效考核也必须要表现在薪酬上，否则绩效和薪酬都失去了激励的作用。

5. 通过绩效管理实现公司目标

绩效管理是连接员工个体行为和组织目标之间最直接的桥梁。

6. 通过绩效管理改善公司的整体运营管理

对于公司整体而言，绩效考评可以作为公司整体运营管理改善的基础。通过整体绩效管理，可以发现公司运营状况，及时了解发展战略实施过程中存在的问题，并通过修正策略，跟踪行动计划和绩效结果，从而保证发展战略的实现。

7. 通过绩效管理提高员工培训、职业发展规划

对于个人而言，绩效考评可以作为员工培训发展、职业规划的基础。持续地建立绩效档案，可以了解员工长期的绩效表现，因而可以有针对性地开发培训计划，提高员工绩效能力。并且作为员工职业发展过程中，选拔、轮岗、晋升的参考依据。当然，在绩效管理中，一定要保证对员工绩效过程的跟踪，而不仅仅关注结果。只有全面了解员工绩效过程的表现情况，才能准确评估员工的职业发展趋势。

（1）考核的目的不仅仅是为了薪酬体系的规划设计，不仅仅是得到一个奖惩

的依据，因为奖惩只是强化考核功能的手段。

（2）考核的目的也不仅仅是调整员工的待遇，调整待遇是对员工价值的不断开发的再确认。

（3）考核是为了不断提高员工的职业能力和改进工作绩效，提高员工在工作执行中的主动性和有效性，进而作为员工培训、职业发展规划的有效依据，为公司不断创造价值。

8. **通过绩效管理实现"共赢"**

绩效考核必须建立在"共赢"的基础之上，也就是说由企业与员工各取所需共同赢得这场"游戏"。其一，企业赢得管理与效益。其二，员工赢得自我的认识、改进与发展。

9. **为下一期的绩效指标完成做准备**

绩效管理制度的关键在于持续改进（continuous improvement），包括对于绩效管理体系的持续改进。因为，一个绩效考核体系需要在实施过程中不断改进，成功公司绩效管理的成功经验认为，绩效考核体系在实施中经历一两年后才能真正完善起来，尤其是管理者的绩效管理能力和技术才能培养起来，相应的考核文化和氛围才能成熟。

二、绩效考评主要技术介绍

（一）关键绩效考评法（KPI）

1. 关键绩效考评法的含义和原理

企业关键绩效指标（KPI，Key Performance Indicator）是通过对组织内部流程的输入端、输出端的关键参数进行设置、取样、计算、分析，衡量流程绩效的一种目标式量化管理指标，是把企业的战略目标分解为可操作的工作目标的工具，是企业绩效管理的基础。KPI 可以使部门主管明确部门的主要责任，并以此为基础，明确部门人员的业绩衡量指标。建立明确的切实可行的 KPI 体系，是做好绩效管理的关键。关键绩效指标是用于衡量工作人员工作绩效表现的量化指标，是绩效计划的重要组成部分。

KPI 法符合一个重要的管理原理——"八二原理"。在一个企业的价值创造过程中，存在着"80/20"的规律，即 20% 的骨干人员创造企业 80% 的价值；而且在每一位员工身上"八二原理"同样适用，即 80% 的工作任务是由 20% 的关键行为完成的。因此，必须抓住 20% 的关键行为，对之进行分析和衡量，这样就能抓住业绩评价的重心。

2. 关键绩效考评法的操作流程

建立 KPI 指标的要点在于流程性、计划性和系统性。

首先，明确企业的战略目标，并在企业会议上利用头脑风暴法和鱼骨分析法找出企业的业务重点，也就是企业价值评估的重点。然后，再用头脑风暴法找出

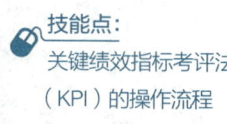

技能点：
关键绩效指标考评法（KPI）的操作流程

这些关键业务领域的关键业绩指标（KPI），即企业级 KPI。

其次，各部门的主管需要依据企业级 KPI 建立部门级 KPI，并对相应部门的 KPI 进行分解，确定相关的要素目标，分析绩效驱动因素（技术、组织、人），确定实现目标的工作流程，分解出各部门级的 KPI，以便确定评价指标体系。

再次，各部门的主管和部门的 KPI 人员一起再将 KPI 做进一步的细分，分解为更细的 KPI 及各职位的业绩衡量指标。这些业绩衡量指标就是员工考核的要素和依据。这种对 KPI 体系的建立和测评过程本身，就是统一全体员工朝着企业战略目标努力的过程，也必将对各部门管理者的绩效管理工作起到很大的促进作用。

然后，指标体系确立之后，还需要设定评价标准。一般来说，指标指的是从哪些方面衡量或评价工作，解决"评价什么"的问题；而标准指的是在各个指标上分别应该达到什么样的水平，解决"被评价者怎样做，做多少"的问题。

最后，必须对关键绩效指标进行审核。比如，审核这样一些问题：多个评价者对同一个绩效指标进行评价，结果能否取得一致？这些指标的总和是否可以解释被评估者 80% 以上的工作目标？跟踪和监控这些关键绩效指标是否可以操作？等等。审核主要是为了确保这些关键绩效指标能够全面、客观地反映被评价对象的绩效，而且易于操作。

（二）目标管理法（MBO）

1. 目标管理含义

目标管理（MBO，Management by Objective）是以目标为导向，以人为中心，以成果为标准，而使组织和个人取得最佳业绩的现代管理方法。目标管理亦称"成果管理"，俗称责任制。指在企业个体职工的积极参与下，自上而下地确定工作目标，并在工作中实行"自我控制"，自下而上地保证目标实现的一种管理办法。

2. 目标管理特点

目标管理指导思想上是以 Y 理论为基础的，即认为在目标明确的条件下，人们能够对自己负责。具体方法上是对泰勒科学管理的进一步发展。它与传统管理方式相比有鲜明的特点，可概括为：

（1）重视人的因素。目标管理是一种参与的、民主的、自我控制的管理制度，也是一种把个人需求与组织目标结合起来的管理制度。在这一制度下，上级与下级的关系是平等、尊重、依赖、支持的，下级在承诺目标和被授权之后是自觉、自主和自治的。

（2）建立目标锁链与目标体系。目标管理通过专门设计的过程，将组织的整体目标逐级分解，转换为各单位、各员工的分目标。从组织目标到经营单位目标，再到部门目标，最后到个人目标。在目标分解过程中，权、责、利三者已经明确，而且相互对称。这些目标方向一致，环环相扣，相互配合，形成协调统一的目标体系。只有每个人完成了自己的分目标，整个企业的总目标才有完成的希望。

（3）重视成果。目标管理以制订目标为起点，以目标完成情况的考核为终结。工作成果是评定目标完成程度的标准，也是人事考核和奖评的依据，成为评价管理工作绩效的唯一标志。至于完成目标的具体过程、途径和方法，上级并不过多干预。所以，在目标管理制度下，监督的成分很少，而控制目标实现的能力却很强。

3. 目标管理的操作步骤

> 技能点：
> 目标管理技术的运用

目标管理的具体做法分为三个阶段：第一阶段为目标的设置；第二阶段为实现目标过程的管理；第三阶段为测定与评价所取得的成果。

（1）目标的设置。这是目标管理最重要的阶段，这阶段可以细分为四个步骤：

① 高层管理预定目标，这是一个暂时的、可以改变的目标预案。即可以上级提出，再同下级讨论；也可以由下级提出，上级批准。无论哪种方式，必须共同商量决定。其次，领导必须根据企业的使命和长远战略，估计客观环境带来的机会和挑战，对该企业的优劣有清醒的认识，对组织应该和能够完成的目标心中有数。

② 重新审议组织结构和职责分工。目标管理要求每一个分目标都有确定的责任主体。因此预定目标之后，需要重新审查现有的组织结构，根据新的目标分解要求进行调整，明确目标责任者和协调关系。

③ 确立下级的目标。首先下级明确组织的规划和目标，然后商定下级的分目标。在讨论中上级要尊重下级，平等待人，耐心倾听下级意见，帮助下级发展一致性和支持性目标。分目标要具体量化，便于考核；分清轻重缓急，以免顾此失彼；既要有挑战性，又要有实现的可能。每个员工和部门的分目标要和其他的分目标协调一致，支持本单位和组织目标的实现。

④ 上级和下级就实现各项目标所需的条件以及实现目标后的奖惩事宜达成协议。分目标制定后，要授予下级相应的资源配置的权力，实现权责利的统一。由下级写成书面协议，编制目标记录卡片，整个组织汇总所有资料后，绘制出目标图。

（2）实现目标过程的管理。目标管理重视结果，强调自主、自治和自觉。并不等于领导可以放手不管，相反由于形成了目标体系，一环失误，就会牵动全局。因此领导在目标实施过程中的管理是不可缺少的。首先，进行定期检查，利用双方经常接触的机会和信息反馈渠道自然地进行；其次，要向下级通报进度，便于互相协调；最后，要帮助下级解决工作中出现的困难问题，当出现意外、不可测事件严重影响组织目标实现时，也可以通过一定的手续，修改原定的目标。

（3）总结和评估。达到预定的期限后，下级首先进行自我评估，提交书面报告；然后上下级一起考核目标完成情况，决定奖惩；同时讨论下一阶段目标，开始新循环。如果目标没有完成，应分析原因总结教训，切忌相互指责，以保持相互信任的气氛。

(三)平衡计分卡(BSC)

1. 平衡计分卡的含义

平衡记分卡(Careersmart Balanced Score Card),源自哈佛大学教授 Robert Kaplan 与诺朗顿研究院(Nolan Norton Institute)的执行长 David Norton 于 1990 年所从事的"未来组织绩效衡量方法"这种绩效评价体系,当时该计划的目的,在于找出超越传统以财务量度为主的绩效评价模式,以使组织的"策略"能够转变为"行动";经过将近 20 年的发展,平衡计分卡已经发展为集团战略管理的工具,在集团战略规划与执行管理方面发挥着非常重要的作用。根据解释,平衡计分卡主要通过图、卡、表来实现战略的规划。平衡计分卡是从财务、客户、内部运营、学习与成长四个角度,将组织的战略落实为可操作的衡量指标和目标值的一种新型绩效管理体系。设计平衡计分卡的目的就是要建立"实现战略指导"的绩效管理系统,从而保证企业战略得到有效的执行。因此,人们通常称平衡计分卡是加强企业战略执行力的最有效的战略管理工具。

2. 平衡计分卡的特点

平衡计分卡反映了财务与非财务衡量方法之间的平衡,长期目标与短期目标之间的平衡,外部和内部的平衡,结果和过程的平衡,管理业绩和经营业绩的平衡等多个方面,所以能反映组织综合经营状况,使业绩评价趋于平衡和完善,利于组织长期发展。

平衡计分卡方法因为突破了财务作为唯一指标的衡量工具,做到了多个方面的平衡。平衡计分卡与传统评价体系比较,具有如下特点:

(1)平衡计分卡为企业战略管理提供强有力的支持。随着全球经济一体化进程的不断发展,市场竞争的不断加剧,战略管理对企业持续发展而言更为重要。平衡计分卡的评价内容与相关指标和企业战略目标紧密相连,企业战略的实施可以通过对平衡计分卡的全面管理来完成。

(2)平衡计分卡可以提高企业整体管理效率。平衡计分卡所涉及的四项内容,都是企业未来发展成功的关键要素,通过平衡计分卡所提供的管理报告,将看似不相关的要素有机地结合在一起,可以大大节约企业管理者的时间,提高企业管理的整体效率,为企业未来成功发展奠定坚实的基础。

(3)注重团队合作,防止企业管理机能失调。团队精神是一个企业文化的集中表现,平衡计分卡通过对企业各要素的组合,让管理者能同时考虑企业各职能部门在企业整体中的不同作用与功能,使他们认识到某一领域的工作改进可能是以其他领域的退步为代价换来的,促使企业管理部门考虑决策时要从企业出发,慎重选择可行方案。

(4)平衡计分卡可提高企业激励作用,扩大员工的参与意识。传统的业绩评价体系强调管理者希望(或要求)下属采取什么行动,然后通过评价来证实下属是否采取了行动以及行动的结果如何,整个控制系统强调的是对行为结果的控制与考核。而平衡计分卡则强调目标管理，鼓励下属创造性地（而非被动）完成目标，这一管理系统强调的是激励动力。因为在具体管理问题上，企业高层管理者并不一定会比中下层管理人员更了解情况，所作出的决策也不一定比下属更明智。所以由企业高层管理人员规定下属的行为方式是不恰当的。另一方面，企业业绩评价体系大多是由财务专业人士设计并监督实施的，但是，由于专业领域的差别，财务专业人士并不清楚企业经营管理、技术创新等方面的关键性问题，因而无法对企业整体经营的业绩进行科学合理的计量与评价。

（5）平衡计分卡可以使企业信息负担降到最少。在当今信息时代，企业很少会因为信息过少而苦恼，随着全员管理的引进，当企业员工或顾问向企业提出建议时，新的信息指标总是不断增加。这样，会导致企业高层决策者处理信息的负担大大加重。而平衡计分卡可以使企业管理者仅仅关注少数而又非常关键的相关指标，在保证满足企业管理需要的同时，尽量减少信息负担成本。

3. 平衡计分卡实施的步骤和原则

（1）平衡计分卡实施的步骤。可分为以下步骤：定义远景；设定长期目标（时间范围为3年）；描述当前的形势；描述将要采取的战略计划；为不同的体系和测量程序定义参数。

> 技能点：
> 平衡记分卡的操作步骤

（2）平衡计分卡的实施原则。一个结构严谨的平衡计分卡，应包含一连串连接的目标和量度，这些量度和目标不仅前后连贯，同时互相强化。就如同飞行仿真器，包含一套复杂的变量和因果关系，包括领先、落后和回馈循环，并能描绘出战略的运行轨道和飞行计划。

建立一个战略为评估标准的平衡计分卡须遵守以下三个原则：因果关系；成果量度与绩效驱动因素；与财务连接。

这三个原则将平衡计分卡与企业战略连接，其因果关系链代表的流程和决策，会对未来的核心成果造成一定的正面影响。这些量度的目的是向组织表示新的工作流程规范，并确立战略优先任务、战略成果及绩效驱动因素的逻辑过程，以进行企业流程的改造。

任务 2　绩效考评系统设计

重点与难点：
绩效考评系统设计步骤

引　例

　　A 公司是一家大型商场，公司包括管理人员与员工，共有 500 多人。由于大家齐心协力，公司销售额不断上升。到了年底，A 公司又开始了一年一度的绩效考评，因为每年年底的绩效考评是与奖金挂钩的，大家都非常重视。人力资源部又将一些考评表发放到各个部门的经理，部门经理在规定的时间内填写表格，再交回人力资源部。

　　老张是营业部的经理，他拿到人力资源部送来的考评表格，却不知怎么办。表格主要包括了对员工工作业绩和工作态度的评价。工作业绩那一栏分为五档，每一档只有简短的评语，如超额完成工作任务、基本完成工作任务等。由于年初种种原因，老张并没有将员工的业绩目标清楚地确定下来。因此对业绩考评时，无法判断谁超额完成任务，谁没有完成任务。工作态度就更难填写了，由于平时没有收集和记录员工的工作表现，到了年底，仅对近一两个月的事情有一点记忆。

　　由于人力资源部又催得紧，老张只好在这些考评表勾勾圈圈，再加上一些轻描淡写的评语，交给人力资源部。想到这些绩效考评要与奖金挂钩，老张感到如此做又有些不妥，他决定向人力资源部建议重新设计本部门营业人员的考评方法。老张在考虑，为营业人员设计考评方法应该注意哪些问题呢？

　　分析：该公司虽然进行了绩效考核工作，但是存在一些问题。A 公司的绩效评估所存在的问题有：

　　考核目的不明确。绩效评估的目的是发现员工工作的长处与不足，改进员工以及组织的整体绩效，促进员工与组织的提高与发展，而不是为了考评而考评。A 公司也没有就绩效考核的结果进行绩效面谈，更没有制定员工的绩效改进计划。

　　绩效目标不清楚。考评者和被考评者对于被考评者的绩效目标竟然模糊，使得考核没有了对比标准。

　　平常的工作过程中没有关于员工工作行为的记录，使得考评时缺乏证据性资料，使得考评结果的可靠性降低。

　　在考核过程中，考评者以被考评者近期的绩效表现代表整个考核期的表现，这种"以近概全"的方式，使得考评结果的正确性降低。

　　考核周期设置不当。营业部的业绩考核周期过长，不利于发现、解决问题，也不利于平时收集员工的绩效信息。

一、绩效考评系统设计的各层级责任介绍

无论是设计绩效考评体系，还是实施绩效考评体系，公司的高层管理者、中层管理者、人力资源部、员工自己，都要承担相应的责任。可以说：对任何一家公司来说应该是"全民参与、各司其职"。当然，对于不同行业不同发展阶段的公司来说，承担的责任不尽相同，但是大多数的公司都应该明确高层管理者、中层管理者、人力资源部、员工自己的责任。

（一）公司高层管理者在战略绩效管理系统中承担的责任

（1）传达并解释公司战略目标、经营重点和衡量绩效的标准；

（2）组织制定公司的年度经营目标，提供各种资源和政策支持；

（3）经营绩效计划循环启动之前组织各级主管进行正式的沟通；

（4）积极通过战略绩效管理系统充分展示承诺；

（5）定期组织主管进行战略回顾研讨，讨论存在的问题，深入理解产生现有问题的根本原因；

（6）与部门签订绩效合约；

（7）组织开展中高层管理人员的绩效述职报告。

（二）公司中层管理者（主要是指部门负责人）在战略绩效管理系统中承担的责任

（1）同员工进行一对一的面谈，讨论制定绩效计划和个人发展计划；

（2）为下属员工提供持续的绩效指导和反馈；

（3）定期对下属员工进行公平的绩效评估，并进行即时激励，向员工反馈绩效评估的结果；

（4）参加公司组织的中高层管理人员的绩效述职报告会议；

（5）组织部门内部员工绩效合约的签订工作；

（6）与下属员工沟通确定绩效目标改进与个人发展的计划。

（三）员工在战略绩效管理系统中承担的责任

（1）在上级主管的帮助下制定自己的年度目标责任计划，在实施过程中分解到月度（或者季度、半年度）；

（2）根据个人绩效计划检查自己的工作进度，并主动向上级寻求反馈；

（3）按照事先确定的个人绩效计划，对自己月度（季度、半年度、年度）工作目标完成情况进行评估；

（4）对自己的个人绩效和个人职业发展负责，寻求更高的职业发展目标。

（四）公司人力资源部在战略绩效管理系统中承担的责任

（1）负责战略绩效管理的组织、实施、调整、监控和培训工作；

（2）负责为战略绩效管理提供专业技术支持。

二、绩效考评系统设计步骤

在绩效考评实践过程中，企业需要投入大量的资源。绩效考评系统设计主要包括以下几个操作步骤。

（一）明确公司战略

公司设计绩效考评系统时，首先要进行战略梳理，明确公司战略的主要工作就是战略问题确认：

技能点：
如何制订公司的战略

1. 企业任务系统陈述

任务系统主要包括企业的使命、愿景、核心价值观以及战略总目标。所谓企业使命，就是企业在社会、经济发展中所应担当的角色和责任，即企业存在的理由跟价值。企业使命具有相对稳定性。愿景也叫远景，即未来企业希望自己是一个什么样的企业，是企业永远为之奋斗并希望达到的图景，它表明组织对未来的期望和追求。核心价值观就是企业判断是非的标准，即企业赞同什么，反对什么的标准，核心价值观是企业所有员工行为的准则。战略总目标是企业使命的具体化，是企业追求的较大的目标。

2. 公司战略诉求主题

公司战略也称为集团战略，公司战略主要描述企业的业务范围是什么，现有业务组合及拟进入何领域，采取增长、维持还是收缩的发展战略，产品、地域和客户的选择，是采取单一业务还是多元化，是采取相关多元化还是无关多元化等问题。

3. 业务战略诉求主题

业务战略也称为竞争战略，业务战略主要描述各业务单元如何开展竞争，根据战略优势和市场范围，是采取低成本，差异化，还是集中化的竞争手段。

4. 职能战略诉求主题

职能战略主要描述通过哪些方面的努力来增强竞争力，如在财务、营销、人力资源、物流、生产、研发、采购等方面采取何种措施来支持和协同公司战略与业务战略，职能战略更强调具体、可操作性。

一个组织的任务系统具有长期稳定性，即使在较长的一段时间内也不会有大的变化，公司战略具有相对稳定性，在中长期内也不会有太大的改变，业务战略需要随着市场竞争状况的变化及时调整，而职能战略则是支持和协同公司战略与业务战略所采取的具体措施。

（二）绘制战略地图

明确企业的战略目标后，将企业战略所包含的一连串假设转化为一系列具体的因果关系链，然后通过因果关系链绘制战略地图。战略地图绘制的思路就是用价值树模型的分解方法采用层层剖析的方法，将企业的战略目标（当然也可以是KPI 指标，通常在这个阶段 KPI 指标还没有提炼出来，所以就用战略目标来描述企业的战略地图）按照从上到下，依次按照：财务、客户、内部运营、学习成长

技能点：
如何绘制战略地图

四个维度的逻辑关系进行层层分解。战略地图把一个企业平衡计分卡上的不同的衡量性目标纳入了一条因果关系链内，从而使企业希望达到的结果与这些结果的驱动因素联系起来。战略地图是对企业战略目标之间因果关系的可视化表示方法，它将平衡计分卡四个层面的目标集成在一起描述企业战略及达成战略目标的路径。

财务层面主要是阐明了企业经营行为所产生的可衡量性财务结果，体现了公司对股东价值的增值。

客户层面的重点是公司期望获得的客户和细分市场，公司如何满足内部和外部客户的需求。

内部运营层面的重点是为了吸引并留住目标市场的客户，并满足股东的财务回报率期望，公司必须擅长什么核心经营流程，并符合公司的核心价值观导向。

学习成长层面的重点是为了获取这些突破性的业绩与成功，组织以及员工需要具备的什么样的核心知识与创新精神。

平衡计分卡的每一个目标一般只需要两个绩效指标就能准确地表达其含义，我们可以设法将每个维度的目标控制在 3 个以内。平衡计分卡的两位作者卡普兰教授和诺顿博士认为：平衡计分卡的每个层面需要 4～7 个指标就可以了，16～25 个指标就基本上能够满足需要。四个层面中，财务层面用 3～4 个指标就可以了，客户层面用 5～8 个指标就可以了，内部运营层面用 5～10 个指标就可以了，学习成长层面用 3～6 个指标就可以了。

（三）识别战略主题

企业可运用职责分析法（Function Analysis System Technique，FAST）进行战略主题的识别与分解。企业价值链通常包括市场营销、产品开发、采购供应、生产经营、客户服务等核心价值链，除了核心价值链之外还有人力资源、IT、财务、法律、行政后勤、企业文化等辅助价值链，人们就是循着企业价值链的核心价值链和辅助价值链对战略主题进行相关性识别并分解到各部门，从各部门中寻找到能够驱动战略主题与目标的因素。

（四）目标分解构建绩效考评指标体系

绩效考核指标体系包括三个层次的指标：组织考核指标、部门考核指标和个人考核指标。一般而言：那些结果性指标（也称为滞后性指标）放到公司层面考核，以年度考核为主；那些过程性指标（也称为驱动性指标）放到部门层面和岗位层面考核；从上至下构成一个绩效考评指标体系。

绩效考评目标分解如图 7-1 所示。

技能点：
如何分解目标

图：
绩效考评目标分解图

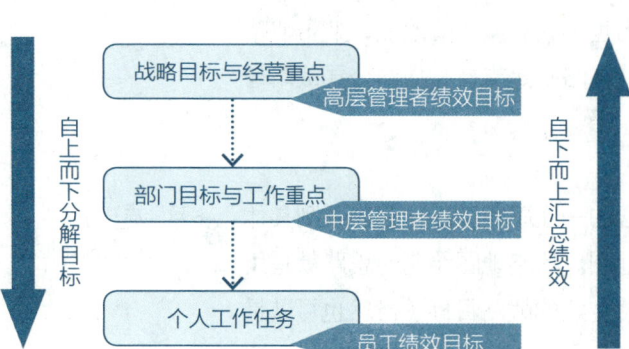

图 7-1　绩效考评目标分解

（五）指标要素设计

无论是公司级指标还是部门级指标，都是由公司内部具体的岗位来承担的，因此，具体岗位的指标要素设计是构建战略绩效体系的重中之重，岗位指标的设计必须根据组织层级、职位序列及职位种类，同时与公司战略、部门职责、岗位职责和业务流程充分结合，并保证考核指标是岗位主体通过努力可以达成和实现的。

一般来说，指标要素所涉及的内容有：岗位绩效考核表的设计（也有的公司称为 KPI 协议书、岗位目标责任书、岗位合约、绩效合约等，考核表的具体名称可根据公司需要而定）与考核指标的内容设计。

目前，比较流行的岗位绩效考核表的设计主要是将定量指标 KPI（关键绩效指标，Key Performance Indicator）、GS（工作目标设定，Goal Setting）、CI（能力素质指标，Competency Indicator）相结合，当然，每家企业都可以根据其需要来设计岗位绩效考核表。

考核指标的内容包括：指标编号、指标名称、指标定义、计算公式（或考核评分标准）、指标的目标值、指标设定目的、责任人、数据来源、考核周期、考核指标的权重分配以及指标的计分方法等。

重点与难点:
绩效考评组织和实施流程

任务3 绩效考评组织和实施

引 例

A公司已有20年的历史,年营业额在12亿元左右。但以往的考评内容一成不变、考评流于形式,不能真实地反映员工的工作绩效。因此,人事部门全面修订考评制度,重新编制了考评表。2004年起,新的考评制度开始实行。公司对普通员工的考评分为自我考评、上级考评和人事部门考评;对部门的考评分为自我考评、上级考评、人事部门考评和下级考评。

普通员工的考评自评占30%,人事部门评分占10%,部门经理评分占60%。部门经理的考评自评占30%,下级评分占20%,人事部门评分占10%。考评结果应用于薪酬、晋升、培训等各方面。

每月初部门经理在员工考核表上列出员工本月应当完成的主要工作,将考评表发给员工。考评表除了列出本月的工作要求外,还有固定的考评项目如工作态度、工作品质、纪律性、协调能力、团队精神等,每项都说明了含义和分值。考评项目满分为100分,月末员工填写考评表为自己打分,交部门经理。部门经理在同一张考评表上为员工打分,交给人事部门。人事部门对员工进行最终的考评和分数汇总,并向员工通报当月的考评成绩。员工对考评结果有疑问时,可直接向人力资源部反映。

分析:A公司绩效考评存以下几个方面的问题。员工只参与评价,没有参与目标制定。参与人员的评价权重不合理,一般而言,自评和下级评价的权重不宜过高,绩效评价应以上级评价为主。人力资源部考评角色定位有问题,人事部不应直接参与考评,而应对整个考评的流程进行监督。考评期限不合理,部门经理的考评期限不宜太短,应按季度或年度考评。考评反馈应由员工的直接上级进行,人力资源部可以负责分数的汇总,但不能直接把结果反馈给员工。

一、绩效考评组织和实施的原则

(一)公平原则

公平是确立和推行人员考绩制度的前提。不公平,就不可能发挥考绩应有的作用。

(二)严格原则

考绩不严格,就会流于形式,形同虚设。考绩不严,不仅不能全面地反映工作人员的真实情况,而且还会产生消极的后果。考绩的严格性包括:要有明确的考核标准;要有严肃认真的考核态度;要有严格的考核制度与科学而严格的程序及方法等。

（三）单头考评的原则

对各级职工的考评，都必须由被考评者的"直接上级"进行。直接上级相对来说最了解被考评者的实际工作表现（成绩、能力、适应性），也最有可能反映真实情况。间接上级（即上级的上级）对直接上级作出的考评评语，不应当擅自修改。这并不排除间接上级对考评结果的调整修正作用。单头考评明确了考评责任所在，并且使考评系统与组织指挥系统取得一致，更有利于加强经营组织的指挥机能。

（四）结果公开原则

考绩的结论应对本人公开，这是保证考绩民主的重要手段。这样做，一方面，可以使被考核者了解自己的优点和缺点、长处和短处，从而使考核成绩好的人再接再厉，继续保持先进；也可以使考核成绩不好的人心悦诚服，奋起上进。另一方面，还有助于防止考绩中可能出现的偏见以及种种误差，以保证考核的公平与合理。

（五）结合奖惩原则

依据考绩的结果，应根据工作成绩的大小、好坏，有赏有罚，有升有降，而且这种赏罚、升降不仅与精神激励相联系。奖惩还必须通过工资、奖金等方式同物质利益相联系，这样，才能达到考绩的真正目的。

（六）客观考评的原则

人事考评应当根据明确规定的考评标准，针对客观考评资料进行评价，尽量避免掺入主观性和感情色彩。

（七）反馈的原则

考评的结果（评语）一定要反馈给被考评者本人，否则就起不到考评的教育作用。在反馈考评结果的同时，应当向被考评者就评语进行说明解释，肯定成绩和进步，说明不足之处，提供今后努力的参考意见等。

二、绩效考评组织和实施的流程

（一）绩效考评组织和实施的流程图

绩效考评组织和实施的流程包括绩效计划、绩效辅导、绩效考核、绩效考核结果反馈与面谈、绩效考核结果的运用。

绩效考评组织和实施的流程如图 7-2 所示。

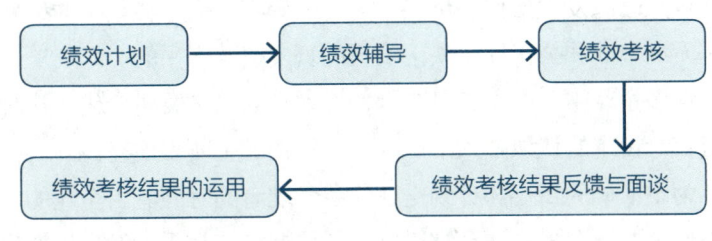

图 7-2　绩效考评组织和实施流程

图：绩效考评组织和实施流程图

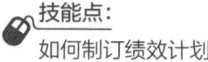

技能点：
如何制订绩效计划

（二）绩效计划

绩效计划是管理者和员工共同讨论以确定员工考核期内应该完成什么工作和达到什么样的绩效的过程。作为绩效管理的起点，计划阶段是绩效管理循环中最为重要的环节。在绩效计划阶段，管理者和员工应该经过充分的沟通，明确为了实现组织的经营计划与管理目标，员工在考核期内应该做什么事情以及应该将事情做到什么程度，也就是明确员工的绩效目标，约定员工成功的标准。绩效目标的设立是公司目标、期望和要求的压力传递过程，同时也是牵引工作前进的关键。通过绩效目标的牵引使得企业、部门和员工向一个方向努力，形成合力共同完成企业的战略目标。

绩效目标的来源与岗位 KPI 的来源是一致的，即来源于部门目标的层层分解和职位应负责任。绩效目标的设立是一种协调过程，部门负责人在与员工共同设定具体的绩效目标时，一般应根据企业的年度经营计划和管理目标，围绕本部门的业务重点、策略目标和 KPI 制定本部门的工作目标计划，以保证部门朝着公司要求的总体目标进展。然后，管理者根据员工具体职位应负的责任或 KPI，将部门目标层层分解到具体责任人。而员工则要根据分解到本人的目标制定出具体的工作计划，并与主管进行协商。员工最终的绩效目标应当以与主管共同协商确定后的计划为依据。由此可以看出，员工的绩效目标大多数直接来源于部门的绩效目标，而部门的绩效目标来源于企业的经营计划，保证了每个员工按照公司要求的方向去努力。只有这样，公司的战略目标才能真正得以落实。所以我们说绩效管理一定是源于企业经营计划。

员工的绩效目标来源于工作计划，但是无论员工个人的工作计划，还是部门的工作计划都不是静态的。计划应根据公司内部的经营状况、市场竞争状况、公司内部的财务状况而不断调整，不是每半年或一年调整一次，而是要经常作调整。员工的绩效目标也要根据计划的调整进行相应的调整。所以我们一定要打破原有的观念，不要试图寻找到几项不变的指标，能够对所有员工或对一个员工在不同的考核期内的绩效进行评价。

从事同样工作的两个员工，工作重点也会有所区别，这种区别必然会通过计划体现出来，那么对这两个员工的考核指标或者指标的权重就可能有所不同。即使同一个员工在不同的考核期内工作内容或工作重点也可能是不同的。当工作内容或者工作重点已经发生变化，仍用不变的一套指标去考核员工的绩效显然是不合理的，是无法全面和公正地反映出员工的真实绩效水平的。

但是在许多企业中，由于各种原因，导致计划经常发生变化，这种不确定性使得主管对目标设定的认识陷入了误区。这种误区主要表现在：

（1）认为不准确的目标和计划是在浪费管理者的时间。当企业的目标和计划经常发生变化时，管理者往往会觉得制定了目标没有几天就发生了变化，制定的目标是没有任何意义的。事实上，当目标和计划成为绩效管理的主要依据时，在员工和主管共同制定目标过程中，会迫使管理者和员工认真思考要干什么和怎么干，搞清楚这两个问题本身就具有价值，即使最终结果没有完全达到预期的目标。

（2）认为目标和计划可以消除变化。制订目标和计划的目的是预测变化和制订最有效的应变措施。但是一定要认识到目标和计划本身不能消除变化，无论员工和管理者如何制订目标和计划，变化总是会发生的。

（3）认为目标和计划降低了灵活度。目标和计划意味着承诺，设定目标和计划的目的是为了通过承诺牵引员工主动完成工作，绝不是对管理者的约束。它之所以会成为一种约束，是因为管理者在制订目标和计划后，认为作为绩效评价的依据就不能再被作任何修正了。事实上，计划和目标应该是动态的。我们强调目标和计划的严肃性，要求不得轻易更改目标，但并不是完全排除了计划的调整。不仅如此，有些计划可以制定得更灵活。

所以，一定要克服上述对目标和计划认识的误区，认识到绩效目标的重要作用。研究证明，明确的目标通常与更高的组织及个人绩效相对应，而高质量地设定目标比泛泛地设定目标更容易产生高绩效。

1. 绩效目标的内容

在前文中，我们已经谈到绩效指标包括 KPI 和行为指标两部分，相对应，绩效目标也应该从两方面来确定。

例题：
企业经营指标分解

一类目标是针对 KPI 的绩效目标，通常我们将这类指标称为结果指标。结果指标一般是对员工在一定时期完成的阶段性目标的要求，以定量指标为主，但是也有可能是定性指标。指标示例如下：

媒体素材：
企业经营指标分解

企业经营指标分解示例：

企业经营重点		部门 KPI
提高经营安全度	财务部	（1）资产负债比率降低 X% （2）速动比率达到 X%
	市场部	（1）贷款回收率 X% （2）成品周转率 X%
	生产部	（1）原料周转率 X% （2）备品周转率 X% （3）在制品周转率 X%
降低产品成本管理	采购部	采购价格指数 X%
	生产部	（1）生产效率 X% （2）原料耗损率 X% （3）设备利用率 X%
	技术部	设计损失率 X%
加强质量管理	采购部	（1）交货一次合格率 4%
	生产部	（2）成品一次合格率 X%
	技术部	（3）设计错误再发生率 X%

技术部目标确定示例：

部门 KPI	部门的策略重点	部门目标
（1）设计损失率 X%	提高图样设计工效	（1）保证设计图样数量达到变压器 50 套/月，电抗器 18 套/月 （2）准时率提高到 90%，保证设计工艺质量
（2）设计错误再发生率 X%	保证设计工艺质量	（1）提高设计参数与合同要求的符合度，目标：不符合数低于 3 次/月 （2）减少设计错误，目标：出错率低于 10%，重大出错低于 1.5 次/月 （3）提升设计水准，客户满意度达到 80% 以上

在 2011 年 12 月 31 日前完成 4000kVA/35kV24 脉牵引整流变压器销售 30 台。2012 年销售费用在 2011 年的基础上下降 5%。

在 1 月 30 日前完成区域市场的销售政策、方针、制度及流程的设计。

第二类指标是行为指标，是员工在完成目标过程中的行为表现必须达到的标准，或者在完成目标的过程中规范工作程序的要求等。这类指标的设计和评价标准的确定通常以任职资格中的行为标准为依据，这就要求管理者根据每个员工不同的情况有选择性地进行评价。

2. 绩效目标的设计程序

技能点：
如何设计绩效目标

（1）企业制定经营重点，并以 KPI 或经营计划的形式发布；
（2）部门制定部门目标并将任务分解到员工；
（3）员工依据部门目标分解的个人任务，制定工作计划；
（4）员工与主管人员就工作计划进行沟通并达成一致，形成绩效目标。

3. 绩效目标衡量标准的设定

设定绩效目标之后，就要确定评价绩效目标达成的标准。绩效管理必须用标准作为分析和考察全体员工的尺度，一般可分为绝对标准和相对标准。对绝对标准（如出勤率、废品率等）是以客观现实为依据，而不以考核者或被考核者个人意志为转移的标准。相对标准，就是先进与落后的区分。没有明确标准的目标不是真正意义上的绩效目标，因为它们都是无法衡量的。在区分一个标准是否符合要求时，有很多种方式，比如 SMART 原则、SMTABC 原则、5W2H 原则等。但实际上这些原则反映的基本是一个思想，就是要求标准必须是可以衡量的或是可计算的。

技能点：
如何运用 SMART 原则

通常我们要求标准的设定首先必须符合 SMART 原则。

（1）S——具体的（specific），指目标是否具体？
（2）M——可衡量的（measurable），指目标是否可以衡量？
（3）A——可达到的（attainable），指目标能否达到？
（4）R——相关的（relevant），指目标与工作是否紧密相关？
（5）T——基于时间的（"time-based），指目标有无明确的时间要求？

其次，对标准的设定要区分出层次，要明确完成什么样的程度是合格水平，完成什么样的程度是优秀水平。合格标准是指对某个被评价对象来讲，期望达到的一般水平，或者对多个承担同一指标的人来说，这种标准是每个被评价对象经过努力都能够达到的水平。如果低于合格标准，说明被评价者的绩效没有达到基本的要求。合格标准的作用主要就是判断被评价者的绩效是否能够满足基本的要求。当绩效水平高于合格标准的时候，就可以根据高出的程度和评价制度的需要，划分出一至两个层次，判断被评价人的绩效是处于良好还是优秀水平。一般情况下，优秀水平应该是只有少数员工经过 120% 的努力才可以达到，如果评价结果是多数人处于优秀水平，那么显然是标准制定有问题，需要提高标准的要求。另外，我们在制定绩效标准的时候，一定要注意与员工的沟通。传统的自上而下下达任务的方式，更多地体现出对员工的控制作用；而在绩效管理循环中，绩效目标一定要由管理者和员工经过充分沟通，双方共同确定和完成的。

（三）绩效辅导

绩效辅导阶段在整个绩效管理过程中处于中间环节，也是绩效管理循环中耗时最长、最关键的一个环节，是体现管理者和员工共同完成绩效目标的关键环节，这个过程的好坏直接影响着绩效管理的成败。

绩效管理强调员工与主管人员的共同参与，强调员工与主管人员之间形成绩效伙伴关系，共同完成绩效目标的过程。这种员工的参与和绩效伙伴关系在绩效辅导阶段主要表现为持续不断的沟通。具体来讲，绩效辅导阶段主要的工作有持续不断的绩效沟通、收集数据形成考核依据。

1. 绩效沟通

绩效沟通贯串于绩效管理的整个过程，在不同阶段沟通的重点也有所不同。工作中遇到障碍向主管求助，寻求帮助和解决办法；另一个是主管人员对员工的工作与目标计划之间出现的偏差进行及时的纠正。

> **技能点：**
> 如何进行绩效沟通

在计划阶段，沟通的主要目的是管理者和员工对工作目标和标准达成一致。首先是主管人员对团队的工作确定计划后，进行分解并提出对于团队中每一成员的目标要求，员工作为团队一员，则要根据分解给自己的工作进行详细的计划，提出本期的主要工作和达成标准，并就这些工作标准与主管人员进行反复的沟通。双方达成一致后，这些工作和标准就成为期末评判员工绩效的依据和标准。在绩效辅导阶段，沟通的目的主要有两个：一个是员工汇报工作进展或在绩效评价和反馈阶段，员工与主管进行沟通主要是为了对员工在考核期内的工作进行合理公正和全面的评价；同时，主管还应当就员工出现的问题的原因与员工进行沟通分析，并共同确定下一期改进的重点。

在这里，我们主要就绩效辅导阶段的沟通重点进行分析。员工与管理者共同确定了工作计划和评价标准后，并不是说就不能改变了。员工在完成计划的过程中可能会遇到外部障碍、能力缺陷或者其他意想不到的情况，这些情况都会影响计划的顺利完成。员工在遇到这些情况的时候应当及时与主管进行沟通，主管则要与员工共同分析问题产生的原因。如果属于外部障碍，在可能的情况下主管则要尽量帮助下属排除外部障碍。如果是属于员工本身技能缺陷等问题，主管则应该提供技能上的帮助或辅导，辅导员工达成绩效目标。

同时，在绩效辅导阶段，员工有义务就工作进展情况向主管汇报。通过这种沟通，主管能够及时了解员工的工作进展情况。主管有责任帮助下属完成绩效目标，对员工出现的偏差进行及时的纠偏，尽早找到潜在问题，以便在它们变得更复杂之前能够将其很好地解决。

由此我们可以看出，持续的沟通对于主管和员工都有着非常重要的意义。

（1）对主管的意义：通过沟通帮助下属提升能力；及时有效的沟通有助于主管全面了解被考核员工的工作情况，掌握工作进展信息，并有针对性地提供相应的辅导、资源；及时有效的沟通使主管能够掌握绩效评价的依据，有助于主管客观公正地评价下属的工作绩效；有效的沟通有助于提高考核工作的有效性，提高员工对绩效考核、对与绩效考核密切相关的激励机制的满意度。

（2）对员工的意义：可以在工作过程中不断得到关于自己工作绩效的反馈信息，如客户抱怨、工作不足之处或产品质量问题等信息，以便不断改进绩效、提高技能；帮助员工及时了解组织的目标调整、工作内容和工作的重要性发生的变化，便于适时变更个人目标和工作任务等；能够使员工及时得到主管相应的资源和帮助，以便更好地达成目标；当环境或任务，以及面临的困难发生变化时，不至于处于孤立无援的境地；及时有效的沟通有助于发现自己上一阶段工作中的不足，确立下一阶段绩效改进点；以有效沟通为基础进行绩效考评是双方共同解决问题的一个机会，是员工参与工作管理的一种形式；通过及时有效的沟通让员工对自己的工作绩效得到及时、客观和准确的绩效反馈，是下一步绩效改进的工作起点。

绩效沟通的重要性已经明确了，那么究竟该如何进行有效的绩效沟通呢？

绩效沟通的形式有很多种，正式的、非正式的都可以采用，但是有效的绩效沟通都必须经过认真计划。绩效沟通绝不是为了沟通而沟通，沟通必须要有明确的目的性，并且应该以制度形式固化下来。

通常情况下，我们都要求部门建立例会制度和定期汇报制度。部门应当定期召开部门工作运行分析会议，在会议上为管理者和被管理者双方提供一个正式的沟通环境。通过会议的直接沟通可以在很大程度上满足团队交流的需要。

相互掌握团队其他成员的工作进展情况。现代企业在运营过程中，员工之间的工作是密切相关的，大多数情况下，员工的工作任务与其他员工的工作任务是相互影响的。员工之间互相了解工作进度以及工作中出现的问题，共同解决问题或者进行经验教训的交流，对于员工完成个人的任务以及共同完成团队绩效都会有很大的帮助。

其次，通过会议沟通，员工往往会从正式渠道获知企业或部门工作重点及其变化，而这些信息对员工高质量地完成绩效目标有着非常重要的意义。但是会议沟通往往比较耗费时间和精力，且有些问题不便于在会议中公开讨论，同时将部门所有或部分员工集中在一起开会，也会在一定程度上影响个人的工作。

因此，采取会议沟通的形式对主管的会议管理和沟通技巧有较高的要求。在开始会议沟通时，召开会议的主管应该做好充分的会前准备，明确会议重点和目的，尽量避免召开那些不必要的会议。注意会议时间和议题的控制，引导与会者将注意力集中在最重要的问题上。营造良好的沟通氛围，就发现问题和解决问题进行沟通，避免出现相互指责、互相推诿责任现象的发生。在会议结束后，应该就沟通的相关事宜以及解决策略尽快形成书面会议总结或会议记录。

除了通过会议交流进行沟通以外，定期的报告也是非常有效的一种沟通形式。通过定期报告要求员工通过文字或表格的形式，定期向主管报告计划工作的进展情况、遇到的问题、所需支持以及计划的变更、问题分析等。

报告的形式包括五日进度表、工作日志、周报表、月报表、问题处理记录，甚至出差记录等多种形式。由于书面报告不需要主管和员工面对面或者将人员集中起来，因此不会对主管和员工的工作时间安排造成很大的困难，尤其当员工和经理不在同一地点时定期报告制度是非常有效的沟通形式。主管通过批阅报告，可以迅速了解项目进展和员工工作状况，同时这些报告本身就是数据记录的一种形式。主管在进行评价时可以直接从报告中获得大量的信息，不需要再进行额外的记录工作。而对员工来说，书面报告方式使得自己不得不认真思考工作中究竟存在什么问题，究竟应该如何解决这些问题等，所以还可以培养员工理性、系统地考虑问题，提高逻辑思维和书面表达能力。但是由于书面报告一般仅是信息从员工到经理的单向流动，缺乏管理双方双向的交流，很容易使沟通流于形式。大量的文字处理工作也可能占用管理者大量的时间，使管理者陷入文山会海中，而忽视了对现场管理的关注。另外，书面报告的形式无法满足团队工作开展所需要的信息共享，信息更多地仅是在报告双方流动。因此，统一设计的简明扼要的报告表格或报告就显得非常必要，部门或团队应该根据工作的性质和对信息的需求，设计简化的书面报告格式或结构化的表格形式。汇报人只要在汇报表格中的相应栏目里进行填写就行了。作为报告制度的补充，经理和员工的直接面谈或电话沟通等其他的非正式的沟通方式也非常必要，尤其当出现了复杂的或难以解决问题时，更是如此。在进行非正式的沟通时，应当特别注意要首先明确会谈或电话沟通的目的和重点，以便于控制交流的进程。沟通的重点应放在具体的工作任务和标准上，鼓励员工多谈自己的想法，以一种开放、坦诚的方式进行谈话和交流。直接面谈或者电话沟通为管理双向的交流机会，双方可以对出现的问题和解决问题的手段进行讨论，这对于及早发现问题、找到和推行解决问题的方法都是非常有效的。

2. 收集数据形成记录

绩效辅导阶段，主管在与员工保持绩效沟通和辅导的同时，还有一项重要的工作就是进行数据的收集和记录，从而为下一阶段公正地评价员工的绩效水平提供依据。具体来讲，数据收集的主要目的在于：

（1）数据可以提供绩效评价的事实依据。绩效评价结果的判定需要明确的事

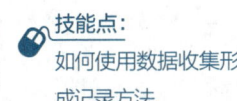

技能点：
如何使用数据收集形成记录方法

实依据作为支持，尽管期初确定的工作目标或任务可以反映一些问题，但也不足以完全证明员工按照规程、制度进行了操作。通过过程收集或记录的数据，就可以作为对员工绩效诊断和绩效评价的重要依据。

（2）提供改进绩效的有力依据。收集数据和观察员工绩效的目的是为了解决问题，提高绩效。但要解决问题必须知道两件事，即存在什么问题和是什么原因引起了这个问题。如果笼统地对员工讲，你"沟通能力欠缺，需要改进"，员工可能不会在意，更不清楚应如何改进。

（3）有助于诊断员工的绩效。对绩效信息的记录与收集可以使我们积累一定的关键事件。通过这些信息或关键事件，我们可以利用"知识、技能、态度和外部障碍"四因素法诊断员工的绩效，找出潜在问题，以便帮助员工改进。

（4）绩效管理是一项长期、复杂的工作，对作为评估基础的数据收集工作要求很高。绩效结果作为员工努力工作之后的一种报酬，公正而客观的评价是非常重要的。为了保证评价的正确性，主管必须注重数据的收集工作，随时收集员工绩效的相关数据，使数据收集工作形成一种制度。其主要做法包括：

① 生产记录法，对于生产、加工、销售、运输、服务的数量、质量、成本等，按规定填写原始记录和统计。

② 定期抽查法。定期抽查生产、加工、服务的数量、质量，以评定期间内的工作情况。

③ 项目评定法。采用问卷调查形式，指定专人对员工逐项评定。

④ 关键事件记录法。对员工特别突出或异常失误的情况进行记录。关键事件的记录有利于主管对下属的突出业绩进行及时的激励，对下属存在的问题进行及时的反馈和纠偏。

⑤ 减分搜查法。按职位要求规定应遵守的项目，定出违反规定扣分方法，定期进行登记。

在数据收集和记录过程中，主管除了本人平时注意跟踪员工计划进展外，还应当注意让相关人员提供相关数据。在现代企业中，工作往往都是以项目组的形式来开展，直线主管有时可能并不能直接了解到员工的工作状况，这时就应当要求相关项目管理人员提供数据。在必要的时候，这种数据提供的范围还可以扩大到客户、同相关部门和员工有联系的其他部门的经理和员工等。此外，主管必须清楚数据记录和收集的重点一定是以绩效为核心的。应当注意收集能够反映员工绩效优秀或较差的事实依据，例如员工处理的由于紧急状况、违反工艺规则、个人原因造成产品报废以及内外部客户的投诉与表扬等，而且这些事实或数据必须与目标和计划密切相关，是对主管和下属共同找到问题或分析问题产生的原因有帮助的数据。

但是，数据收集和记录绝不是给员工记黑账，不是为了秋后算账，因此主管在对员工出现的失误或绩效差的事实进行记录的同时，应当及时向员工指出，并且帮助员工及时改正。在考核期较长时，比如季度考核，还应该设计专用的表格记录月度的正式记录，而且月度记录应与员工进行沟通。

（四）绩效考核

有很多企业管理者认为绩效管理就是绩效考核，但事实上绩效考核只是绩效管理循环中的一个环节。在绩效考核阶段，管理者要依据绩效计划阶段所确立的标准和辅导阶段收集的数据对员工在考核期内的绩效进行评价。在绩效评价阶段，管理者一定要承担起责任，坚持诚实正直的品格，对员工的绩效进行公正的评价，尤其是对于绩效差的员工要敢于承担起管理责任，给出正确的评价。但是，由于绩效评价结果往往与员工的利益及发展等密切相关，管理者在进行评价时应尽量避免由于个人原因造成评价的失误。

1. 绩效评价的误区和解决的方法

（1）平均趋势（中庸之道）。指考核者不愿或无法明确区分被考核者之间的实质差异，体现不出差异，也就没有绩效改进。

改进方法：强制比例法和对比法。

> 技能点：
> 绩效评价的误区和解决方法

（2）晕轮效应。指考核者对被考核者的某项工作进行评价时被考核者整体业绩的影响。如以往工作表现好，就给予较高的评价。

改进办法：增加评估次数或作不定期的评估。

（3）刻板影响。指考核者对被考核者的评价，受到被考核者所属社会团队性质的影响。如，因某员工信仰佛教，而认为该员工工作比较消极。

改进办法：实施交叉评估或参考同事评估。

（4）极端倾向。指考核者将业绩评价定在两个极端的倾向，不是失之过宽就是评定太严。

改进办法：统一标准、唯一考核者、考核比例分布与团队业绩挂钩，强调比例法和对比法。

（5）类似误差。指考核者对和自己具有相似特征和专长的被考核者给予较高评价，同我者必佳心态。

改进办法：交叉评估或加大客观性指标如财务指标的权重。

（6）膨胀压力。指随时间的推移，考核者对被考核者的评估分数有逐步提高的趋势，但事实上不一定是由于员工能力提高，而是对该员工的评价标准降低了。

改进方法：有效的考核方法综合应用（晋升、调配），使不断有新标准来适合能力提高者。

（7）不适合替代。指考核者在评估过程中选择不当考核标准来替代。如以年资、热心程度、整洁等非关键因素作为考核标准，或以个人主观观点代替客观标准（记录、工作成果等）作为评价标准。

改进办法：严格执行KPI考核和关键行为指标考核的考核方法。

（8）近期影响。指考核者在评估过程中受被考核者近期工作表现的左右，考核前的表现影响考核结果。

改进方法：以客观事实作为考核依据，对考核过程进行记录，如关键事件法。

2. 绩效评价的方法

在进行绩效评价时，很多企业首先要求员工对本人的业绩达成状况进行自评，员工自评后主管需对照期初与员工共同确定的绩效目标和绩效标准对员工进行评价。评价的程序应当是首先汇总检查员工的相关绩效数据。检查的目的是为了保证数据的质量，主管应当确认有关绩效的数据是否准确、是否完整以及适用性如何、收集的数据和报告的事件是否符合要求，同时还应检查数据之间有没有明显相冲突的数据。

如果发现数据中有不符合要求的地方，或者还需要对某些数据进行证实，主管应当把这些数据和通过另一种渠道（如工作样本分析、错误报告、抱怨记录、主管反馈等）收集的数据进行对比，或对某一信息进行再次收集，通过对比从而判断所收集的原始信息的准确性和可信性。

在确认数据充分而且没有错误后，才可以根据这些数据对员工的绩效完成情况进行评价。在评价中主管根据员工不同的工作特点和情况可以采取不同的评价方式，常见的评价方式包括：

（1）工作标准法（劳动定额法）。即将员工的工作同企业制定的工作标准（劳动定额）相对照，以确定员工业绩的方法。其优点在于参照标准明确，易于做出评估结果。但是，工作标准法只考虑工作结果，对那些影响工作结果的因素无法反映，如领导决策失误、生产线其他环节出错等。

（2）叙述评价法。评估者以一篇简洁的记叙文的形式或者通过赋予"考核内容"和"考核要素"以具体的内涵（即评语）来描述员工的业绩。这种方法集中描述员工在工作中的突出行为，而不是日常工作的业绩。不少管理者认为，叙述法不仅简单，而且是最好的一种评估方法。然而，叙述法的缺点在于评估结果在很大程度上取决于评估者的主观意愿和文字水平。此外，由于没有统一的标准，不同员工之间的评估结果难以比较。

（3）量表测评法。即用一系列标准的量表，进行考核评价，并按统计分析规律进行综合分析，得出考核评价结果，把握有关人员的某些情况和状态。在企业人力资源评价系统中，量表测评法通常用于对职工的潜在能力和适应性进行评价。

（4）每日评成记录法。这种方法适用于考核项目和标准比较明确，工作内容相对比较简单，可以通过设定几项固定的绩效指标，如工作强度、工作难度、工作数量等，使用"每日绩效评成表"进行每日评价和记录，以反映被考核者工作过程和工作结果的事实。

（5）关键事件记录评价法。这种方法要求主管人员将每一位下属在工作活动中所表现出来的非同寻常的好行为或非同寻常的不良行为（或事故）记录来。然后在评价时，主管人员根据所记录的特殊事件来评价员工的工作绩效。关键事件的记录可以确保主管在对下属人员的绩效进行考察时，所依据的是员工在整个考核期内的表现，而不仅仅是员工在最近一段时间的表现。记录的关键事件是考核的主要依据，但不是唯一的依据，主管一定要避免以某一件事情的好坏来决定员工在整个考核期内的综合绩效。

（6）配对比较法

配对比较法主要用于工作同质性较高的员工之间进行比较评价。配对比较法使得排序型的工作绩效评价法变得更加有效。其基本做法是，将每一位员工按照所有的评价要素（"工作数量"、"工作质量"等等）与所有其他员工进行下一配对比较。用"1"（好）和"0"（差）标明两个人的比较结果，最后，将每一位员工的得分进行相加，得分最高的显然是这个群体中绩效相对最优的。

以上介绍的部分评价方法，在具体操作过程中往往不是单纯地使用其中任何一种，而是几种方式混合在一起使用。主要根据员工具体的工作特征和工作性质，以及企业的文化氛围和管理思想等来决定。任何公司的绩效评价方式都不是十全十美的，没有最好的绩效评价工具，只有最适合本企业实际的工具。简单实用或复杂科学，严厉或宽松，非正式的考核方式或系统性的考核方式，不同规模、不同文化、不同阶段的公司要选用不同的方式。有效的绩效评价，依靠两方面的因素：一是评价制度要合理。这就要求评估标准清晰，尽量少用含混不清的词语；要保证重要的评价指标没有遗漏；评价标准与工作绩效紧密相关；评价的过程公正有效。二是评价人要有评估技巧，并能保持绩效面谈的准确性。后者甚至比前者更重要。

（五）绩效考核结果反馈与面谈

主管对员工的绩效情况进行评价后，必须与员工进行面谈沟通。这个环节非常重要，绩效管理的核心目的是为了不断提升员工和组织的绩效水平，提高员工的技能水平。这一目的能否实现，最后阶段的绩效面谈和反馈起了很大的作用。通过绩效面谈可以达到以下目的：

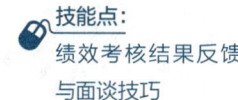

技能点：
绩效考核结果反馈与面谈技巧

（1）使员工参与到绩效评价中，提高了员工对绩效管理制度的满意度。而且主管和员工双方在面谈过程中，可以共同分析完成绩效目标过程中各种问题产生的原因，找出解决这些问题的办法。员工绩效不好产生的原因可能是多方面的，如果是员工本身存在的不足造成的，通过绩效面谈，主管可以为员工提出需要改进的方面，帮助员工改进和提升。如果员工绩效不好，可能责任不完全在员工身上，管理者本人也有很多需要改进之处，那么通过面谈可以分清责任，找出改进的方法，这对员工和主管双方都是非常有帮助的。

（2）使员工清楚主管对自己工作绩效的看法。一个绩效管理循环即将结束，员工希望能够得到主管对自己工作绩效的反馈信息，以便在以后的工作中不断改进绩效、提高技能。另一方面，员工也想就一些具体问题或自己的思想与主管进行交流。员工在努力工作了一个季度或更长一段时间后，首先希望得到的就是对自己绩效水平公正客观的评价,这种评价往往被员工视为报酬的一个重要组成部分,尤其是在绩效好的情况下,员工更希望能够得到主管及时的激励,满足自我实现的需要。其次,由于平时双方工作都比较繁忙,沟通交流的机会不是很多,绩效面谈也可以满足员工在这方面的情感需求,使员工可以将自己的思想和想法与主管进行交流。

(3)绩效面谈也是双方共同确定下一绩效管理周期的绩效目标和改进点的主要方式。在双方对绩效结果和改进点达成共识以后,主管和员工就需要一同确定下一绩效管理周期的绩效目标和改进点。绩效管理是一个往复不断的循环,一个周期的结束恰好也是下一个周期的开始。因此,绩效反馈面谈可以与下一个循环的绩效计划合并在一起进行。

(六)绩效结果的运用

绩效考核结果如果得不到合理的运用,绩效管理对员工业绩和能力提升的激励作用就会大打折扣。

1. 绩效考核结果运用于工资调整

绩效考核结果运用于工资的调整主要是体现对员工长期的激励,这表现在两个方面:一是考核用于年度工资额的调整,即对考核结果较差的员工,下调其下年度的工资,如扣减其下年度工资额的5%等;二是工资的定期调资,即依据年度的考核结果,决定工资是否调级以及调级的幅度。

2. 绩效考核结果运用于奖金分配

绩效考核结果运用于奖金分配,体现了对员工的短期激励。业绩的考核结果为年终奖金的确定提供了很好的依据,但奖金的发放形式和水平,不同类别的企业应有所不同。

3. 绩效考核结果运用于晋升调配

连续的考核结果记录为职务晋升和干部选拔提供了依据。通过对于员工在一定时期的连续绩效的分析,选择出连续绩效比较好和稳定的人员纳入调配或晋升名单。

4. 绩效考核结果运用于职位置换

通过分析累积考核结果的记录,发现员工工作表现与其职位的不适应性问题,查找原因并及时进行职位置换。如能级较高的员工,由于个人爱好或其他原因不能适应现有职位,能力没有充分发挥;或能级较低的员工,逐渐不能胜任现有职位,但可以胜任较低序列职位。对这两类员工可参照个人选择,有组织、有计划地将其置换到新的职位,真正做到人适其事,事得其人。职位置换还包括公司有计划地将一批优秀人才在各种职位间轮换、交流,以培养其全面的才干。

5. 绩效考核结果运用于培训教育

通过分析累积考核结果的记录,发现员工群体或个体与组织要求的差距,从而及时组织相关的培训教育活动。工作态度上的落后分子,须参加公司适应性再培训,到生产部门接受训练、重塑自我。对于能力上的不足,可通过组织有针对性的培训活动，开发员工潜力，提高其工作能力。还要组织各种情景模拟形式的管理者培训，不断开发和提升管理干部的管理能力。

6. 绩效考核结果运用于激活沉淀

绩效考核结果累积不佳的员工，逐渐成为沉淀层，如不激活，终将被淘汰出局。对这部分员工，公司首先要加大竞争压力，促其警醒。再给以机会，准其参加态度或能力方面的专项培训，培训合格者可以在公司内部寻找工作职位，但必须通过严格的考核。仍不能适应工作的员工，只能被置换到外部劳动力市场。公司考核结果垫底的极少数员工，只有依靠能力的提高，不断改进工作水平，拼命追赶走在前面的员工队伍，才可在竞争中反败为胜。

7. 绩效考核结果运用于个人发展计划

绩效考核结果反馈给个人，考核者同时还指出其工作的优、缺点，使员工改进工作有了依据和目标。在组织目标的指导下，员工不断提高工作能力，开发自身潜能，不断改进和优化工作，这同时也有助于个人职业目标的实现，有助于个人职业生涯的发展。

职业资格与技能同步训练

一、单项选择题

1. 绩效考核是一个不断制订计划、执行、改正的 PDCA 循环过程，体现在整个绩效管理环节，包括绩效目标设定、绩效要求达成、绩效实施修正、绩效面谈、绩效改进、再制定目标的循环，这也是一个不断发现问题、改进问题的过程，以上是指绩效考评的（　　）目的。
   A. 达成目标　　　B. 挖掘问题　　　C. 分配利益　　　D. 促进成长

2. 通过考核发现问题、改进问题，找到差距进行提升，最后达到双赢是指绩效考评的（　　）目的。
   A. 达成目标　　　B. 挖掘问题　　　C. 分配利益　　　D. 促进成长

3. 在一个企业的价值创造过程中，存在着"80/20"的规律，即 20% 的骨干人员创造企业 80% 的价值。明显体现"八二原理"的是（　　）。
   A. KPI　　　　　B. MBO　　　　　C. BSC　　　　　D. EVA

4. 俗称责任制，是指（　　）考评方法。
   A. KPI　　　　　B. MBO　　　　　C. BSC　　　　　D. EVA

5. 平衡记分卡是由（　　）最早提出的。
   A. 泰勒　　　　　B. 法约尔　　　　C. 诺顿　　　　　D. 梅奥

6. 在设计绩效考评系统时，以下属于中层管理者责任的是（　　）。
   A. 传达并解释公司战略目标、经营重点和衡量绩效的标准
   B. 积极通过战略绩效管理系统充分展示承诺
   C. 组织开展中高层管理人员的绩效述职报告
   D. 组织部门内部员工绩效合约的签订工作

7. 主要描述企业的业务范围是什么，现有业务组合及拟进入何领域，采取增长、维持还是收缩的发展战略，产品、地域和客户的选择，是采取单一业务还是多元化，是采取相关多元化还是无关多元化等问题，是指（　　）。
   A. 公司战略　　　B. 业务战略　　　C. 竞争战略　　　D. 职能战略

8. 结果性指标也指（　　）。

A. 驱动性指标　　　B. 滞后性指标　　　C. 过程性指标　　　D. 行为性指标

二、多项选择题

1. 绩效考评组织与实施的原则是（　　）。
   A. 公平原则　　　B. 客观原则　　　C. 严格原则　　　D. 反馈原则
2. 绩效考评组织与实施的流程包括（　　）。
   A. 绩效准备　　　B. 绩效计划　　　C. 绩效辅导　　　D. 绩效考核
3. 目标管理特点有（　　）。
   A. 重视人的因素
   B. 建立目标锁链与目标体系
   C. 重视成果
   D. 重视财的因素
4. 建立一个战略为评估标准的平衡计分卡须遵守的原则是（　　）。
   A. 因果关系
   B. 成果量度与绩效驱动因素
   C. 与财务连接
   D. 注重目标
5. 绩效考评系统设计步骤包括（　　）。
   A. 明确公司战略
   B. 绘制战略地图
   C. 识别战略主题
   D. 目标分解构建绩效考评指标体系

综合实训

实训目标：

进一步了解绩效考评的作用和实施技巧。

实训资料：

通达公司成立于20世纪50年代，目前公司有员工1000人左右。总公司本身没有业务部门，只有一些职能部门；总公司下有若干子公司，分别从事不同的业务。

绩效考评工作是公司重点投入的一项工作，公司的高层领导非常重视，人事部具体负责绩效考评制度的制定和实施。人事部在原有考评制度基础上制定了《中层干部考评办法》。在每年年底正式考评之前，人事部又具体出台当年的考评方案，以使考评达到可操作的程度。

公司的高层领导与相关职能部门人员组成考评小组。考评的方式和程序，通常包括被考评者填写述职报告、在自己单位内召开员工大会进行述职、民意测评、向科级干部或者全体员工征求意见、考评小组进行汇总写出评价意见并征求主管副总经理的意见后报总经理。

考评的内容主要包括3个方面：被考评者的德、能、勤、绩和管理工作情况，下一步工作打算，重点努力的方向。具体的考评细目侧重于经营指标的完成、政治思想品德，对于能力的定义则比较抽象。各业务部门都在年初与总公司对于自己部门的任务指标进行了讨价还价的过程。

对中层干部的考评完成以后，公司领导在年终总结会上进行说明，并将具体情况反馈给个人。尽管考评方案中明确说明考评与人事升迁、工资升降等方面挂钩，但最后的结果总是不了了之，没有任何下文。

对于一般员工的考评则由各部门的领导掌握。子公司的领导对于下属业务人员的考评通常是从经营指标的完成情况来进行的；对于非业务人员的考评，无论是总公司还是分公司都由各部门的领导自由进行。被考评人员很难从主管处获得对自己业绩有利评估的反馈，只是到了年终奖金分配时，部门领导才会对自己的下属做一次简单的排序。

实训要求：

（1）分析绩效考评在人力资源管理中有何作用，这些作用在通达公司是否有所体现。

（2）分析通达公司的绩效考评存在哪些问题，如何才能克服这些问题。

学习评价

职业核心能力测评表

（在□中打√，A 表示通过，B 表示基本通过，C 表示未通过）

职业核心能力	评价标准	自测结果
自我学习	1. 能进行时间管理 2. 能选择适合自己的学习和工作方式 3. 能随时修订计划并进行意外处理 4. 能将已经学到的东西用于新的工作任务	□A □B □C □A □B □C □A □B □C □A □B □C
信息处理	1. 能根据不同需要去搜寻、获取并选择信息 2. 能筛选信息，并进行信息分类 3. 能使用多媒体等手段来展示信息	□A □B □C □A □B □C □A □B □C
数字应用	1. 能从不同信息源获取相关信息 2. 能依据所给的数据信息，作简单计算 3. 能用适当的方法展示数据信息和计算结果	□A □B □C □A □B □C □A □B □C
与人交流	1. 能把握交流的主题、时机和方式 2. 能理解对方谈话的内容，准确表达自己的观点 3. 能获取信息并反馈信息	□A □B □C □A □B □C □A □B □C
与人合作	1. 能挖掘合作资源，明确自己在合作中能够起到的作用 2. 能同合作者进行有效沟通，理解个性差异及文化差异	□A □B □C □A □B □C
解决问题	1. 能说明何时出现问题并指出其主要特征 2. 能作出解决问题的计划并组织实施计划 3. 能对解决问题的方法适时作出总结和修改	□A □B □C □A □B □C □A □B □C

学生签字：　　　　　　　　教师签字：　　　　　　　　　　　　年　月　日

专业能力测评表

（在□中打√，A 表示掌握，B 表示基本掌握，C 表示未掌握）

业务能力	评价指标	自测结果	要求
绩效考评技术	1. 绩效考评技术类型 2. 绩效考评技术的操作步骤	□A □B □C □A □B □C	能正确理解各种绩效考评技术内涵；掌握正确的绩效考评技术的操作步骤
绩效考评系统设计	1. 绩效考评系统设计各自的职责 2. 绩效考评系统设计步骤	□A □B □C □A □B □C	能正确进行绩效考评系统设计
绩效考评组织与实施	1. 绩效考评组织与实施原则 2. 绩效考评组织与实施步骤	□A □B □C □A □B □C	能掌握绩效考评组织与实施的原则；能正确进行绩效考评组织与实施操作

教师评语：

成绩　　　　　　　　　　　　　教师签字

参考文献

[1] 叶奕乾. 普通心理学. 上海：华东师范大学出版社，2010.

[2] 孟昭兰. 人类情绪. 上海：上海人民出版社，1989.

[3] 郑雪. 人格心理学. 广州：暨南大学出版社，2007.

[4] 吉沅洪. 树木-人格投射测试. 重庆：重庆出版社，2011.

[5] 林旭东，申学武. 基于文化变量差异薪酬体制创新. 科技创业月刊，2004（17）.

[6] 李永鑫，王明辉. 人才测评. 北京：中国轻工业出版社，2011.

[7] 伍德，托利. 深度评价：实用人才测评系列. 唐云，译. 北京：中国轻工业出版社，2007.

[8] 苏永华. 人才测评操作实务. 北京：中国人民大学出版社，2011.

[9] 斯隆克. 人格测评. 李剑锋，译. 北京：华夏出版社，2003.

[10] 郑安云. 人才测评理论与方法. 北京：清华大学出版社，2005.

[11] 张爱卿. 人才测评. 2版. 北京：中国人民大学出版社，2005.

[12] 燕国材. 中国心理学史. 杭州：浙江教育出版社，1998.

[13] 朱智贤. 心理学大词典. 北京：北京师范大学出版社，1989.

[14] 韦纳. 动机和情绪的归因理论. 福州：福建教育出版社，1989.

[15] 冯立平. 人才测评方法与应用. 上海：立信会计出版社，2006.

[16] 梁建春. 人才测评及其功能和发展. 重庆大学学报：社会科学版，2002（01）.

[17] 张同延，张涵诗. 揭开你人格的秘密：房、树、人绘图心理测验. 北京：中国文联出版社，2007.

[18] 母银海. 我国企业经理人素质测评方法研究. 长沙：中南大学，2006.

[19] 叶奕乾. 个性心理学. 上海：华东师范大学出版社，1993.

[20] 张爱卿. 动机论：迈向21世纪大动机心理学研究. 武汉：华中师范大学出版社，2002.

[21] 叶浩生. 心理学通史. 北京：北京师范大学出版社，2006.

[22] 沈德立. 基础心理学. 上海：华东师范大学出版社，2003.

[23] 郑日昌. 心理测验与评估. 北京：高等教育出版社，2005.

[24] 张厚粲. 大学心理学. 北京：北京师范大学出版社，2001.

[25] 杨治良. 实验心理学. 杭州：浙江教育出版社，1999.

[26] 杨东，吉沅洪. 实用罗夏墨迹测验. 重庆：重庆出版社，2008.

[27] 龚耀先. 心理评估. 北京：高等教育出版社，2003.

[28] 金瑜. 心理测量. 上海：华东师范大学出版社，2001.

［29］黄希庭. 心理学导论. 2版. 北京：人民教育出版社，2007.

［30］荆其诚. 简明心理学百科全书. 长沙：湖南教育出版社，1991.

［31］Bruner J S. The growth of mind, in Beyond the information given. N. Y：Norton，1974.

［32］Bandura A. The self-system in reciprocal determinism. American Psychologist，1978.

［33］Heider F. The psycgology of interpersonal relations. New York：Willy，1958.

［34］James W. The peinciple of psycgology. New York：Holt，1890：Vol. 2.

［35］Weiner B. Intrapersonal and interpersonal theories of motivation from an atrributional perspective. Educational Psychology Review，2000：12（1）.

郑重声明

高等教育出版社依法对本书享有专有出版权。任何未经许可的复制、销售行为均违反《中华人民共和国著作权法》,其行为人将承担相应的民事责任和行政责任;构成犯罪的,将被依法追究刑事责任。为了维护市场秩序,保护读者的合法权益,避免读者误用盗版书造成不良后果,我社将配合行政执法部门和司法机关对违法犯罪的单位和个人进行严厉打击。社会各界人士如发现上述侵权行为,希望及时举报,本社将奖励举报有功人员。

反盗版举报电话　(010) 58581897　58582371　58581879

反盗版举报传真　(010) 82086060

反盗版举报邮箱　dd@hep.com.cn

通信地址　北京市西城区德外大街4号　高等教育出版社法务部

邮政编码　100120

短信防伪说明

本图书采用出版物短信防伪系统,用户购书后刮开封底防伪密码涂层,将16位防伪密码发送短信至106695881280,免费查询所购图书真伪。

反盗版短信举报

编辑短信"JB,图书名称,出版社,购买地点"发送至10669588128

短信防伪客服电话

(010) 58582300

资源服务提示

访问 http://abook.hep.com.cn/40709;输入数字课程用户名(见封底明码)、密码;点击"进入课程",可学习数字课程的相关资源。

账号自登录之日起一年内有效,过期作废。

访问国家精品开放课程共享平台——爱课程网(http://www.icourses.cn),以前未在本网站注册的用户,请先注册。用户登录后,在"资源共享课"频道搜索本书对应课程"人才选拔与测评"进行在线学习。用户可以在爱课程网主页或扫描本页右边提供的二维码下载"爱课程"移动客户端,通过该客户端在线学习本书对应课程的教学视频。

授课教师如需获得本书配套辅教资源,可致电资源服务支持电话,或电邮至指定邮箱,申请获得相关资源。

资源服务支持电话:010-58581854　　邮箱:songchen@hep.com.cn

本书编辑邮箱:guyb@hep.com.cn